新・貧乏はお金持ち

橘玲

「雇われない生き方」で格差社会を逆転する

プレジデント社

「この時代には、会社はひとを雇おうとしない。その代わりひとが会社そのものになる。これは避けがたいことだ」

ダグラス・クープランドの電脳ポップ小説『マイクロサーフス』より

新版まえがき　奇妙な世界を賢く歩くための地図

本書は二〇〇九年六月に講談社から刊行され、一一年三月に講談社+α文庫に収録された『貧乏はお金持ち　「雇われない生き方」で格差社会を逆転する』の内容を新しくしたものだ。幸いなことに親本は多くの読者を得ることができたが、それでも新版にしたのには理由がある。この一六年のあいだに、話があべこべになってしまったのだ。

マイクロ法人は私の造語で、取締役一人か、役員が家族のみで構成される最小法人のことだ。自営業者が法人化すると、「個人」と「法人」のふたつの〝人格〟を持つことができる。

本書は「一人なのに二人」というこの不思議について書いているが、それを税・社会保険料コストの（合法的な）軽減に利用する場合、親本刊行当時の一般的なアドバイスは、「法人を赤字にして個人で納税する」だった。それがいまでは、「個人の所得を下げて法人で納税する」に百八十度変わってしまった。

その理由は本文で詳述するが、簡単にいうと次のようなことだ。

法人側の変化としては、「日本の法人税率は世界的に高い」という批判から、三〇パーセントだった法人税率が二〇一二年から一八年にかけて段階的に二三・二パーセントまで引き下げられた。さらに、資本金一億円以下の法人は課税所得八〇〇万円以下の部分について二二パーセントの軽減税率が適用されていたが、世界金融危機を受けて二〇〇九年に一八パーセントに、次いで東日本大震災からの復興を名目に一二年に特例として一五パーセントまで引き下げられた。また地方法人税も、（東京都の場合）本則は七パーセントだが、課税所得八〇〇万円以下で五・三パーセント、同四〇〇万円以下で三・五パーセントに軽減されている。

その結果、親本では「マイクロ法人の（国税と地方税を合わせた）実効税率は三〇パーセント」としていたのが、現在の実効税率は最低で一八・五パーセントまで下がっている。

それに対して個人所得税は、課税所得に対して五パーセントから最高四五パーセントの累進課税で、住民税（東京都）の所得割は定率の一〇パーセントだから、実効税率は一五パーセントから最高五五パーセントだ。そうなると、ほとんどの場合、個人よりも法人で納税したほうが有利になるだろう。これが「あべこべ」になった第一の理由だ。

もうひとつは個人の側の変化で、じつは親本では法人の役員が国民年金と国民健康保険に加入することを前提にしていた。当時も法律上は、役員一人の法人でも社会保険に加入しなければればならなかったが、これはあくまでも建て前で、どちらも公的社会保険制度なのだから、家族経営の零細法人は国民年金／国民健康保険と社会保険のどちらか有利なほうを選べばいいというのが実態だった。

人類史上未曾有《みぞう》の超高齢化によって日本の財政は逼迫《ひっぱく》しており、社会保険料の負担は大幅に上がっている。本書の親本が刊行された二〇〇九年当時、厚生年金の保険料率は一五・七〇四パーセントだったが、それが現在（二〇二五年）は一八・三パーセントになっている。同じく中小企業が加入する協会けんぽの保険料率は、四十歳以上が支払う介護保険料込みで（自治体の平均で）九・三九パーセントから一一・六パーセントに上がった（同時に、保険料を支払う収入の上限も引き上げられ、高所得の会社員の負担が重くなっている）。

これをわかりやすくいうと、年収六〇〇万円のサラリーマン／サラリーウーマンの場合、二〇〇九年には（ボーナスをならして）月額五〇万円の給与に対して約六万三〇〇〇円の社会保険料が天引きされていたが、それが現在は約七万五〇〇〇円に増えている。この一六年間で、毎月の手取りが一万二〇〇〇円（年額一四万四〇〇〇円）も減ってしまったのだ。

あなたが給与明細を見て、「会社はベースアップしたというけれど、手取りは逆に減っているじゃないか」と疑問に思ったら、その理由は増税ではなく、社会保険料の負担増だ（会社が支払う社会保険料も同じだけ上がっているので、会社はその分、人件費を抑制しようとするだろう)。

消費税を上げようとすると国会で紛糾必至で、政権がいくつもつぶれるが、社会保険料率の引き上げは厚生労働省の一存でできるので、この「ステルス増税」が常態化している。その結果、日本の社会保障制度の歪《ゆが》みはますます大きくなっている。

会社員が加入する社会保険と、自営業者が加入する国民年金/国民健康保険ではどちらが得なのか。厚生年金の保険料が収入に応じて決まるのに対して、国民年金の保険料は定額(二〇二五年時点で月額一万六九八〇円)なので、この比較は簡単だ。

年収六〇〇万円の会社員の厚生年金保険料は、自己負担のみで年額約五五万円(会社負担分を含めると約一一〇万円)だが、国民年金なら年収にかかわらず年額二〇万円強だ。掛け金が少ないと将来の年金は減るが、厚生年金保険料との差額の三五万円をNISA(ニーサ)で非課税で運用したほうが老後資金はずっと大きくなるだろう。

ここまではシンプルだが、話がややこしくなるのは、国民健康保険の保険料が、社会保険の会社負担分と自己負担分の合計に見合うように引き上げられてきたことだ。その結果、会社員が自己負担する健康保険料が年額三〇万円だとすると、生活水準が同じ自営業者は年額六〇万円の保険料を支払わなくてはならない。そのうえ社会保険では扶養家族の健康保険は無料だが、国民健康保険は本人分のみなので、配偶者・子ども・親など扶養家族がいれば、その分の保険料を別で納めなくてはならない。――自営業者から「国民健康保険の保険料負担が重すぎる」という不満の声が上がるのはこれが理由だ。

これはたしかに理不尽だが、一人二役のマイクロ法人では、自己負担だけでなく会社負担の保険料も支払わなくてはならないから、扶養家族の人数にもよるが、「国民年金は厚生年金よりも有利で、国民健康保険の負担額は（労使合計では）社会保険と同じ」になる。さらに、かつては国民健康保険料の上限は六〇万円程度で、いったん上限に達すればそれ以上保険料は増えないから、個人の所得を大きくして法人を赤字にすることが「王道」とされていたのだ。

ところがその後、厚生労働省はできるだけ多くの労働者を社会保険に加入させるという方針を徹底するようになり、年金事務所は従業員一〇人以上の法人を重点調査すると同時に、マイクロ法人にも社会保険の加入義務があることを通知しはじめた。それに加えて国民健康保険の保険料の上限が一〇九万円（介護分を含む）に引き上げられ、その一方で法人税の税率が引き下げられたことで、「個人の所得を小さくして社会保険に加入し、法人で納税する」というまったく逆のやり方のほうがコスパ（費用対効果）がよくなったのだ（それに法律も遵守できる）。

社会保険料は収入（標準報酬月額）によって決まり、会社負担分と自己負担分を合わせて収入のおよそ三〇パーセントだ。社会保険料（労使合計）は役員報酬六〇〇万円で一八〇万円だが、三〇〇万円なら九〇万円と半額になる（最低額は年収七五万六〇〇〇円未満にしたときの年額約二七万四〇〇〇円）。——役員報酬を下げれば社会保険料は安くなるが、（扶養家族の保険を含む）健康保険のメリットは変わらない。

このようにして、親本のアドバイスは一六年で「あべこべ」になってしまった。私はずっとこのことを気にしていたが、親本の編集を担当してくれた村上誠さんがプレジデント社に移籍し、声をかけてくださったことで、ＰＡＲＴ４「磯野家の節税——マイクロ法人と税金」の部分を全面的に書き換えて新版にすることにした。

ただし、「法人とはなにか？」という話や税・社会保障の仕組み、超低利融資が可能になる理由など、それ以外の部分はできるだけ親本の記述を活かすことにした。このような文章はいまの自分には書けないということもあるし、日本社会の制度の歪みがほとんど変わっていないということでもある（数字は適宜、最新のものに置き換えた）。

また親本では、コラムとして会社の設立方法、法人税の申告、公的融資制度の利用方法などを具体的に記述したが、制度の細則は頻繁に変更されるし、いまではネット上に懇切丁寧な解説がたくさんあるので、すべて削ることにした（そのかわり、「副業で節税できるか？」と「補助金を受け取る」のコラムを加えた）。

二〇二四年の衆議院議員選挙をきっかけに、「一〇三万円の壁」「一〇六万円の壁」「一三〇万円の壁」が注目されることになった。だがほとんどのひとは、それがなんなのかうまく理解できないだろう。それほど日本の税・社会保障制度は複雑怪奇《かいき》なのだ。

本書を、そんな奇妙な世界を賢く歩くための地図として使ってもらえればうれしい。

二〇二五年二月　橘《たちばな》　玲《あきら》

まえがき　グローバル資本主義を生き延びるための思想と技術

この本のコンセプトは単純だ。

自由に生きることは素晴らしい。

二〇〇八年は世界金融危機の煽《あお》りを受けて派遣切りや新卒の内定取り消しが相次ぎ、街には失業者が溢《あふ》れ、どこを見ても暗い話題しかなかったけれど、そんなニュースばかりじゃますます暗くなるだけだ。朝から晩まで「不景気だ！」と騒いでいたって景気はよくならない。

みんなが好きな仕事に就けて、毎年給料が上がっていって、会社は一生社員の面倒を見てくれて、退職すれば悠々自適《ゆうゆうじてき》の年金生活が待っていて、病気になれば国が下《しも》の世話までしてくれる——そんな理想郷《ユートピア》を勝手に思い描いて、その夢が裏切られたと泣きわめくのはそろそろやめよう。そんな都合のいい話があるわけないって、幼稚園児だって知っている。

世界はもともと理不尽なものだ。みんなの都合のいいように神さまがつくってくれたわけじゃない。そんな〝ディストピア〟で、一人ひとりが前向き《ポジティブ》に生きていく道を探さなきゃいけない。「生まれてきた意味」って、そういうことじゃないのかい?

仕事を失ってホームレスになった若者たちが、毎日のようにテレビや新聞に取り上げられている。そんな彼らに向かって、「努力が足りない」とか説教するひとたちがいる。でもこれって、ちょっと〝品格〟がない。誰か教えてやってよ。面と向かって他人《ひと》を批判できるのは、家族や友人や、会社の上司や工場の親方でもいいけど、その言葉に責任を持てる人間だけだってことを。

その一方で、自由な生き方を否定して恬《てん》として恥じない自称〝リベラル〟がいる。

かつてこの国では、サラリーマンは「社畜《しゃちく》」と呼ばれていた。自由を奪われ、主体性を失い、会社に人生を捧《ささ》げた家畜すなわち奴隷《どれい》の意味で、彼らの滅私奉公《めっしほうこう》ぶりや退屈な日常を嘲《あざけ》り、見下すのがカッコいいとされていた。その頃は私も社畜の一人でこの蔑称《べっしょう》を不快に思っていたけれど、悔《くや》しいことに彼らに言い返す言葉を持っていなかった。タイムカードを押すために満員電車に揺《ゆ》られる毎日は自由からはほど遠かったし、かといって会社を離れて自分や家族が生きていくだけの資力を得る方途もなかったからだ。

ところがいまや同じリベラルが、「非正規社員を正社員にせよ」と大合唱している。正社員とはサラリーマンであり、すなわち社畜のことだろう。驚くべきことにこの国では、いつのまにか社畜=奴隷こそが理想の人生になってしまったのだ。

昭和四〇年代のアニメ『妖怪人間ベム』では、異形の妖怪として生まれた主人公たちが「早く人間になりたい」と叫んでいた。メディアや知識人が若者たちを洗脳した結果、いまでは誰もが「いつか正社員になりたい」と口を揃《そろ》えるようになった。まるで正社員になりさえすれば、恋人や家庭や安楽な老後など、すべての夢が叶《かな》うかのように。平成の世の日本は奇怪なカルト宗教に支配され、そこでは神殿に巨大な「社畜」像が祀《まつ》られていて、善男善女がその前に額《ぬか》ずいて、いつの日か立派な社畜になれる日を願って祈り、叫び、デモをするのだ。

近頃は、誰も彼もが「この国には希望がない」と慨嘆する。だけど考えてみてほしい。人生の目標が社畜になることなら、希望なんてあるわけない。

「自由」の価値は、かつてないほどにまで貶《おとし》められてしまったのだ。

自分の人生を自分で選ぶ

誤解のないようにいっておきたいのだけれど、私はこの本でサラリーマンという生き方を否定したいのではない。世の中に蔓延《まんえん》する「社畜礼賛《らいさん》」が薄気味悪いだけだ。

契約社員は企業だけが一方的に有利な雇用形態ではなく、本来は好きなときに好きな仕事をする自由を確保でき、能力次第では正社員より高い報酬が支払われる働き方のはずだ。労働市場の規制緩和《かんわ》によって、子どものいる女性など、フルタイムでは働けなかったひとたちが仕事に就けるようになった。

需要が限られているのに、すべての労働者を正社員にすることなどできるはずはない。そんなことを法律で強制すれば、企業は正社員を雇わなくなるか、自由に雇用調整できる外国に出ていくだろう。

どれもこれも当たり前のことばかりだけれど、こういう「不適当な発言」は公《おおやけ》の場では「言ってはいけないこと」になっている。そのかわり、社員を窮屈《きゅうくつ》な雇用契約で会社に縛りつけることが「正義」だとされている。そんなこと、誰も望んでいないのに。

いま必要なのは、自由に生きることの素晴らしさをみんなが思い出すことだ。「安定」を得る代償に「自由」を売り渡すのはもうやめよう。そんなことをしたって、会社がつぶれてしまえば結局なにもかもなくなってしまうのだから。

ここでいいたいのは、「サラリーマンを辞めて独立しよう」とか、そういうどうでもいいことじゃない。一人ひとりが、「自由に生きるための戦略」を持たなきゃいけないっていうことだ。

大企業に就職できたから安心？　リーマンショック後の超円高で、磐石《ばんじゃく》の財務基盤を誇ったトヨタ自動車は二兆円の利益が一瞬で吹き飛んでしまったし、「世界のソニー」は正社員を含む大規模な人員削減に追い込まれた。

公務員だから安心？　赤字自治体では職員のリストラや賃下げが当たり前で、不況で天下り先がなくなることも間違いない。

年金があるから安心？　人類史上未曾有の少子高齢化で年金財政は火の車、健康保険や介護保険だっていまのままつづけられるわけがない。

この世界大不況がわたしたちに教えてくれたことがあるとすれば、それは、国や会社はなにもしてくれないということだ。アメリカ大統領にオバマが就任しても、日本の政権党が自民党から民主党に替わっても、魔法のように景気を回復させられるわけじゃない。グローバルな市場の中で、国家ができることはほんのわずかしか残されていない。それも、しょっちゅう失敗する。だったら、自分のことは自分でなんとかするしかない。

＊親本の刊行は二〇〇九年六月で、リーマンショックが起きたのは二〇〇八年九月。当時の社会の雰囲気はこんな感じだった。（新版註）

「自由」は空疎《くうそ》な理念やお題目ではなく、「人生を選択できる経済的な土台（インフラストラクチャー）」のことだ。自分と家族を養《やしな》うだけの資力がなければ、結局誰か（国とか会社とか）に依存せざるをえない。何者かに経済的に支配されている状態は、一般に「隷属」と呼ばれる。ひとはみんな、自分の人生を自分で選ぶべきだ。

そう考えれば、自由な人生にとっていちばん大事なのは自分の手でお金を稼ぐことだとわかる。でも、そのためにはいったいどうすればいいんだろう。

市場と資本主義

リーマンショックでアメリカの金融機関がばたばたとつぶれて「グローバル資本主義の終わり」だといわれたけれど、好むと好まざるとにかかわらず、わたしたちは資本主義と市場経済の中で生きていかなくてはならない。人類はこれ以外の経済制度を持っていないし、これからも（少なくとも生きているあいだは）ずっとそうだからだ。

市場経済というのは、「お金」という共通の尺度でモノとモノとをやりとりする仕組みのことだ。資本主義は、「もっとゆたかになりたい」という人間の欲望によってお金を自己増殖させるシステムだ。このふたつが合体した経済世界でわたしたちがお金を獲得する方法は、つまるところたったひとつしかない。

資本を市場に投資し、リスクを取ってリターンを得る。

これだけだ。

働く能力を経済学では「人的資本」という。若いときはみんな、自分の人的資本（労働力）を労働市場に投資して、給料というリターンを得ている。

人的資本は要するに「稼ぐ力」のことだから、知識や経験、技術、資格などによって一人ひとりちがう。大きな人的資本を持っているひとはたくさん稼げるし、人的資本を少ししか持っていないひとは貧しい暮らしで我慢しなくてはならない（これはあくまでも統計的な結果で、人的資本と収入が一対一で対応しているわけではない）。

働いて得た給料から食費や家賃などの生活経費を支払って、いくらかのお金が手元に残ったとしよう。そうすると、このお金を資本金にして、資本市場に投資してお金を増やすことができる。もっとも一般的な投資が「貯金」で、これは銀行などにお金を貸して利息を得ることだ。貯金は元本の返済が約束されていて、おまけに日本国の保証までついているから、リスクが低いかわりにリターン（金利）も低い。

それで満足できないなら、「株式」に投資することもできる。こちらはずっと高い配当をもらうことができるけれど、元本が保証されているわけではないから、株価が大きく値下がりしたり、場合によっては紙くずになってしまうこともある。そのかわり大儲《おおもう》けする可能性もあるから、これはハイリスク・ハイリターンだ。

このようにわたしたちは、人的資本を労働市場に投資したり、金融資本（手持ちのお金）を資本市場（金融市場や不動産市場）に投資したりして、生きていくための糧《かて》を得ている。若いときは人的資本で稼いで、年を取って働けなくなると金融資本と年金で生活する、というのが一般的なパターンだ。

人的資本理論では高い教育を得たひとほど人的資本が大きいとされるから、「高学歴＝高収入」という法則が生まれ、高い学費を払ってＭＢＡ（経営学修士）などの資格を取得することが流行した。速読術や情報収集法、セルフマネジメントやコーチング、そういったもろもろの自己啓発術も、人的資本を高めてより多くの収入を得ようという戦略だ。

ところでこの本では、こういう話はいっさい出てこない。

書店に行けば玉石混交《ぎょくせきこんこう》の自己啓発本が溢れていて、それに新たになにかを加えることなどとてもできそうにない。それともうひとつ、私自身が「自己啓発」という戦略にいまひとつ納得できないということもある（これについては別の機会に書いてみたいが、簡単にいうと、みんなが同じ目標を目指せば少数の勝者と大多数の敗者が生まれるのは避けられず、ほとんどのひとが敗者になってしまうのだ）。

＊「やればできる」という自己啓発の思想については、「やってもできない」という立場から、『残酷な世界で生き延びるたったひとつの方法』（幻冬舎文庫）で批判的に検討した。

そこでこの本では、お金と世の中の関係を徹底して考えてみたい。なぜそんなことをするのかって？　自分が生きている世界の詳細な地図を手に入れることができれば、自己啓発なんかしなくても、ほかのひとより有利な場所に立つことができるからだ。

人的資本を最大化せよ

資本主義社会で生きていくということは、所有している資本（人的資本や金融資本）を市場に投資して利益を得る（資本を増殖させる）ことだ。この経済活動を「企業 Enterprise」という。町の八百屋からトヨタやソニーのような大会社まで、企業は市場参加者すべての総称だ。企業の主体が企業家で、通常は中小企業のオーナー社長などのことを指すが、人的資本を投資しているという意味では、自営業者だけでなくサラリーマンだって立派な企業家だ。

日本語だとこのあたりの区別があいまいなのだが、企業活動のための効率的な仕組みとして考え出されたのが「会社 Company」で、協力と分業の力によって、個人がばらばらに働くより大規模かつ高速にお金を増やす（資本を増殖させる）ことができる。会社は社会の中でとても大きな役割を果たしているから、法律上の人格（法人格）が与えられている。ここはちょっとややこしいのであとで詳しく説明するけれど、これが資本主義の根幹で、要するにわたしたちの生きている世界の骨格にあたるものだ。

サラリーマンをつづけるべきか、脱サラするべきかがよく問題になる。でもこれは、設問の仕方が間違っている。原理的にいうならば、わたしたちはみんな企業家で、意識しているかどうかにかかわらず、常に人的資本を最大化するような選択をしているのだ。

金融市場への投資（株式投資など）はその価値が金銭の多寡《たか》で一元的に計算できるけれど、人的資本の投資（働くこと）には金銭以外のさまざまな基準がある。「大損したけど素晴らしい投資」というのは定義矛盾《むじゅん》だが、「一文にもならないけれど楽しい仕事」というのはいくらでもあるだろう。人的資本を最大化するというのは、たんにより多くのお金を稼ぐことではなくて、そのひとにとっての満足度（充実度）をいちばん大きくすることだ（とはいえ、お金がなくては生きていけないから、これがもっとも大事な基準であることは間違いない）。

こうした選択の結果として、会社勤めをつづけて出世を目指すひとと、脱サラしてラーメン屋をはじめるひとが出てくる。人生をリセットすることはできないから、その選択がほんとうに正しかったかどうか検証することは不可能だけれど、どちらも人的資本をリスクに晒《さら》してより大きなリターンを得ようとしていることは同じだ。

とはいえ、サラリーマンとそれ以外の企業家にはひとつ決定的なちがいがある。それは、サラリーマンが企業活動（お金を稼ぐ経済活動）の主要部分を会社に委託（アウトソース）していることだ。これは具体的には、会計・税務・ファイナンスになる。

会計は収支や資産を管理する仕組みで、税務は所得税や消費税などを国家に納税する経済行為だ。ファイナンスは資金の流れを把握《はあく》し、資本市場から効果的に資金調達することをいう。

これはどれも企業家にとっては生死を分かつほど重要なことだけれど、サラリーマンは源泉徴収と年末調整によって会社に税務申告と社会保険料の計算を委託しているので、手取り収入の範囲で生活しているだけなら会計も税務も必要ない。住宅ローンはファイナンスの一種だが、家賃のかわりに決められた金額を払っているひとが大半だろう。サラリーマンとは、企業家としてのコア（核心）を切り離すことで、自らの専門分野に特化したひとたちなのだ。

経営学では、会計・税務・投資・資金調達などは「会計ファイナンス」と括《くく》られる。だから、こうした知識をまとめて「フィナンシャルリテラシー」と呼ぶことにしよう。リテラシーというのは、「読み書きの能力」のことだ。

よく知られているように、脱サラの成功率はあまり高くない（一般に三割程度といわれている）。それにはいろいろな理由があるだろうが、そのひとつにフィナンシャルリテラシーの欠落があることは間違いない。

純粋培養《ばいよう》されたサラリーマンが、羅針盤《らしんばん》も海図《かいず》もなく徒手空拳《としゅくうけん》で市場の荒波に乗り出していく。会社の財務状況を把握できず、余分な税金を払い、高い利息でお金を借りていれば、あっという間に難破《なんぱ》してしまうのも当然だ。

マイクロ法人とはなにか

ところで、先に「会社には法律上の人格が与えられる」とあっさり書いたけれど、私はこの意味がずっとわからなかった（正直にいうといまでもよくわからない）。近代の市民社会は個人（市民）の人格を等しく認め、それを人権として社会の礎《いしずえ》に置いた。だから、私やほかのひとたちが人格（パーソナリティ）を持っていることは理解できるけれど（これがあいまいになると精神病と診断される）、法律上の人格っていったいなんだろう。

本書のもうひとつの主題は、「法人」をめぐる謎になる。その不思議を解明しようとして自分で会社をつくってみたのだが、その結果、事態はさらに錯綜《さくそう》してしまった。私の会社には株主と取締役が一人しかおらず、それはもちろん私自身なのだが、この会社は、私（個人）とは独立した法人としての人格を持っているのだ。世の中にこんなヘンな話ってあるだろうか？

本書では、こうした一人会社を「マイクロ法人」と名づけた。

会社に雇われない生き方を選択したひとたちを「フリーエージェント」という。一九八〇年代以降、欧米など先進諸国で増えつづける新しい就業形態で、このフリーエージェントが法人化したものがマイクロ法人だ。二〇〇九年当時、アメリカでは全就業者の四分の一、約三三〇〇万人がフリーエージェントで、一三〇〇万社のマイクロ法人があり、一一秒に一社の割合で自宅ベースのミニ会社が生まれていた。

アメリカでは会社に雇われない生き方が一般化すると同時に、フリーエージェントのマイクロ法人化が進んでいる。彼らは別に、第二のマイクロソフトやグーグルを目指しているわけではない。会社に所属するのではなく自分自身が会社になるのは、そのほうが圧倒的に有利だからだ。

会社をつくることによって、個人とは異なるもうひとつの人格（法人格）が手に入る。そうすると、不思議なことが次々と起こるようになる。詳しくは本編を読んでほしいのだが、まず収入に対する税・社会保険料のコストが大幅に低くなる。さらには、まとまった資金を無税で運用できるようになる。そのうえもっと驚くことに、多額のお金をただ同然の利息で、それも無担保で借りることができる。

こうした法外な収益機会は、本来、自由で効率的な市場ではありえないはずのものだ（経済学の大原則は、「市場にはフリーランチ＝ただ飯はない」だ）。ところが実際には、別の人格を持っただけで、簡単にフリーランチにありつくことができる。

こうした奇妙な出来事は、国家が市場に介入することから生じる。世界大不況で「市場の失敗」が喧伝《けんでん》されたが、じつはそれ以前に、国家が市場を大きく歪《ゆが》めている。その最大のものは世界中の国家が好き勝手に貨幣を発行していることなのだが、それ以外にも市場には無数の制度的な歪みがあって、それによって理論上は存在しない異常現象が現実化するのだ。

フリーエージェントがマイクロ法人になるのは、国家の歪みを最大化するためだ。それをひとことでいうならば、

マイクロ法人は、国家を利用して富を生み出す道具である。

フリーエージェントという選択

「会社」は、資本主義経済の中核としてわたしたちの人生に大きな影響を与えている。だが不思議なことに、それがいったいなんなのかはじつはよくわかっていない。だからこそ「会社は誰のものか」とか、「会社の社会的責任とはなにか」が延々と議論され、それでも結論が出ない。

だがひとつだけたしかなのは、わたしたちがこの奇妙な生き物（なんといっても会社はひと、なのだ）とつき合っていかなくてはならない、ということだ。そして、会社を理解するもっとも効果的な方法は、自分で会社をつくってみることだ。

二〇〇五年の会社法改正で、誰でも気軽に法人を所有することができるようになった。本書

の企画を最初に思いついたのはその頃で、法人の大衆化時代を迎え、会社という〝もうひとつの人格〟についての実用的な本があれば便利だと思ったのだ。それから書きはじめるまで三年以上かかったのだが、それは、そうはいっても会計や税務・ファイナンスの専門家はたくさんいるのだから、私のような門外漢の出番はない、と考えていたからだ。

ところが書店には、ビジネスマン向けに書かれたコーポレートガバナンスやM&A（合併・買収）の入門書、中小企業の経営者を対象にした会計やファイナンスの本は並んでいても、マイクロ法人の実践的なガイドブックはいつまで待っても登場しなかった（そもそもマイクロ法人というコンセプト自体が日本には存在しなかった）。

そのうちに経済格差や非正規雇用が大きな社会問題となり、それについて喧々囂々《けんけんごうごう》の論争が交わされるようになった。そのほとんどが、「落ちこぼれ＝非正規社員をいかに有用なサラリーマン＝正社員にするか」という視点で語られていた。私はその議論に強い違和感があって、「正社員じゃなくてもいいじゃないか」とずっと思っていた。正社員が「正しい」のなら、非正規＝「正しくない」社員に対する差別や偏見はますます強くなるばかりだ。

誰もが正社員に憧《あこが》れるのは、日本の社会ではサラリーマン以外の生き方が圧倒的に不利だと信じられているからだ。だから、これをたんなる精神論（脱サラすれば自由になれる）で批判してもなんの意味もない。会社に雇われない自由な生き方の可能性が、実践的な技術とともに提示されなくてはならないのだ。

本書では、マイクロ法人をキーワードに、会計・税務・ファイナンスの基礎知識をわかりやすく説明し、そこからどのような利益が生じるのかを具体的に示していく。それによって、労働基準法で守られ、雇用契約でがんじがらめに縛られたサラリーマンに比べて、複数の人格を使い分けられるフリーエージェントがけっして不利な選択ではないことがわかるだろう。

本書の特徴は、以下のように要約できる。

①誰でも利用できる

自己啓発系の問題解決法は刻苦勉励《こっくべんれい》を要求するし、人一倍努力しても成果が出るとはかぎらない。それに対してマイクロ法人戦略は、フリーランスや個人事業主であれば誰でもすぐに利用でき、特別な知識や努力は不要で、なおかつ確実に効果がある。

②いつか必ず役に立つ

終身雇用制が崩壊したいま、誰もが人生においていちどは独立を考える場面を迎えるはずだ。そんなとき、会計・税務・ファイナンスの実践的な知識は必ず役に立つだろう。

③いつまでも使える

効率的な市場においては超過利潤を得る機会は一瞬にして消えてしまうが、制度の歪みから生まれる利益（黄金の羽根）は既得権として固定化されるから、いちど習得すればいつまでも使える。

不確実性の時代の思想と技術

最後に、本書の構成を簡単に説明しておこう。

PART1では、グローバル経済とICT（情報通信技術）の急速な進歩によって、働き方が正社員からフリーエージェントへと構造的に移行している現状を概観する。サラリーマンはもはや絶滅する人種であり、閉塞《へいそく》した日本社会を変革するには、会社に囚われた「クリエイティブクラス」を解放するしかないことがここで明らかになるだろう。

PART2では、会社と法人について原理的に考えている。異なる人格を持つという不思議に驚くことが、マイクロ法人を理解する第一歩だ。

PART3では、会計の基本を扱っている。ここでのポイントは、個人（家計）とマイクロ法人（会社）を連結決算し、利益を最大化すると同時に課税所得を最小化することだ。

ＰＡＲＴ４では、税金と社会保障制度について述べている。企業における税務会計の目標は、合法的な範囲内で納税額を圧縮し、より多くの富を株主に還元することだ。マイクロ法人を活用すれば、税金だけでなく年金や健康保険の保険料の最小化も技術的に可能になる。

ＰＡＲＴ５のテーマはファイナンスで、資金繰《ぐ》りと資金調達について説明する。公的融資制度とマイクロ法人を組み合わせれば、誰でも無担保の超低金利融資が受けられる。その仕組みから、日本の金融市場の奇妙な実態が浮かび上がってくるだろう。

本書は、理論と実践、そして物語が交互に組み合わされている。記述はできるだけ具体的にし、現在すでに法人を所有しているがその活用法がわからないひとや、フリーエージェントで法人化を検討しているひとがすぐに使える具体的なノウハウをひととおり盛り込んだので、将来、フリーエージェントを目指すビジネスパーソン諸氏にも参考になるだろう。物語では、私が法人（会社）やファイナンスに関心を持った逸話を集めてみた。もちろん、興味のある部分や必要な箇所だけを読んでいただいても構わない。

世界はその姿を大きく変え、これまでの常識が通用しなくなってきている。未来は不確実になり、明日なにが起きるのか誰にもわからない。そんな世界で生き残るには、常に複数の選択肢を確保しておくことが必要になる。

サラリーマンは、すべてのリスクを会社という一点に集中させている。それに対してフリーエージェントは、収入源を複数にしてリスクを分散している。どちらが有利かはケース・バイ・ケースだが、不確実性の時代には分散型の収益モデルのほうが耐性は高そうだ。もちろんこの戦略は、副業などを使えばサラリーマンでも利用できる。

強いストレスを加えられると多量のストレスホルモンが脳に流れ込み、神経細胞（ニューロン）の働きが抑制され、抑うつ状態や肥満、食欲不振などが引き起こされる。だが大脳生理学の知見によれば、実験の際、ストレスが加えられることと、自分の意思で中断できることを伝えておけば、血中のストレスホルモンはほとんど増えないという。予測と回避が可能なら、どのような過酷な環境でもひとは生きていけるのだ。

これは逆にいえば、出口のない状況に置かれたとき、ひとは耐えがたいストレスに晒されるということだ。ささいな出来事で精神が崩壊するのは、どれほどあがいてもそこから抜け出す方途が見つけられないからだ。あまりにも強く会社に依存し、それ以外のオプションを持っていないと、倒産やリストラでたちまち経済的にも精神的にも追い詰められてしまう。日本人の自殺率が先進国の中で際立って高いのは、会社以外に寄る辺《よるべ》のないことの裏返しだろう。サラリーマンはいつのまにか、〝ハイリスク・ローリターン〟の生き方になってしまった。

新たな選択肢をつくる効果的な方法のひとつが、法的な人格を獲得することだ。経済的なストレスを法人に負《お》わせてしまえば、それを盾《たて》に個人の人格を守ることができる。本書では、そのための具体的な方法を提案している。

マイクロ法人をつくれば、ひとはビンボーになる。そしてそれが、お金持ちへの第一歩だ。そのうえ「雇われない生き方」を選択すれば、クビになることもない。

ひとは生き延びるためなら、法の許す範囲でどんなことをしてもいい。これが、自由な社会の根源的なルールだ。もしあなたが一人の企業家としてこの理不尽な世界を生き抜いていこうと決めたならば、マイクロ法人の思想と技術がきっと役に立つにちがいない。

目次

新・貧乏はお金持ち

——「雇われない生き方」で格差社会を逆転する

PART 3 スター・ウォーズ物語——自由に生きるための会計

PART 5

生き残るためのキャッシュフロー管理 ——マイクロ法人のファイナンス

新・貧乏はお金持ち

——「雇われない生き方」で格差社会を逆転する

1

楽園を追われて

——フリーエージェントとマイクロ法人の未来

1. この国にはなぜ希望がないのか？

「会社」が失われるとき

日比谷《ひびや》公園の野外音楽堂が薄暮《はくぼ》に沈む頃には、すでに長い列ができていた。霞《かすみ》門から図書館へと向かう小道に沿って大小さまざまのテントが並んでいる。

二〇〇九年一月三日夕刻。例年になく穏やかな年明けとはいえ、日が落ちるとあたりは急速に冷え込んできた。炊き出しが行なわれる本部テント前には石油ストーブが置かれ、わずかな暖をとれるようになっていた。今夜の献立は、けんちんそばとおにぎりだという。暗闇の中から、アコーディオンを伴奏にした「ふるさと」のか細い合唱が聞こえてくる。

公園の一角に、一袋一〇〇円で青森のリンゴを売っている中年の女性たちの一団がいた。

「ふるさとへのお土産《みやげ》にリンゴはいかがですか」

道行くひとたちに、売り子が熱心に声をかけている。拡声器による業務連絡と、神経を逆なでするカメラのフラッシュ。それを除けば、五〇〇人もの男たちが集まっているというのに、あたりはくすんだ静寂に満たされていた。皮肉なことに、帰るべきふるさとがないからこそ、彼らはこの公園に吹き寄せられてきたのだ。

世界金融危機に端《たん》を発した景気後退によって世界最大の消費市場である米国経済は失速し、自動車や電機などの輸出産業は前年比四割に迫る未曾有《みぞう》の販売減に襲われた。積み上がる在庫を前に生産ラインは停止し、期間契約の労働者の雇用が相次いで打ち切られたために、社員寮の退去を求められ、行き場を失った者たちが街に溢《あふ》れるようになった。そのため十二月三十一日から一月五日までの期間限定で、ボランティアたちが越年の避難所を厚生労働省の目の前に設置したのだった。

首都の中心に忽然《こつぜん》と出現したテント村にわたしたちが衝撃を受けたのは、それが戦後日本の行き着いた先を象徴していたからだ。敗戦の焼け野原から高度成長期に向かう中で、日本人は故郷を捨て、家族から離れ、「会社」という擬似共同体に身を投じていった。会社への忠誠心と一体感が、奇跡的な経済成長の原動力となった。そしていま、わたしたちを拘束《こうそく》し、包容してきた「イエ」としての会社から切り離され、残されたものは逃げ場のない孤絶だった。

一人ひとりさまざまな紆余曲折《うよきょくせつ》があるとしても、彼らに共通するのは、年末年始のわずか数日ですら身を寄せるあてがどこにもないということだ。地下鉄の駅の階段に座り込んで夜明けを待つ若者には、迎えてくれる家族もなければ、頼るべきただ一人の友人すらいない。戦後六〇年の繁栄を経て、わたしたちは荒海を漂流する小舟のような寄《よ》る辺《べ》なき境遇に辿《たど》りついたようだった。

情報通信技術の進化とグローバル市場の拡大によって、世界の姿は急速に変わりつつある。それにともなって欧米や日本の企業は、年功序列や終身雇用で高い人件費を負担することができなくなった。世界のあらゆる場所で、格差や失業が社会の伝統を大きく揺《ゆ》さぶっている。「会社」を失ったとき、あなたに戻るべき場所はあるだろうか。

奇妙な映画館

街の真ん中に大きな映画館があったとしよう。人気の映画が上映されていて、館内は立錐《りっすい》の余地もないほど超満員で、映画館の外には入場を待つひとが列をなしている。ところがこの映画の上映時間はものすごく長くて、待っているひとたちはいつまで経っても中に入ることができない……。

長い不況の果てに、日本は格差社会になったという。グローバル化と市場原理主義で下流社会が生まれ、若者も、中高年も、高齢者も、もはやこの国に希望を持てないのだという。なぜ、こんなことになってしまったのだろう。

その理由を説明するのは、とても簡単だ。一九九〇年代以降の日本社会は、この満員の映画館のようになってしまったからだ。より正確にいえば、この映画館は少しずつ縮《ちぢ》んでいて、出口付近でしがみついていたひとが次々と外に押し出されていく。そしてたいていの場合、上映されている映画はものすごくつまらない。観客の目的は映画を楽しむことではなく、映画館の中にとどまることだからだ。

わたしたちがこの奇妙な映画館のことを知るようになったのは、新世紀になって、映画館の外で待ちくたびれた若者たちが抗議の声を上げるようになったからだ。それと同時に、縮んでいく映画館の中で押しつぶされそうになっている観客の悲鳴も聞こえてきた。前者が、雑誌『論座』二〇〇七年一月号に掲載された赤木智弘《あかぎともひろ》の「『丸山眞男《まるやままさお》』をひっぱたきたい　三一歳、フリーター。希望は、戦争。」、後者が、元富士通人事部の城繁幸《じょうしげゆき》が二〇〇四年七月に上梓《じょうし》した『内側から見た富士通「成果主義」の崩壊』（光文社）で、わたしたちの社会でいったいなにが起きていたのかは、このふたつの報告でほぼ正確に知ることができる。

もうおわかりのように、この映画館は「終身雇用劇場」の看板を掲げ、上映されているのは「年功序列とともに」という長尺の映画だ（なんといっても、入社から定年まで上映時間は四〇年にも及ぶのだ）。この映画館が人気を呼んだのは、終身雇用と年功序列の組み合わせが日本経済の奇跡的な成長を支え、敗戦の焼け野原からわずか四〇年あまりで、世界でもっともゆたかな国をつくりあげたからだ。

だが残念なことに、この日本的雇用制度には致命的な欠陥がある。会社組織は軍隊と同様ピラミッド型だが、入社時にすべての社員に終身雇用と年齢に応じた昇進を約束すれば必然的に円筒形の組織ができあがってしまう。軍隊は強制的に兵士を退役させていくが、社員を解雇できない企業がこの矛盾《むじゅん》を解消しシステムを維持しようとすれば、常に組織を拡大させていくほかない。こうして日本企業は次々と業務を多角化・拡張し、利益率よりもシェアの拡大に血《ち》眼《まなこ》になり、子会社や系列会社を増殖させていった。城が指摘するように、年功序列・終身雇用制とは原理的にネズミ講なのだ。組織が拡大し新しい社員が入ってくるかぎりシステムは機能するが、いったん成長が止まると瞬《またた》く間に崩壊してしまう。

日本企業は一九九〇年前後に大量の新卒を採用し、その直後のバブル崩壊で未曾有の長期不況を迎えることになる。たとえば富士通では、九一年度に一五〇〇人という適正数の倍近い新卒採用を行なったものの、その後は文系の採用を見送り必要最小限の技術職のみに絞《しぼ》るなど、採用枠を急速に狭《せば》めていった。他の企業でも同様の事態が起きたが、この対症療法では、社員総数を元に戻せたとしても問題はなにも解決しない。

年功序列とは、年齢によって地位と給料が上がっていく仕組みだから、新卒の採用数にかかわらず昇進は行なわれ、いずれは管理職よりも部下が少ない逆三角形の奇妙な組織ができあがるだろう。これでは、人件費の重さで会社は押しつぶされてしまう。

システムを維持するためには、人件費の総額を抑制する仕組みがどうしても必要になる。こうして登場したのが、「成果主義」だった。

不思議の国の富士通

チョッキを着た白ウサギを追いかけて穴に飛び込んだアリスは、トランプの女王からクロッケーの試合に誘われる。不思議の国のクロッケーは、ハリネズミの玉を、フラミンゴの首のマレット（スティック）で転《ころ》がし、トランプの兵隊が四つんばいになってつくったゲートを通すというものだった。アリスがフラミンゴを押さえつけ、その頭でハリネズミを叩《たた》こうとすると、フラミンゴは首をぐいとねじってアリスの顔を見上げる。頭を下げさせようとしているうちに、ハリネズミは丸まるのをやめて歩き出してしまう。兵隊たちは起き上がってクロッケー場をうろうろしはじめる。その大混乱の中を、トランプの女王が「あやつの首をちょんぎれ！」「こやつの首をちょんぎれ！」とわめきながらのし歩いている。

城繁幸が描いた富士通の「成果主義」は、アリスの体験にとてもよく似ている。主人公は矛盾と不条理に満ちた世界をさまよい歩き、理由もわからないままひとびとの首がちょん切られていく。

富士通が鳴り物入りで導入した成果主義では、半期ごとに各自が目標を設定し、その達成度によってボーナスなどの報酬に差をつけることになっていた。だが評価される社員はもちろん、評価する側の管理職や人事部も実際はなにをしたらよいかわかっておらず、右往左往《うおうさおう》する中で社内は大混乱に陥《おちい》っていく。

目標は数値化が義務づけられていたが、営業部門や開発部門ならともかく、総務や経理などのバックオフィスでは、部員全員が数値化できる目標を持つのは不可能だ。その結果、「三コール以内に電話を取る」「退職金の計算を間違えない」などの「目標」が登場した。その一方で、営業部門は確実にA評価を取るため目標を意図的に低く設定し、開発部門では自分の目標に関係のない業務を誰もやらなくなった。

社内にさらなる軋轢《あつれき》を生んだのは、たとえ目標を達成しても一方的に評価を引き下げられることだった。当初、富士通人事部が採用したのは相対評価で、SやAなど人件費の増額につながる評価の割合は厳密に定められていたため、各部門の一次評価を事業部長と各部門長による評価委員会で再調整する必要が生まれた。この振り分けは部長間の力関係で決まり、各自の貢献度《こうけん》は一顧だにされなかった。当然のことながら、これではなぜ評価が下がったのかを説明することができず、「がんばっただけ馬鹿馬鹿しい」との風潮が急速に社内に広まった。

そのうえ富士通では、一般社員と異なり、管理職の成績は絶対評価で査定されていた。管理職同士が互いを評価し合うのだが、相手からの高い評価を期待すれば、自然と自分からの評価も高くなる。このようにして、管理職はほぼ全員がAになった。もちろんこんなことは部下にはいえないから、管理職の評価は徹底して秘密にされていた。

その後、若手社員の不満が高まり離職が相次ぐと、驚いた人事部はこの絶対評価を全社に適用してしまう。その結果ほとんどの社員がA評価を取るようになり、かといって人件費の予算は決まっているのだから、評価は報酬にまったく結びつかなくなった。こうして査定直前まで目標シートを提出しないことが常態化し、日本的雇用の改革の象徴とされた富士通の成果主義は完全に崩壊したのだ。

渦中の人事部でこの顚末《てんまつ》を体験した城が述べているように、これはそもそも本来の成果主義ではない。最大の欠陥は実質的に降格がなかったことで、それによって中高年層の地位と給与が保証され、その一方で、どれほど高い評価を得ても先行する年代を抜いて昇進することは不可能だった。制度の当初から管理職の評価が有名無実だったことからわかるように、もともと「成果主義」は、年功序列制度を維持しつつ、若手社員の人件費を抑制する手段として導入されたのだ。

この「カラクリ」に気づいた若者たちが続々と会社に見切りをつけたのは当然だろう。定期昇給が廃止され、目標を達成してもボーナスは増えず、現在の管理職が終身雇用を保証され会社に居座るのなら、自分たちに未来がないのは明らかだからだ。

カフカ的不条理

日本企業が「成果主義」を導入したことで、この国にはじめて転職市場が生まれた。城繁幸によれば、日本の大手電機各社は長年、「同じ電機大手の中からは従業員を引き抜かない」というカルテルを結んでいた。ところが富士通は、一九九八年に突然、協定の実質的破棄を宣言し、二〇〇人の中途採用を実施した。その後、同業他社の多くも中途採用に乗り出し、わずか一〇年で巨大な人材マーケットが誕生した。これがおそらく、成果主義の最大の「成果」だろう。

従来の年功序列制では、地位と給与は入社年次と勤続年数によって決まっていた。日本型の転職制度では、それを年齢と経験で評価するようになった。これによって年功序列制を維持しつつ、キャリアをゼロにリセットすることなく他企業に転職する道が開けた。

これは大きな変化だが、すべての人が恩恵《おんけい》を被《こうむ》るわけではない。よくいわれるように転職需要は三十五歳が上限で、それ以上になると再就職はほぼ不可能だ。年功序列制では中高年は課長・部長などの役職で受け入れるしかないが、彼らは給与が高いうえ、そもそもどの会社も管理職はあり余っているのだ。

その一方で、中途採用の評価が年齢と経験のセットになっていることは、年齢相応の職歴のない若年失業者を転職市場から排除することになった。富士通では通年採用で毎年一〇〇人単位を他社から採用していたが、業績の悪化と株価の下落で応募者の質は落ち、二〇〇三年度には応募者中の大卒資格者の割合は五割を切った。採用選考時に高評価だった新人のほとんどが五年以内に退職する一方で、同業他社から移ってこようとする人間はおらず、応募してくるのは他社をリストラされた人間か、下請けである中小IT企業出身者ばかりになったという。しかしそれでも、富士通は大卒の若年失業者を中途採用することはなかった。年功序列型組織には、彼らを受け入れる場所がないからだ。

この状況は、街にふたつめの映画館ができたと考えるとわかりやすい。どちらの映画館もあいかわらず超満員で、外には入場を待つ人の長い列ができている。

ところが三十代前半までの観客は、特別な出入口を使って、ふたつの映画館を自由に行き来することができる。彼らにとってもっとも合理的なのは、上映されている映画がつまらなければ、さっさとちがう映画館に移ることだ。こうして「三年で辞める」新人社員の比率は急速に高くなる。

だがある年齢を過ぎると、いったん退場してしまうと再入場が認められなくなる。当然、彼らは絶対に外へは出ようとせず、自由に移動する特権を享受《きょうじゅ》する若者たちを声を嗄《か》らして非難するだろう。彼らがいなければ映画館はますます縮んで、こんどは自分たちが押し出されてしまうからだ。

その一方で、外で待っている若者に対しては、「映画館に入るには、上映している映画のストーリーを知っている必要がある」と告げられる。だがその映画は、映画館でしか観ることができない……。日本企業では、社員教育は社内で独占的に行なわれ、外部からその資格を取得することは不可能だ。これは彼らにとって、カフカ的な不条理に思えるにちがいない。このことをはじめて告発したのが、赤木智弘の「『丸山眞男』をひっぱたきたい　三一歳、フリーター。希望は、戦争。」だった。

＊ここで述べたようなＪＴＣ（ジャパニーズ・トラディショナル・カンパニー）の前時代的な人事制度は、驚くべきことに、親本の刊行から一六年を経てもほとんど変わらず、最近になってようやく「働き方改革」が叫ばれるようになった。（新版註）

20世紀少年

一九七〇年の大阪万博の興奮も冷め、イギリスのロックバンド、T・レックスの『20センチュリー・ボーイ』が深夜ラジオから流れていた頃、世紀末に人類は滅亡するという予言の書が大ベストセラーになった。浦沢直樹《うらさわなおき》の『20世紀少年』で、ケンヂやオッチョなど当時の小学生は、秘密基地に集まって地球最後の日の姿を彼らの「よげんの書」に書いた。迫りくる死が確実なほど、いまはきらきらと輝いていた。だが二十一世紀が近づいても世界が滅《ほろ》びる気配はなく、退屈な日常が延々とつづき、わたしたちはただ年を取っていく。その事実に耐えられなくなった仲間の一人が「ともだち」という奇妙な名のカルト組織をつくり、自らの手で世界を滅亡させようとする……。

『20世紀少年』で描かれたもうひとつの未来は、作中人物と同世代の人間にはとても馴染《なじ》み深いものだ。わたしたちはみな、それぞれの「よげんの書」を胸に抱いて大人になってきた。

私はこの物語を近所のインターネットカフェで読んだが、そこは無機質な空間で、壁にはマンガの単行本が整然と並べられていた。照明を落とした廊下沿いには、リクライニングチェアとパソコンが置かれた狭《せま》いスペースが並んでいた。

午前三時頃、どこからか幼い子どもの声が聞こえてきた。不思議に思って目を向けると、ジャージ姿の若い母親が半泣きの女の子をあやしている。その隣では、二人の老人がにこやかに笑いながら親子を眺《なが》めていた。女性はみごとな白髪で、男性は痩《や》せて銀縁メガネをかけ、趣味のいいグレーストライプのジャケットを着ていた。その場面だけを取り出せば、孫の前で相好《そうごう》を崩す老夫婦にしか見えない。

女の子が泣き疲れて眠ると、少し疲れた顔の母親は娘を抱いて自分たちのスペースに戻っていった。老夫婦（かどうかわからないが）も仲良く手をつないで、人工空間の薄闇の中に消えていった。その間、周囲の部屋からはかすかな寝息が聞こえるだけで、黒いかたまりの群《む》れはぴくりとも動こうとしない。その非日常的な光景は、私の知らないもうひとつの未来だった。

インターネットカフェの住人の中でも、アパートを追い出され、日雇い仕事でその日を過ごす若者たちはその後、〝ネットカフェ難民〟と呼ばれるようになった。彼らの世代を代表して、赤木は次のように書く。

我々が低賃金労働者として社会に放り出されてから、もう一〇年以上たった。それなのに社会は、我々に何の救いの手も差し出さないどころか、GDPを押し下げるだの、やる気がないだのと、罵倒《ばとう》を続けている。平和が続けば、このような不平等が一生続くのだ。そうした閉塞状態を打倒し、流動性を生み出してくれるかもしれない何か――。その可能性のひとつが、戦争である。

東京帝国大学法学部助教授だった丸山眞男は、思想犯としての逮捕歴を理由に、三十歳で陸軍二等兵として召集された。その丸山が、任地の平壌《ピョンヤン》で中学にも進んでいないであろう一等兵に執拗《しつよう》にいじめ抜かれたという史実を引き、赤木は、「社会に出た時期が人間の序列を決める擬似デモクラティックな社会の中で、一方的にイジメ抜かれる私たちにとっての戦争とは、現状をひっくり返して、『丸山眞男』の横面をひっぱたけるかもしれないという、まさに希望の光なのだ」と述べる。

『20世紀少年』では、時代の閉塞感に風穴を開けるため、「ともだち」は細菌兵器による世界滅亡を目指した。二十一世紀の日本では、インターネットカフェに漂《ただよ》う若者たちが、戦争にわずかな希望を見出している。だが残酷なことに彼らの「よげん」が実現することはなく、世界はなにも変わらず、日々新たな「難民」が生み出されていくだけだ。

格差社会の戦犯

「格差社会」に対する批判が巷《ちまた》に溢れ、誰もが〝戦犯〟探しに血道を上げている。それは企業や自民党だったり、グローバル経済やネオリベ（新自由主義＝ネオリベラリズム）だったりする。中には若者自身の自己責任を問う者もおり、それがさらに口論の火に油を注《そそ》ぐ。

「企業が利益のために日本型雇用システムを破壊し、格差社会を生み出した」という批判は俗《ぞく》耳《じ》に入りやすいが、これは事実認識に誤《あやま》りがある。城繁幸の体験からもわかるように、日本企業の目的は、なによりもまず既存の年功序列制度を守ることだった。成果主義の失敗を見て「終身雇用と年功序列に戻すべきだ」との主張をよく見かけたが、歴史の針を元に戻すことができるなら、どの会社も喜んでそうしているだろう。

日本企業が成果主義の導入に追い込まれたのは、低成長のデフレ経済では日本型雇用が維持できないことが誰の目にも明らかになったからだ。そうでなければ、保守的な彼らが好きこのんで「改革」をする理由などどこにもない。

小泉純一郎《こいずみじゅんいちろう》政権の規制緩和《かんわ》をやり玉にあげることも多いが、この批判も同様に的外れだ。一九九九年の労働者派遣法改正によって派遣労働が原則自由化され、いまや労働者の三人に一人が非正規社員というまでに〝派遣〟は一般化した。これはもちろん、経済界からの強い要請によって行なわれたものだが、この「悪法」がなければ企業は若者たちを正社員で雇ったかというと、そんなことはない。

バブル崩壊によって大卒就職率は九九年に六〇パーセントまで下がっている。派遣労働の自由化によって就職できなかった若者たちを企業が雇う道が開かれたのであって、法改正がなければ彼らは派遣として働くこともできず、格差はさらに大きくなったにちがいない。すなわち規制緩和批判は、原因と結果を取り違えている。

株主資本主義によって企業が株主の利益を優先した結果、人件費が削られて労働者の生活が逼迫《ひっぱく》したとの批判もよく見かけるが、この主張も事実を無視している点では同工異曲《どうこういきょく》だ。

バブル最盛期の一九八九年に三万八九一五円の最高値をつけた日経平均株価は、九五年には三分の一の一万四〇〇〇円台まで暴落した。その後のITバブルでいったん二万円台まで戻したものの、二〇〇三年に七六〇七円と最高値の五分の一まで下落し、〇八年秋の世界金融危機ではそれをさらに下回り、株価はタイムスリップしたように四半世紀前まで戻ってしまった。

この経緯からわかるように、日本株に投資した株主はこの二〇年間、一貫して損をした。もしもリストラが企業の利益に直結するのなら、血も涙もない人件費削減によって株価は上昇しなければならないが、現実にはそんなことにはぜんぜんなっていないのだ。

なぜこんな矛盾が起きるかというと、株主資本主義批判がアメリカ直輸入の理屈だからだ。八九年末に二七〇〇ドル台だったニューヨーク株価（ダウ・ジョーンズ工業株価指数）は九九年に一万ドルの大台を超え、二〇〇七年には一万四一六四ドルの史上最高値をつけた（その後のサブプライムショックで六〇〇〇ドル台まで下落）。この急激な株価上昇を見て、米国の社会活動家たちが格差の元凶として株主資本主義を批判しはじめたのだ。

その当否はともかくとして、アメリカではたしかに長期的な株価の上昇が起き、株主は大きな利益を手にした。ところがその間、日本では株主はひたすら損をしつづけた。舶来《はくらい》信仰の強いメディアや知識人がアメリカの理屈をそのまま移植したために、たんなる言いがかりが事実のように扱われてしまったのだ。

＊二〇二五年二月現在、日経平均株価は三万九五〇〇円まで回復した。ニューヨーク株価は四万四七二〇ドルと史上最高値を更新している。（新版註）

得をしたのは誰か

「格差社会」でもっとも得をしたのは誰か？　ＩＴ長者やヒルズ族の名が筆頭にあがるのだろうが、彼らはもともと数が限られているし、その後、見る影もなく落ちぶれた者も少なくない。低成長で全体のパイが縮小している以上、みんなが損をしたという見方ももちろんできるが、その中であえて挙げるとすれば、いちばん得をした社会階層は終身雇用で守られた公務員や大企業の従業員と、年金受給者だろう。

彼らの利益の源泉は、日本経済を襲った長期のデフレだ。たとえ定期昇給が廃止されても、モノ（商品）の値段が安くなっていくのなら、実質的な収入は増えていく。年功序列の日本企業には減給・減俸の制度がないから、インフレ率をマイナス二パーセントとするならば、定年まで雇用が保証されたうえに毎年二パーセントずつ昇給していくのと同じことだ（受給額が減額されることのない年金の場合は、デフレで実質的な年金額が増えていく）。

逆に商品やサービスの価格が値下がりしていくのに人件費が変わらなければ、その分、企業の利益は流出していく。これが、いくらリストラしても株価が上昇しなかった理由だ。

だがこの事実は、格差社会を批判する社会活動家には非常に都合が悪い。彼らのいちばんの支持層は革新系の労働組合だが、その労働組合員こそが格差社会の〝勝ち組〟だった。こんなことは口が裂《さ》けてもいえないから、〝戦犯〟はほかにつくるしかない。こうして、格差をめぐる議論は混迷の一途《いっと》を辿ることになる。

このことを、もういちど街の映画館で考えてみよう。

映画館の中にいるひとたちは、ただ座っているだけで実質所得が増えていく。だがそのことによって映画館自体は縮んでいくから、出口付近でしがみついているひとたちが外に押し出されてしまう。この歪《ゆが》みはとくに若手社員や下請け企業の労働者に顕著で、サービス残業や過酷なノルマで擦《す》り切れていく。

その一方で、この仕組みでは、映画館の外で待つひとたちが中に入る道は完全に閉ざされている。いかに居心地が悪くても、忍耐が金銭に交換されるのだから、席を明け渡そうという酔《すい》狂《きょう》な観客などいるはずもない。

解雇権濫用《らんよう》法理は、企業による一方的な解雇権の行使を無効にする法的規制として一九七〇年代に最高裁で確定し、二〇〇三年改正の労働基準法に盛り込まれ明文化された。それによれば、企業が人員整理を行なう際には、①人員削減を行なう経営上の必要性、②十分な整理解雇の回避努力、③解雇対象者の選定の妥当《だとう》性、④解雇手続きの妥当性を満たす必要があるとされた。ここで問題なのは「②十分な整理解雇の回避努力」で、ここには新規採用の抑制が含まれると解されている。すなわち日本では、中高年を解雇して若手を中途採用すると違法とされてしまうのだ。

日本で派遣労働がこれほど急速に普及したのは、解雇規制が強すぎて容易に社員を雇うことができないからだが、格差問題の議論の中で、この事実に触れることはタブーとされている。

解雇規制の強化が労働環境を悪化させ、失業者を増やすことは統計的に証明されている。たとえば、ＯＥＣＤ（経済協力開発機構）加盟各国の解雇規制の厳しさと就業率を比較すると、解雇が比較的容易なアメリカ、イギリス、カナダなどで雇用率が高く、解雇規制の強いドイツ、フランスなどは雇用率が低い。州別データを用いたアメリカの研究でも、正社員に対する解雇規制の厳格化が派遣労働者の増加の一因であることが示されている（大竹文雄／奥平寛子「解雇規制は労働者を守ったのか」、大竹文雄編『こんなに使える経済学』〈ちくま新書〉所収）。

それでは解雇規制を撤廃して、企業が自由にリストラできるようにすればいいのだろうか。それによって映画館に入場できる若者の数は増えるだろうが、じつはこれでは問題は解決しない。なぜなら彼らの中には多数の〝パラサイト族〟がおり、館内の父親に生活を依存しているからだ。宿主《しゅくしゅ》である父親がリストラされれば、寄生《きせい》者である子どもが職を得たとしても一家の生活水準は大幅に低下するだろう。親子ともども映画館から追い出されてしまえば、生活の糧《かて》を失って家族でホームレスになるほかはない。

このように、縮んでいく映画館をめぐる日本社会の状況は関係者の利害が複雑に絡《から》み合っており、規制緩和しても、逆に強化しても、状況をさらに悪化させる袋小路に陥っている。戦犯を見つけて批判する勧善懲悪《かんぜんちょうあく》の単純な手法は、まったく通用しないのだ。

原理的に解決不可能

風邪を引けば、風邪薬を飲んで寝ていればいい。盲腸炎がひどくなれば、外科手術で切除すれば回復する。このように単純な病気では、処方箋《しょほうせん》はひとつで済む。民間療法も含めがんの治療法が無数に存在するのは、がんが確率的にしか治癒《ちゆ》しない複雑性の病《やまい》だからだろう。同様に、格差社会を是正すると称する処方箋がわたしたちのまわりに溢れているのは、この問題の解決が原理的に不可能だからだ。

生活保護などの社会的セーフティネットを拡充すべきだという論者がいる。映画館の外で凍《こご》えていたり、映画館から押し出されて路頭《ろとう》に迷っているひとに、憲法が定める「健康で文化的な最低限度の生活」を保障しようという崇高《すうこう》な理念だが、そのカネはいったい誰が払うのか、という現実の壁に突き当たる。霞が関の〝埋蔵金〟はすぐに尽きてしまうだろう。後期高齢者医療制度の大騒ぎを見てもわかるように、既得権を持つ高齢者には社会のために追加負担を受け入れる気などまったくない。結局は消費税を上げるしかないのだろうが、「選挙で落選してしまう」と政治家はみんな及び腰だ。

就職氷河期の若者たちに、再雇用のための教育を与えるべきだというひともいる。経済学者に多い意見だが、映画館が満席のままなら脚本を暗唱できるまで勉強しても入館証は手に入らないのだから、こんなバカバカしいことは誰もやろうとしないだろう。これでは、教育業界に無駄な補助金を出すのと同じことだ（だから教育者はこの案を支持する）。

規制を強化して、派遣社員を強制的に正社員化すればいいというのは、リベラル派の典型的な主張だ。外で並んでいるひとを強引に映画館に押し込もうというのだが、そんなことをすれば館内が大混乱になるのは目に見えている。結局、正社員の待遇が派遣社員並みに悪化して状況はさらにひどくなるだろう。

だったら、雇用条件を維持するよう法で強制すればいいという識者もいる。狭い映画館に定員の何倍もの人間を押し込み、なおかつ全員がゆったり座れるようにしろという提案だが、もちろんこんなことは実現不可能なので、映画館は閉館して理不尽な規制のない海外へと移っていくだろう。これでは、館内にいたひとも外で並んでいたひとも、全員が寒風の中に取り残されるという最悪の結末が待っているだけだ。

このように巷間流布《こうかんるふ》している「格差社会」の処方箋はほとんど役に立たない。状況の悪化は誰の目にも明らかで、原因もわかっているのに解決する方法はどこにも見つからない。このときひとは「希望がない」と感じる。わたしたちの社会に漂う閉塞感は、ここから生まれる。

グローバル資本主義の実験場

世界金融危機に端を発した大不況は、解決不可能な問題を解決しようとする空虚な議論のすべてを吹き飛ばしてしまった。

小泉純一郎政権の規制緩和を強く批判していた労働組合は既得権を守ることに汲々《きゅうきゅう》とし、派遣切りに口を噤《つぐ》むばかりか、臆面《おくめん》もなく自らの賃上げを要求している。優良企業までもが軒並み大幅な赤字決算に追い込まれる現実を前にして牧歌的な「企業悪玉論」は勢いを失い、「派遣を正社員に」との主張も影を潜《ひそ》めた。

そしていま、取ってつけたようにワークシェアリングが議論されている。正社員の給与の一部をカットし、派遣社員と分け合おうという案だが、正社員とて厳しい家計をやりくりする以上、こんなお伽噺《とぎばなし》が実現するはずもない。ここにきて格差問題は、規制緩和やグローバル資本主義によって引き起こされたというよりも、日本的な雇用慣行をめぐる「世代間闘争」であることが明らかになってきた。年功序列と終身雇用を固守しているかぎり、割を食うのは常に若者なのだ。

＊当時、この矛盾を指摘し、会社が若者を雇用できるように解雇規制を緩和すべきだと示唆した経済学者らが、右と左のメディアや知識人たちから「日本人（男だけ）を幸福にしてきた日本的雇用を破壊するグローバリスト」と罵詈雑言を浴びせられ、「世代間格差を煽るな」の大合唱でその正論が封殺されたことは強調しておくべきだろう。団塊の世代の雇用を守るために氷河期世代の苦境を放置したことが、ロストジェネレーション（ロスジェネ）と呼ばれる巨大な低所得者層を生み出し、彼ら／彼女たちもいまや四十代以上になった。（新版註）

そもそも世界標準《グローバルスタンダード》では、年齢を雇用条件にするのは、容姿や性別、宗教と並んで典型的な差別とされている。欧米の会社では、同僚や部下、上司の年齢を知らないのがふつうだ。もちろん、履歴書に年齢や生年月日を記載する欄はない。

これはいうなれば、街に複数の映画館があって、その間を年齢や性別、既婚・未婚や子どもの有無にかかわらず自由に移動できるようなシステムだ。さらには職業訓練の機能が外部に委託されており、単純なものから複雑なストーリーまで、本人の意欲に応じてさまざまな脚本を学ぶことができ、それが資格と認定されて入館証が発行される。こうして誰もが好きな映画を観られるようになれば、特定の世代にだけしわ寄せがいくようなこともなくなるだろう。それでも映画館から退出しなければならないひとは生まれるだろうが、そのときこそ社会的セーフティネットで救済すればいい。

こうした欧米（正確には米英豪などアングロスフィア）型の雇用システムが世界標準になるのは、彼らが強権によって世界を支配しているからではない。アメリカは根深い人種問題を抱える多民族国家として、よりフェア（公正）な社会システムを構築するための試行錯誤《しこうさくご》をつづけてきた。そこでは一般に思われているような経済性や効率ではなく、平等や公平を基準に制度が選択されている（経済性だけで考えれば、人種差別をしたほうが利潤は大きくなるかもしれない）。それはいわばグローバル経済の実験場で、そこで生まれたシステムが、人種や国籍、性別・性的指向などが異なる多様な個人を平等に扱わなければならないグローバル企業で採用されるのだ。

日本においては、年功序列・終身雇用制が欧米型よりも効率がいいかどうかが問題になるが、この議論はじつはまったく意味がない。誰もいわないのでこのことは強調しておきたいのだが、日本のような地域的にも文化的にもローカルな雇用慣行は、世界標準のシステムに対して〝道徳的に〟対抗できない。日本型の雇用は年齢や性別で個人を差別することによって成り立っているという理由で、存続することが許されないのだ。

これまで日本で差別的な雇用慣行が維持されてきたのは、経済のパイが拡大し、世代を問わず大多数が利益を得ることができたからだ。だがいまや高度成長の夢の時代は終わり、若年層が〝被差別者〟として抗議の声を上げはじめた。日本的雇用を維持しつつ、彼らを平等に扱うことが不可能な以上、「正義」を実現するためには制度を変えるしかない。

だがそれには、まだまだ長い時間がかかるだろう。最下層に貶《おとし》められた若者たちは、それまで待っていられるだろうか。

第三の道

コネティカット州グリーンウィッチは、ニューヨークの北東五〇キロほどにあるロングアイランド湾に面した瀟洒《しょうしゃ》な住宅地で、ウォール街の金融関係者が好んで住むことで知られている。ロシア金融危機の煽《あお》りを食って一九九八年に破綻《はたん》した著名ヘッジファンドLTCM(ロングターム・キャピタル・マネジメント)も、ここに本社を置いていた。

もうずいぶん前のことだが、グリーンウィッチからマンハッタンまで電車で通っていたことがある。メトロノース鉄道のニューヘーベン線で、最寄り駅のスタンフォードからグランドセントラル駅までおよそ四〇分の距離だ。車内は黒のスーツに糊《のり》のきいたピンストライプのシャツといった出で立ちの白人男性ばかりで、席に座ったとたんラップトップの電源を入れてメールの返事を書きはじめる。その当時、ウォール街のエグゼクティブは、ビニールの座席からスポンジがはみ出した古い電車に片道二〇〇〇円を払って通勤していたのだ。

ロングアイランド湾沿いの風景を眺めていると、ニューヨークの郊外がどのように発展してきたかがよくわかる。列車は広壮な邸宅が点在する緑の林を抜け、家が少しずつ小さく薄汚れてくるとブロンクスの雑然とした町並みが見えてくる。赤茶けた古いアパートが集まるのは黒人たちの街ハーレムで、そこを過ぎると列車は地下へと入りグランドセントラル駅に至る。

ハーレムはもともとヨーロッパ系移民のために開発された新興住宅地で、一九二〇年代の恐慌と地価暴落で黒人の移住が盛んになり、やがて黒人解放運動とブラックカルチャー、麻薬売買の一大拠点となった。ブロンクスも地下鉄の延伸にともなって白人中流層向けに開発された住宅地だが、禁酒法時代にアイルランド系、イタリア系の犯罪組織が跋扈《ばっこ》し密輸・密造の温床《おんしょう》となったことで荒廃《こうはい》し、住民は黒人とヒスパニックに置き換わった。

このようにして街の中心部が荒廃するにつれ、郊外に白人中産階級の住宅地が開発され、それがコネティカット州にまで広がっていった。「サバービアン」と呼ばれる郊外の住民は、敷地面積を一定以上にするなどさまざまなルールを設けて地価を高く保ち、法律上の平等を確保しながら、結果として貧しい有色人種の流入を阻止したのだ。

生まれ育った地域が廃《すた》れていくのは、誰にとっても心痛む出来事だろう。なつかしい街にとどまり、新しい隣人たちと手を携《たずさ》えてゆたかなコミュニティをつくるために努力するのが理想かもしれない。だが上流階級の白人たちは、なんのためらいもなく故郷を捨て、郊外へと移っていった。地域の荒廃という社会問題を、移住という個人的問題に置き換えて「解決」したのだ。

しかしこれは、七〇年代のハーレムやブロンクスが一般人の近づかない犯罪地域になったことからもわかるように、社会状況をいちだんと悪化させただけだった（九〇年代以降の好景気で都市再開発が進み、ハーレムはいまや黒人富裕層のための高級住宅地になった）。

同様の現象は、日本でも見られる。

公教育の混乱は大きな社会問題だが、子どもを学費の高い私立学校に入れることで個人的に解決することができる。その一方で、リーダーとなる素質を持つ優秀な生徒がいなくなることで、公立学校の秩序維持はより困難になるだろう。

公的年金の破綻が避けられないならば、もっとも合理的な行動は年金保険料を支払わず、個人的に蓄財することだ。その結果、国民年金の未納率は高くなり、制度の維持はますます困難になる。

解決困難な社会問題を前にしたとき、わたしたちはそれを個人的に解決しようとする。マスメディアが格差社会を煽ると、公務員や大企業に若者たちが殺到《さっとう》する。幸運にも〝映画館〟に入場できた彼らは、もはや外で並んでいる同世代の若者たちの声に耳を傾けようとは思わないだろう。こうして世代間対立に世代内の対立が加わって、格差は重層化する。

近代経済学の祖アダム・スミスは、自由な市場において参加者一人ひとりが利己的に振る舞うことで社会全体の幸福がより大きくなる仕組みを「見えざる手」と名づけた。ところが公的年金や公教育の破綻、格差社会など、わたしたちの社会に閉塞感をもたらす多くの社会問題ではこの「見えざる手」は機能せず、利己的な個人の行動がさらに状況を悪化させる。

わたしたちは、出口のない長い衰退の日々をただ耐えるしかないのだろうか。規制緩和と規制強化の無意味な論争から離れ、一人ひとりの利己的な行動が社会全体をゆたかにするような、そんな「第三の道」はないのだろうか。

2. フリーエージェント化する世界

三回の打ち合わせで終身刑？

あなたがアメリカに移住し、作家活動をはじめたとする。そのときにまずやらなくてはいけないのは、市役所で在宅労働許可を申請することだ。市当局は申請内容を検討し、職員があなたの家を訪れて仕事場を調査する。在宅オフィスは広さ四〇〇平方フィート以内、家の敷地面積の二〇パーセント以内と決められており、「ガレージなど乗り物を駐車するための場所」を仕事場にすることは禁止され、いっしょに働いていいのは同居している人間だけだ（以下のアメリカの例は二〇〇一年当時）。

この条例によれば、自宅で第三者と仕事の打ち合わせをすることは犯罪行為となる。アメリカには「三振即アウト法」があり、有罪判決を三回受けた被告人には自動的に終身刑などの重い刑罰が科《か》せられることになっている。ということは、自宅で三回打ち合わせをすると、残りの人生を刑務所で過ごさなければならない……。

スラップスティックコメディのような話だが、これはカリフォルニア州バーバンクの実話だ。『フリーエージェント社会の到来』（玄田有史序文、池村千秋訳／ダイヤモンド社）の取材でロサンゼルス郊外のこの町を訪れたダニエル・ピンクは、市の担当者から、「自宅で執筆活動をするとしても、打ち合わせはどこか家の外でしてもらわないといけませんね」とこともなげに言われたのだ。

こうした地域地区規制を持つのはバーバンクだけではない。ニュージャージー州では州内の五五六の自治体のほとんどすべてで、自宅でフリーランスとして働くことや自宅でミニ企業を営《いとな》むことは違法とされており、一部の自治体は在宅労働者に最高一〇〇〇ドルの罰金と九〇日間の禁固刑を科している。一九二〇年代の連邦最高裁判決で合憲性が認められて以来、自治体が条例で工業地・商業地と住宅地を分離するようになり、その厳格すぎる規制がさまざまな不条理を生んでいる。

在宅労働が違法とされる社会にさらなる混乱をもたらすのが、医療保険制度だ。

マイケル・ムーアのドキュメンタリー映画『ＳｉＣＫＯ《シッコ》』で描かれたように、アメリカの医療保険は会社単位で、雇用主を通じて保険料を支払うようになっている。会社を辞めると即座に医療保障を失い、割高な個人用保険に加入しなくてはならないうえに、個人が支払う医療保険料は一部しか税控除の対象にならなかった（会社の場合は全額控除できる）。その結果、アメリカには四三〇〇万人（人口の一五パーセント）の無保険者が生まれ、会社に属さずに働いているひとの三人に一人が医療保険に加入していないという。

海の向こうのこうした諸事情に比べれば、日本に生まれたわたしたちははるかに恵まれている。自宅で仕事をしても犯罪者呼ばわりされることはないし、会社を辞めても国民健康保険に切り替わるだけで、サラリーマン時代と同じ医療保障を受けることができる。

しかし真に驚くべきことは、それでもなおアメリカには日本よりずっと多くのフリーエージェントがいることだ。ピンクの推計によれば、アメリカの労働人口の四分の一が特定の会社と雇用関係を持たずに働いている。

三三〇〇万人のフリーエージェント

プロ野球のフリーエージェントはどの球団にも拘束されない選手のことだが、ダニエル・ピンクは、「雇われない生き方」をする人たちの総称にこの言葉を使った。

「フリーランス（自由な槍）」は中世ヨーロッパの傭兵《ようへい》で、報酬次第でどの君主の旗の下でも戦い、忠誠心や主従関係からも自由だった。それが転じて現在では、この呼称は独立して仕事をする専門職（プロフェッショナル）を指すようになった。映画・テレビや出版、広告、ファッションなどの分野では、日本でもアメリカでも一般的な労働形態だ。その典型がハリウッドで、投資家から資金を集めた独立プロデューサーが映画会社（スタジオ）に企画を持ち込み、俳優や監督、脚本家、撮影・製作スタッフなどのフリーランスを集めて一本の映画を製作し、完成するとプロジェクトは解散する。

フリーエージェント世界の最下層を形成するのが「臨時社員Temporary Employees」で、日本でいう派遣社員・非正規労働者だ。臨時社員の待遇が正社員に劣《おと》るのはアメリカも同じで、テンプ・スレイブ（派遣奴隷《どれい》）なる自虐《じぎゃく》的な表現も登場した。臨時社員のうち医療保険に加入しているのは四五パーセント（その大半は配偶者が医療保険に加入している）で、年金資格者にいたってはわずか二・五パーセントしかいないという。

＊この最下層労働者は、現在では「ギグワーカー」と呼ばれるようになった。（新版註）

その一方で、上流階級には「インディペンデント・プロフェッショナル」と呼ばれる独立契約者がおり、コンピュータ・プログラマーやコンサルタントなど、さまざまな分野で活躍している。彼らの収入は会社員より平均で一五パーセント多く、年収七万五〇〇〇ドル以上のひとが占める割合は給与所得者の二倍に達する。

ミニ会社は従業員数二〇人以下の小企業で、アメリカでは簡単・安価に法人を設立できるため急速に増えつづけている。ミニ会社のさらに小規模なものがナノコープ（超ミニ会社）で、その多くが法人化したフリーエージェントだ（本書ではこれを「マイクロ法人」と呼ぶ）。アメリカではオーナーの自宅に拠点を置く会社が二四〇〇万社以上あり、一一秒に一社の割合で自宅ベースのミニ会社が生まれていた。アメリカの家庭の三分の一は、家の中に家族の誰かの仕事場があるのだ。

ピンクの試算によれば、アメリカには一六五〇万人のフリーランス、三五〇万人の臨時社員、一三〇〇万人のミニ企業家（マイクロ法人）がおり、フリーエージェントの総数は推計三三〇〇万人になる。そのうえさらに、フリーエージェント予備軍として、在宅勤務で働く会社員が一〇〇〇万人以上いる。「雇われない生き方」は、アメリカの労働形態を大きく変えつつあるのだ。

＊ダニエル・ピンクの『フリーエージェント社会の到来』が刊行されたのは二〇〇一年で、現在はこの数はさらに増えているだろう。（新版註）

楽園を追われたアメリカのサラリーマン

アメリカは個人主義の社会で、日本は会社主義だとよくいわれる。だがこれは、かなり一面的な見方だ。アメリカにも「会社主義」は存在した。日本でいうサラリーマンは、彼《か》の国では

「オーガニゼーション・マン（組織人）」と呼ばれていた。

ジャーナリストのウィリアム・ホワイト（『フォーチュン』誌編集次長）が『組織のなかの人間　オーガニゼーション・マン』（東京創元社）を出版したのは一九五六年のことで、オーガニゼーション・マンは「野蛮な個人主義に陥ることなく、高望みせずに、悪くない給料とまずまずの年金、そして自分と限りなくよく似た人たちの住む快適な地域社会にそこそこの家を与えてくれる仕事に就こうとする」と描写された。

オーガニゼーション・マンの特徴は組織への服従を絶対の掟《おきて》とすることで、ホワイトによれば彼らの信奉する「集団の倫理」は、資本主義の土壌となったマックス・ウェーバー的なプロテスタントの倫理（清貧と勤労によって神の恩寵《おんちょう》を得る）に代わるものとして、第二次世界大戦後のアメリカ社会を支配した。

オーガニゼーション・マンの典型は郊外の瀟洒《しょうしゃ》な住宅地に暮らす中流の白人家庭で、『パパは何でも知っている』（一九五四―六〇年）のようなアメリカンホームドラマを通じて高度経済成長のとば口に立った日本人にも大きな影響を与えた。眩《まぶ》しいばかりのゆたかさを象徴した彼らは、同時に会社に忠誠を誓い、個性よりも同僚との仲間意識を大切にし、自己表現よりも集団の調和を重んじるひとたちだった。当時、アメリカの繁栄のシンボルだった巨大企業は家族的温情主義（パターナリズム）を当然のこととしており、電話会社ＡＴ＆Ｔは「マー・ベル

〈ベルおばさん〉」、メトロポリタン生命保険は「マザー・メト」、コダックは「偉大な黄色いお父さん」と呼ばれていた。会社は家族であり、社員はその子どもたちだった。

だが一九七〇年代になると、アメリカの「家族」は崩壊に向かいはじめる。それは皮肉なことに、海を越えてやってきたより強力な家族、すなわち日本企業の製品が市場を席巻《せっけん》するようになったからだ。トヨタやホンダの攻勢でアメリカの歴史を象徴するフォードやGMが大規模なリストラに追い込まれ、クライスラーは会社消滅寸前まで追い詰められた。「偉大な黄色いお父さん」コダックも、日本のフィルムメーカーの低価格戦略に対抗できず、二万人以上がレイオフを余儀《よぎ》なくされた。

ビッグブルーことIBMは家族的経営のシンボルで、創業以来半世紀にわたって完全雇用を貫《つらぬ》き、従業員を解雇しないことで知られていたが、九〇年代になるとオペレーションシステムの覇権争いでマイクロソフトに敗れ、コンピュータのパーソナル化にも乗り遅れ、経営は急速に傾いた。一九九〇年に過去最高益を達成したIBMは、その三年後に一六〇億ドルの赤字を計上し、倒産の瀬戸際に陥った。

プロ経営者としてIBMに乗り込んだコンサルタント出身のルイス・ガースナーが最初に行なったのは、一二万人にも及ぶ大規模な人員整理だった。だが結果的に、この過酷なリストラによって専門技術を持った社員が労働市場に放出され、その後のシリコンバレーを中心とするハイテク企業の勃興《ぼっこう》を支えることになったのだ（ポール・キャロル『ビッグブルース　コンピュータ覇権をめぐるＩＢＭvsマイクロソフト』近藤純夫訳／アスキー）。

こうした経緯を見れば、アメリカの個人主義がフリーエージェント社会を生んだわけではないことがわかる。（日本の）サラリーマンが（アメリカの）オーガニゼーション・マンを圧倒した結果、彼らは〝エデンの園〟を追われ、望んでもいない「自由」を押しつけられたのだ。

「国家」が意味を失う時代

アメリカ市場に安価な輸入品が溢れるようになると、米国企業は海外市場に活路を求めるようになった。こうして経済はグローバル化し、巨大な多国籍企業が登場した。

政治経済学者のロバート・ライシュ（クリントン政権の労働長官）は一九九一年に上梓《じょうし》した『ザ・ワーク・オブ・ネーションズ』（中谷巌訳／ダイヤモンド社）で、「国家」の概念が意味を失う時代をいち早く予言した。グローバル経済は国境を溶解させ、国内総生産（ＧＤＰ）や貿易収支、失業率といった国民経済の馴染《なじ》み深い指標は役に立たなくなる。産業構造が大規模に転換し、栄華を誇ったチャンピオン企業は次々と退場し、「国民（アメリカ人）」のアイデンティティまでが消失していく……。

経済が国家単位に分離されていた時代には、企業の利益と国益は一致しており、企業に忠誠を誓うことは、同時に国家に貢献することでもあった。だが企業の多国籍化により、この牧歌的な紐帯《ちゅうたい》は切断され、画一的な大量生産から高付加価値生産（ブランド化）へとビジネスモデルが変化していく。こうして均一な中流階級を構成したオーガニゼーション・マンは、グローバル経済との距離に応じて三つの異なる職種に分化するとライシュは指摘した。それが、①ルーティン・プロダクション（生産）・サービス、②インパーソン（対人）・サービス、③シンボリック・アナリスト（シンボル分析的）・サービスだ。

ルーティン・プロダクション・サービスの典型は工場労働者で、繰り返しの単純作業（ルーティンワーク）に従事する彼らはグローバルな競争を余儀なくされ、その給与はいずれ世界でもっとも安価な労働者に収斂《しゅうれん》していく。巨大な人口を擁《よう》する中国が市場に参入したことによって、先進諸国のルーティンワーカーの労働条件は劇的に悪化した。

インパーソン・サービスは小売店員やウエイター・ウエイトレス（あるいは看護師、介護士などの医療サービス）などの対人サービス業で、かつては国境によって保護されていたものの、いまは移民の流入によって内なるグローバル化の波に晒《さら》されている。彼らは努めて笑みを絶やさず、常に愛想を振りまいていなくてはならない。こうした「感情労働」は、きわめてストレスの強い職場となる。

シンボリック・アナリスト・サービスはシンボル（データ、言語、音声、映像表現）を操作する仕事で、ファッションや映画、メディア、芸術関係はもちろん、法律家や会計士、投資銀行家やファンドマネージャー、研究者、プログラマー、コンサルタントなどさまざまな専門職が含まれる。彼らの仕事は、工場労働者と同様にグローバル経済に組み込まれているが、その最大の特徴は、地球を覆《おお》う経済の網の目（グローバルネット）から利益を享受《きょうじゅ》できることにある。

成功したシンボリック・アナリストは、きわめて高い報酬を得る。国籍はアメリカにあっても、その収入は世界中からもたらされるからだ。彼らは同じアメリカ人でも、工場労働者や小売店員たちと利害をほとんど共有していない。

大統領選挙のたびに指摘されるように、アメリカは共和党を支持する南部・中西部の「赤いアメリカ」と、民主党を支持する東部（ニューヨーク）・西海岸（カリフォルニア）の「青いアメリカ」に分断されている。聖書を字義どおりに解釈し、進化論を否定するキリスト教原理主義者が支配する赤いアメリカは「ジーザスランド（Jesusland）」と呼ばれ、リベラルな青いアメリカは多文化の共生を国是とするカナダとともに「カナダ合衆国（United States of Canada）」を形成している。

カナダ合衆国は「リアリタニア（Realitania）」とも呼ばれ、信仰ではなく現実をベースに物事を判断しようとするひとたちが暮らしている。彼らはグローバル化に適応することで多大な利益を得ており、その象徴がシリコンバレーだ。一方でジーザスランドは変化から取り残され、貧困と失業に蝕《むしば》まれる停滞のシンボルとして描かれることが多い。ライシュが予言したように、知識社会化とグローバル経済の進展によって国家の実質は消失し、国民が人種や宗教、政治信条、教育や職業によって分断される超格差社会が到来したのだ。

クリエイティブクラスとBOBO

都市経済学者のリチャード・フロリダは、経済力の地域格差を研究する過程で、ゲイが集まる都市にハイテク産業が集中する一方、同性愛者に差別的な地域が経済的に停滞しているという興味深い事実に気がついた。発展する都市は同性愛者だけでなく、移民やボヘミアン（芸術家）などを寛容に受け入れ、彼らが生み出す多様性に魅《ひ》かれて教育水準の高いひとびとが集まってくる。そのためハイテク産業は、サンフランシスコやボストンなどリベラルな都市にその本拠を構えるのだ（『クリエイティブ資本論　新たな経済階級の台頭』井口典夫訳／ダイヤモンド社）。

ライシュがシンボリック・アナリストと名づけた知的労働者を、フロリダは端的に「クリエイティブクラス」と呼ぶ。二十一世紀は、ロンドンや東京、上海を含め、国際都市がクリエイティブクラスを獲得する激しい競争を行なう時代だ。そこでは国家は後景に退《しりぞ》き、都市と地方の格差が拡大していく。

ベビーブーマーからZ世代に広くまたがるクリエイティブクラスは、かつてのオーガニゼーション・マンとは異なるライフスタイルを創造した。ジャーナリストのデイビッド・ブルックスはそれを、ブルジョア(Bourgeois)とボヘミアン(Bohemians)の融合した「BOBO」と名づけた(『アメリカ新上流階級ボボズ　ニューリッチたちの優雅な生き方』セビル楓訳/光文社)。

ヒッピーに代表される一九六〇年代のカウンターカルチャーは、オーガニゼーション・マンたちの管理社会に対する異議申し立てだった。キリスト教原理主義者を中心とする八〇年代以降の「文化戦争」は、中絶や同性愛を容認し、ドラッグとフリーセックスに溺《おぼ》れ、聖書の教えを踏みにじり社会の秩序を否定する彼ら「ソドムの民」への保守派の反撃だった。だがブルックスは、BOBOたちはこうした不毛な二項対立を軽々と乗り越えた「保守的なヒッピー(あるいはヒップな保守派)」だという。

典型的なBOBOは夫婦ともに高学歴で、リベラルな都市かその郊外に住み、経済的に恵まれているもののブルジョアのような華美な暮らしを軽蔑《けいべつ》し、かといってヒッピーのように体制に反抗するわけでもなく、最先端のハイテク技術に囲まれながら自然で素朴なものに最高の価値を見出す。グローバル経済の頂点に立つ彼らは、「倒錯《とうさく》したミダス王」なのだ。

アメリカのニューリッチは、自分たちをビジネスマンではなくクリエイターだと考えている。金銭的な報酬とは、好きなことをやったついでにたまたま手に入れたものでしかない。だから彼らは、クリエイターから有能なビジネスマンになったビル・ゲイツ（現在は世界最大の篤志家《とくしか》）を嫌い、オープンソースでリナックスを開発したフィンランド生まれのプログラマー、リーナス・トーバルズをアイコンにする。BOBOの多くは弁護士やコンサルタントなどのフリーエージェントか、独立したプロジェクトを任された会社内のクリエイティブクラスだ。

七〇年代のアメリカでは、退屈で安定したオーガニゼーション・マンとして生きていく道は閉ざされ、一人ひとりが市場で生き残る方途を探さなくてはならなくなった。これはまさに、九〇年代以降の日本と同じ閉塞《へいそく》状況だ。やがてその中から、新しい環境に適応できる者たちが現われた。クリエイティブクラスはフリーエージェント化し、リベラルなグローバルシティにBOBOたちが生み出す新しい文化が誕生したのだ。

アメリカがグローバル経済の実験場である以上、そこで起きた変化は時間をおいてより保守的な他の世界に波及していく。経済格差や都市と地方の二極化が社会問題となっている日本も、アメリカ社会の体験を忠実に辿っている。そうであれば、次に待ち受けているのはフリーエージェント化の大潮流だろう。

グローバリゼーション3・0

ところで、日本にはいったいどれほどのフリーエージェントがいるのだろうか。それを知るための統計調査は行なわれていないので、既存のデータから類推するほかはない。

二〇〇五年の国勢調査によれば、家事や学業と並行して働くひとを除いた「主に仕事に従事」する約五一〇〇万人のうち、二十歳以上四十九歳以下の「臨時雇用者（日々または一年以内の期間を定めて雇用されている者）」は約四三〇万人。この中には失業状態の者も含まれるため、それを除くとおよそ三〇〇万人が派遣社員・契約社員として働いていることになる。

同じ国勢調査では、「雇人のない業主（個人経営の商店主・工場主・農業主などの事業主や開業医・弁護士・著述家・家政婦などで、個人または家族とだけで事業を営んでいる者）」が約四〇〇万人おり、その一部がフリーランスだ。また「役員」は約三〇〇万人おり、その一部がマイクロ法人（法人化したフリーエージェント）にあたると思われる。ここでは大雑把《おおざっぱ》にそれぞれ一割とすると、フリーランスは四〇万人、マイクロ法人は三〇万社になる。

ダニエル・ピンクの推計によれば、アメリカには一六五〇万人のフリーランス、三五〇万人の臨時社員、一三〇〇万人のミニ会社の役員がおり、フリーエージェントの総数は三三〇〇万人だった。それに対して日本は四〇万人のフリーランス、三〇〇万人の臨時社員、三〇万人のマイクロ法人の役員しかおらず、フリーエージェント人口はアメリカの約一〇分の一の三七〇万人だ。

＊二〇二〇年の国勢調査では、労働力人口六八一二万人のうち、会社に雇われている者は約五四五四万人、そのうち正社員は六六パーセントで、派遣社員とパート、アルバイトが三四パーセントだった。会社に雇われていない約一三四〇万人のうち、雇人のない事業主は四三六万人、役員が三六二万人で、二〇〇五年と状況はあまり変わっていない。（新版註）

だがそれ以上に特徴的なのは、日本では臨時社員（非正規労働者）の数が、人口が三倍のアメリカとほぼ同数で、その割合が突出して高いことだ。それに対してフリーランスやマイクロ法人の数は五パーセントにも満たない。日本人の働き方がいかに強く会社に依存しているかわかるだろう。

ジャーナリストのトーマス・フリードマンは、グローバル化の進化を描いて世界的ベストセラーになった『フラット化する世界　世界の大転換と人間の未来』（伏見威蕃訳／日本経済新聞出版）で次のように書いた。

グローバリゼーション1・0では、国が、グローバルに栄える方法か、最低でも生き残る途《みち》だけは考えなければならなかった。グローバリゼーション2・0では、企業が同じように考えなければならなかった。いまのグローバリゼーション3・0では、個人が、グローバルに栄えるか、せめて生き残れる方法を考えなければならない。

アメリカでも日本でも、会社はある意味、効果的な社会福祉制度として機能してきた。右も左もわからない新卒社員にも給料が払われ、仕事に失敗して大赤字を出しても生活は保障され、加齢にともなって生産性が落ちても給料は上がっていく。だがいまやM&Aは日常茶飯事になり、歴史のある大企業が消滅しても誰も驚かなくなった。かつては親子三代が同じ会社に勤めることも珍《めずら》しくなかったが、いつのまにか会社の寿命は個人の人生よりも短くなった。互助会的福祉制度は会社の永続性を前提としているが、肝心《かんじん》の会社がなくなってしまえばどのような忠誠も報われることはない。

会社にしがみついていれば、会社とともに沈んでいくだけだ。会社を中心に人生を設計できる時代は、ずっとむかしに終わってしまったのだ。

クラウド化する世界

サラリーマンに駆逐《くちく》され、いやいや「自由」を手にしたアメリカのフリーエージェントたちだが、案に相違して新しい境遇はそれほど悪いものではなかった。

会社勤めの最大のストレスは社内の人間関係だが、組織から離れてしまえば不愉快な上司と顔を合わせなくて済む。無意味で退屈な会議に長時間拘束されることもないし、理不尽な指示や叱責を耐え忍ぶ必要もない。日本では総会屋担当や談合の責任者になった社員の逮捕が相次いだが、アメリカでも違法な業務や反社会的な行為の強要を退社の理由に挙げるひとは多い。

フリーエージェントの最大の特権は、会社の就業時間に縛られることなく自分の時間を管理できることだ。自宅にいても仕事をしなければならない反面、家族で過ごす時間がずっと増えることは間違いない。

経済環境の大きな変化も、フリーエージェント化を後押しした。

知識社会化と急速な技術革新によって、誰でも安価に生産手段を手に入れ、起業できるようになった。資力のない個人が自動車工場や製鉄所を建設するのは困難だが、いまではスマホとパソコンさえあればはじめられる仕事がいくらでもある。

フリーエージェントを支える社会インフラも整ってきた。スターバックスで打ち合わせをし、キンコーズでプレゼンテーション資料を印刷し、貸し事務所（ビジネスセンターやエグゼクティブ・オフィスクラブと呼ばれる）で秘書と会議室を確保し、必要な資料は私書箱で受け取って宅配便で発送すれば、個人でも大企業と対等にビジネスを行なえる。

そしていま、クラウドコンピューティングがビジネスを大きく変えようとしている。『クラウド化する世界　ビジネスモデル構築の大転換』（村上彩訳／翔泳社）でニコラス・カーは、クラウド化を水車と発電所にたとえている。

十九世紀半ばまでは、産業資本家は電力を確保するために工場の近くに巨大な工業用水車や蒸気機関を設置しなければならなかった。だがそれからわずか半世紀後には、こうした自家用発電施設はすべて廃棄されることになった。効率的な発電技術と送電ネットワークが登場し、遠方の巨大な発電所が電力をつくり出し、工場や家庭に供給するシステムが普及したからだ。

カーによれば、それぞれの企業が莫大な資金を投じてデータセンターを設置する現状は「水車の時代」に相当する。だがこれは非常に効率が悪いため、いずれは発電所に相当する効率的な情報処理プラントが建設され、企業や個人が中央サーバーにインターネットを通じてアクセスすることでデータを処理する「発電所の時代」が訪れる。

クラウドコンピューティングは、ネットワークの雲の中にひとつの巨大な仮想コンピュータが存在するようなものだ。メールから顧客管理まで、あらゆるデータ処理がこの仮想コンピュータで行なわれることで、大規模な組織はもちろん、オフィスすら不要になる。その最大の特徴は、個人でも大企業と同じ最先端の情報処理技術を安価に活用できるようになることだ。

個人企業でも大企業並みのビジネスインフラを構築できるようになれば、もはや一カ所に多数の労働者を集める必要はなくなる。こうした傾向は、とりわけクリエイティブクラスが従事する知識産業で顕著だ。このようにして巨大組織は衰退し、ひとびとはフリーエージェント化し、世界中に無数のマイクロ法人が誕生することになるだろう。

クリエイティブクラスを解放せよ

いうまでもなく、フリーエージェントはクリエイティブクラスと同義ではない。とりわけ日本においては、フリーエージェントの大半は契約社員で、「自由」とはほど遠い状況に置かれている。このままでは、フリーエージェント化は〝スレイブ化〟の別名になってしまう。

もういちど冒頭の映画館の例に戻ってみよう。長い列に並んでいる若者たちに「自由に生きるのは素晴らしい」と声を嗄《か》らして叫んでみても、むなしいだけだ。なぜなら「自由」になるべきひとたちは、映画館の中にいるのだから。

日本では、クリエイティブクラスの大半はいまだに会社に囲われている。だが、保守的で官僚的な会社システムの中で、彼らがその能力を十分に発揮《はっき》しているとはいいがたい。

彼らクリエイティブクラスが自由を求めて映画館から出ていけば、空席が生まれる。そうなれば少しずつであれ、仕事の経験のない若者が入場できるようになるだろう。独立したクリエイティブクラスが会社をつくれば、街に新たな映画館ができたのと同じことになる。このようにして閉鎖的な労働市場は、より公平で流動性の高いものになっていくはずだ。

ではなぜ、会社内のクリエイティブクラスはフリーエージェント化するのだろうか。これは別に、彼らが日本国の将来のために身を犠牲《ぎせい》にするからではない。そのほうが得だからだ。彼らは自らの利益のために、すすんで映画館をあとにするのだ。

ロバート・キヨサキのベストセラー『金持ち父さん 貧乏父さん アメリカの金持ちが教えてくれるお金の哲学』（白根美保子訳／筑摩書房）では、貧乏父さんは公務員、金持ち父さんはフリーエージェント（マイクロ法人）だった。アメリカの富裕層を研究したトマス・スタンリーとウィリアム・ダンコは、『となりの億万長者 成功を生む7つの法則』（斎藤聖美訳／早川書房）で、組織に雇われていないひとが億万長者になる割合はサラリーマンの四倍と推計した。フリーエージェントになることは、金持ちへの第一歩でもある。

〝被差別〟の境遇に置かれているロスジェネ世代のために無駄な公共事業を削減し、社会的セーフティネットを整備し、教育や訓練が受けられるようにすることは大事だろう。だがそれと同時に、クリエイティブクラスの独立を促《うなが》すような制度をつくることも必要だ。

もちろん、多少経済的に有利なだけで、サラリーマンが続々と独立するなどということはありえない。組織に属していることのメリットは、金銭的なものだけではないからだ。

だがその一方で、かつてのオーガニゼーション・マンが日本のサラリーマンに駆逐されたように、いまやサラリーマンは中国やインドの若い労働力によってエデンの園を追われつつある。日本の現状がアメリカの三〇年前と同じなら、労働市場の流動化によって、今後十数年で一〇〇〇万人のフリーエージェントが誕生したとしても不思議はない。

派遣社員の大量発生は、この巨大な変化のはじまりを告げた。次は、クリエイティブクラスが会社から解放される番だ。

＊二〇一六年に安倍晋三《あべしんぞう》政権が「働き方改革」を掲げたことで、永久凍土のようだった日本的雇用もようやく変わりはじめた。フリーエージェント化の奔流はまだはじまっていないものの、「新卒で就職した会社で定年まで勤めあげる」という価値観は完全に崩壊し、過去のものになった。（新版註）

2

もうひとつの人格

――マイクロ法人という奇妙な生き物

3. ふたつの運命

飢餓と革命

ＪＲ山手線浜松町駅から増上寺《ぞうじょうじ》方面に五分ほど歩くと、「軍艦ビル」と呼ばれる低層の巨大ビルが見えてきた。一九九〇年代半ばのある日、私はそのビルの一室で一人の男を待っていた。目の前には、出がらしの日本茶を淹《い》れた白い紙コップが置かれている。折りたたみテーブルとパイプ椅子を置いただけの殺風景な部屋で、片隅に古い給湯器が置かれていた。窓はなく、染《し》みの浮き出た壁に変色したポスターが何枚か貼られていた。そこは、社員の休憩室兼打ち合わせスペースのようだった。

突然ドアが開き、白髪の小柄な老人が入ってきた。老人は給湯器から紙コップに日本茶を注《そそ》ぐと、パイプ椅子に腰掛け背中を丸め、疑《うたぐ》り深い小動物のような目で私を見た。ダイエー創業者・中内㓛《なかうちいさお》だった。

「毛沢東《もうたくとう》思想を唱《とな》えるスーパーマーケットの奇妙な経営者」のことを知ったのは、まだ大学生の頃のことだった。中内の著書『わが安売り哲学』は本人の意向で絶版にされていたが、大学図書館で読んで驚愕《きょうがく》した。資本主義の化身のようなこの経営者は、消費者という人民を動員し、価格破壊によって産業の階級構造を打倒し、たった一人で「文化大革命」を実践しようとしていたのだ。

現在の流通部門を支配する者は生産者であるが、現状にあきたらず革新をめざす流通業者は、生産者をその権力の座からひきずり落とし、流通支配権を流通業者の手に奪い返すことをめざしている。そして革新的な流通業者は、その背後に目ざめた消費者、大衆の支持をうけることによって革命へのプロセスを歩む。これが流通革命である。

（中内㓛『わが安売り哲学』千倉書房）

生産者をブルジョアジー、流通業者を共産党、消費者を人民に置き換えれば、これはレーニンやトロツキーの革命理論そのものだ。

だがはじめて本人と対面したというのに、そのときになにを話したのか、いまではほとんど覚えていない。流通革命の意義とか、阪神大震災の復興活動とか、今後の事業展開とか、要するに本人が暗誦《あんしょう》できるほど繰り返してきた話題ばかりだったのだろう。持論を展開しながらも、中内はときどき気弱そうに肩を落とし、同意を求めるような視線を投げてきた。その姿は「戦後日本が生んだ稀代《きたい》のカリスマ」からはほど遠く、無力な老人そのものだった。

別れ際、中内は「今日はありがとうございました」と私の手を握った。印象に残ったのは、そのときの真っ白な歯だった。

中内は一九四二年、二十歳で徴兵され、一兵卒として極寒のソ満国境に送られ、次いで灼《しゃく》熱《ねつ》のフィリピン戦線への転戦命令を受けた。ルソン島中西部リンガエン湾の守備にあたった中内らの部隊は米軍大艦隊の上陸によって壊滅《かいめつ》し、フィリピン山中を彷徨《ほうこう》することになる。兵士たちは極度の飢餓《きが》にさいなまれ、ヒルやミミズを食い、水牛の死骸をあさり、しまいには軍靴《ぐんか》を飯盒《はんごう》で煮て食べた。このとき軍靴を嚙《か》みつづけたため、中内の歯は若い頃からすべて入れ歯になったことをのちに知った。

さびしいカリスマ

私が中内と出会った一九九六年は、福岡に巨大ショッピングセンター「キャナルシティ博多」がオープンした直後で、前年の阪神大震災での際立った救援活動もあり、経営者として絶頂にあるように見えた。だが佐野眞一《さのしんいち》の『カリスマ　中内㓛とダイエーの「戦後」』（新潮文庫）によれば、その当時、ダイエーの起死回生《きしかいせい》の新業態はことごとく失敗し、バブル期に積み上げた有利子負債は二兆六〇〇〇億円という天文学的な数字に上り、息子への露骨《ろこつ》な権限委譲に人心は離れ、グループは深刻な経営危機に陥《おちい》っていた。

五年後の二〇〇一年一月、経営責任を問われた中内はグループの全役職を辞任した。ダイエーはその後、過酷《かこく》なリストラと徹底した保有資産の売却を行なったが経営は好転せず、産業再生機構の支援を受け、二〇〇五年に商社と企業再生ファンドに全株式を売却することになる。中内が脳梗塞《のうこうそく》で倒れ、落命したのは同じ年の九月十九日（享年八十三）だった。

佐野の描く中内像は、カリスマと呼ぶに相応《ふさわ》しい魅力に溢《あふ》れている。眠りに落ちれば腹をすかせた戦友に命を奪われるかもしれない根源的な恐怖を生き延びた中内は、神戸の闇市《やみいち》で薬の卸売りをはじめ、それを一代で日本最大のスーパーに育て上げていく。佐野は中内を「餓鬼《がき》」と評するが、血を分けた兄弟も、忠誠を誓った部下も弊履《へいり》のごとく捨て去り、土地を担保に飽《あ》くことなき合併と買収を繰り返し、「経営の神様」松下幸之助《まつしたこうのすけ》に反旗《はんき》を翻《ひるがえ》し、ライバルであるイトーヨーカ堂の殲滅《せんめつ》に執念を燃やすその姿はまさに鬼そのものだ。私の見た無力な老人とはまったくちがう独裁者が、佐野の評伝には描かれていた。

初対面の際に社員休憩室を使うのは中内の常套《じょうとう》手段だということは、流通業界のライターから教えられた。面会の数日後、中内から丁重《ていちょう》な礼状が届いた。文面はワープロ打ちだが、自筆の署名が添えられていた。巧みな自己演出も、カリスマには必須の才覚なのだろう。私が会ったのは、虚構の中内なのだと思っていた。

ところがその後、中内の晩年を取材した佐野の「カリスマの残照を追って」(『戦後戦記』〈平凡社〉所収)を読んでいて、胸を衝《つ》かれる場面と出合った。

ダイエーを追われた中内は、芦屋《あしや》・六麓荘《ろくろくそう》の家を手放し、田園調布《でんえんちょうふ》の豪邸は銀行に差し押さえられ、東京・広尾《ひろお》のマンションで暮らしていた。自身が創設した神戸の流通科学大学で講義をすることだけが唯一の慰《なぐさ》めで、そのときは一人で新幹線の普通車に乗った。

神戸には中内のかつての腹心が経営する自動車販売会社があり、その取締役会に顔を見せることもあった。会議中、中内は一生懸命メモをとり、「なにか、ご意見ございませんか?」と訊《き》かれると、「いいえ、なにもありません、今日の会議は勉強になりました」とこたえた。

倒れる二日前、販売会社の社長と会食をした中内は、別れ際に相手の右手を両手で包み込むようにして、「正《ただし》をよろしく頼みます。お願いします」と、目に涙をいっぱいためて繰り返した。中内の次男の正は、プロ野球・福岡ダイエーホークス(当時)のオーナーの地位を追われ、中内の懇願によってその販売会社の非常勤の会長になっていた。

佐野が描く晩年の逸話の中には、間違いなく私の見た一人の無力な老人がいた。

中内が神戸の病院で永眠したとき、遺骸《いがい》を運ぶ自宅はすでになく、棺《ひつぎ》は菩提寺《ぼだいじ》にそのまま搬送された。葬儀は流通科学大学の学園葬として行なわれ、ダイエーの新経営陣は、「中内氏はすでにすべての役職を退任している」として社葬を見送った。
あまりにもさびしいカリスマの最期だった。

セールスマンの奇跡

フレデリック・ロス・ジョンソンは大恐慌時代の一九三一年、金物のセールスマンの息子としてカナダの小都市に生まれ、地元の大学を卒業したあと、モントリオールの会社で経理係を六年間勤め、それに飽《あ》きるとトロントで電球のセールス責任者になった。三十二歳のときに地元の百貨店の中間管理職に転職し、そこでの経験を買われてゴミ缶や肥料散布機を製造する中小企業の経営陣に迎えられた。トロントのカントリークラブのメンバーになってはいたものの、カナダの田舎《いなか》にくすぶりつづける四十歳のジョンソンは、〝成功したビジネスマン〟からはほど遠かった。そして、奇跡が起こった。

きっかけはヘッドハンターから、アメリカの食品会社スタンダード・ブランズのカナダ子会社の社長ポストを提示されたことだった。この話に飛びついたジョンソンは大胆に若手を抜擢《ばってき》して同社のカナダ事業を再建し、本社の国際部門の責任者になり、わずか五年でCEO（最高経営責任者）の地位に駆《か》け上がった。

一九八一年、リッツやオレオで知られる食品大手のナビスコから合併提案があった。ジョンソンはこれに応じ、新生ナビスコ・ブランズのナンバー2であるCOO（最高執行責任者）に収まったが、こんどはわずか三年でCEOの座を射止めた。カナダの田舎の中小メーカーの副社長だったジョンソンは、一〇年あまりで大手食品会社の最高経営責任者となった。

翌八五年、タバコ会社最大手のRJレイノルズ会長からジョンソンに電話があった。キャメルやセーラムなどのブランドを持つRJレイノルズはノースカロライナ最大の企業で、一八七四年にリチャード・ジョシュア・レイノルズ（ミスターRJ）が設立して以来、伝統を重んじ倹約と勤勉を旨《むね》とするチェコ移民の手によって地域社会と一体になって成長してきた。ミスターRJは北部の資本家から会社を守るため一九一〇年代に社員持ち株制を導入し、労働者とその家族を株主として遇した。株価の上昇で彼らの多くが億万長者になり、一九五〇年代に至るまで会社と地域はまさにひとつの大家族だった。

だが一九六〇年代に入ると、風向きが変わりはじめる。海外事業に出遅れたRJレイノルズは多角化による業績挽回《ばんかい》をもくろんで海運業や石油化学などに進出したが、マールボロを擁《よう》するフィリップ・モリスの台頭《たいとう》もあり、肝心《かんじん》のタバコ部門が傾きはじめた。そこで一九八三年にCEOの座に就いたタイリー・ウィルソンは、本業と関係の薄い部門を売却し食品会社を買収することで、プロクター&ギャンブルに匹敵する消費財の総合企業に脱皮することを目指した。専門委員会の挙げた買収候補のうち、ペプシコからは交渉を拒否され、ケロッグは大株主である機関投資家の協力が得られず、ウィルソンは最後に残った候補に電話をかけた。それが、ナビスコだった。

ナビスコは総額四九億ドルという、当時としては史上最高の金額でRJレイノルズに買収され、ジョンソンは新生RJRナビスコのCOOに就任した。そして翌八六年、社内クーデターによってウィルソンを失脚させると、全米一九位の大企業のCEOの座に就いたのだ。

永遠のピーターパン

自分の会社をより大きな企業に買収させ、短期間でトップの座を奪取することで巨大な権力を握ったジョンソンは、権謀術数《けんぼうじゅっすう》の達人ではなかった。むしろそれとはまったく逆の人物、比類なきナイス・ガイだった。

RJRナビスコの巨大買収劇をテーマにした『野蛮な来訪者　RJRナビスコの陥落』（鈴田敦之訳／パンローリング）で、著者のブライアン・バローとジョン・ヘルヤーは、ジョンソンを永遠のピーターパンとして描いている。

スタンダード・ブランズのCEOになったジョンソンは、企業文化を一夜にして学生クラブに変えてしまった。長ったらしい会議はすべてキャンセルされ、問題解決会議にレポートやスライドは不要だった。ジョンソンは「よいアイデアと赤ん坊は夜にしか生まれない」と信じており、メリーメン（愉快な奴ら）と呼ばれた側近と毎夜、街に繰り出して有名レストランで閉店まで酒を飲み、そのあとはジョンソンのマンションに集まって、明け方まであぁだこうだと議論する。彼はまた、有名スポーツ選手とのつき合いを好み、彼らを販促に使い、自家用ジェットや高級車、クラブの会員権や会社所有の高級マンションを次々と購入した。

十九世紀末に創設されたナビスコは、オレオという大ヒットクッキーの遺産を固守する保守的で官僚的な会社だった。毎朝八時半から昼食を挟《はさ》んで昼過ぎまで会議がつづき、社長以下の経営陣を集めて、嵐の日に従業員にあと何時間でオフィスを閉めると通告すべきかが慎重に検討された。そんなところに、毎日がパーティのようなメリーメンが乗り込んできたのだ。

豪奢《ごうしゃ》で放埒《ほうらつ》なジョンソンの経営スタイルは、味気ない毎日にうんざりしていたナビスコ社員をたちまち虜《とりこ》にした。彼は古参のナビスコ幹部を放逐《ほうちく》すると、野心に溢れた配下の若手と巧みに置き換えた。わずか三年で、ナビスコの二四人の経営幹部のうち二一人をスタンダード・ブランズの出身者が占めることになった。こうして実権を手にしたジョンソンは、会長を名誉職に棚上げすることで、みごと〝無血革命〟を成《な》し遂《と》げたのだ。

ＲＪレイノルズがナビスコを買収したときは、ジョンソンの虜にされたのは取締役たちだった。ジョンソンからパームスプリングスの高級リゾートに誘われた彼らは、度肝を抜かれることになる。パーティではフランク・シナトラがバラードを歌い、ゴルフコンペには往年の大リーガーが参加し、グッチの時計やポラロイドカメラ、CDプレイヤーなどのプレゼントでスーツケースはいっぱいになった。

RJレイノルズではCEOのタイリー・ウィルソンと前経営陣が対立しており、社外取締役たちは前経営陣を支持していた。この不安定な状況を見て取ったジョンソンは、接待攻勢で取締役を籠絡《ろうらく》すると、自分とウィルソンのどちらを選ぶかを彼らに問うた。陸軍教官あがりで無愛想なウィルソンと、絵に描いたようなナイス・ガイのジョンソンのどちらを取るか、彼らのこたえは明らかだった。

所有と支配の分離

アダム・スミスの描いた十八世紀の個人資本主義の世界では、市場経済の主役は知力と勤労と資本を用いて事業を営《いとな》む小売商、職人、農民、あるいは個人企業だった。そこでは、企業の目的と動機が企業の所有者であり経営者でもある個人の目的や動機と一致することが、当然の前提とされていた。企業が最大限の利潤を獲得しようとするのも、あるいは利潤の一部を貯蓄して生産手段に投資しようとするのも、ひとえに個人の経済的動機に発したものだった。アダム・スミスは、法的人格を持つ団体が自らの行動原理で自立的に行動することなど、けっして認めなかったにちがいない（間宮陽介『法人企業と現代資本主義』岩波書店）。

だが十九世紀になると、産業革命の進展で株式会社制度は急速に普及し、個人企業家から経済の主役の座を奪っていく。とはいえ三井や三菱などの財閥創成期に見られるように、産業資本主義の初期は「イエ」が法人を所有し、支配するのは自明《じめい》の理《り》だった。だが資本市場の拡大によって所有と支配の関係は複雑になり、やがて誰が会社を所有し、誰が支配しているのかわからなくなっていく。

「株式会社の支配者は株主」という〝常識〟に最初に異を唱えたのはアメリカの経済学者バーリーとミーンズで、一九三二年刊行の『近代株式会社と私有財産』で、実証分析に基づいて、経営者が株式会社の支配者になりつつあると主張した。彼らの調査によれば、株式市場を通じて所有権があまりに広く分散されたため、支配に十分な少数権益を持つ個人あるいは小集団すら存在しなくなった会社が、大企業二〇〇社のうち半数近くを占めていた。当時、最大の鉄道会社であったペンシルヴェニア鉄道には一八〇〇〇万人の株主がおり、最大の株主でも〇・三四パーセントの株式しか所有しておらず、二〇の大株主の合計持ち株比率はわずか二・七パーセントにすぎなかった。このように特定の所有者がいなくなった株式会社では、ごく自然に支配権は経営者に移っていった。これが「所有と支配の分離」で、経営者支配論の嚆矢《こうし》となった。

中内㓛はダイエーの創業者兼個人筆頭株主だったが、その生活はつましいものだった（飛行機も新幹線もエコノミーしか使わない中内は、なぜビジネスクラスやグリーン車にしないのか訊かれて、「それに乗ると早く着くんかい」と聞き返した）。芦屋と田園調布に豪邸を持っていたものの、虎の子の株式は最後は産業再生機構に二〇〇億円で譲渡され、全額が個人債務の返済に充《あ》てられた。家屋敷はすべて銀行に差し押さえられ、一代の梟雄《きょうゆう》は無一物に近い姿で世を去った。

フレデリック・ロス・ジョンソンは雇われ経営者であり、株式はほとんど保有していなかったが、その生活は贅沢《ぜいたく》をきわめた。

退屈なノースカロライナの田舎からアトランタに本社を移転すると、ジョンソンは社用機を収納するための巨大な格納庫を空港に建設した。一〇機の最新鋭ジェットと三六人のパイロットを擁する「RJR空軍」は、週末のパーティのために全国から有名人を送迎し、経営幹部はもとより取締役の私用にも無料で提供された。そのため格納庫にはフライト・プランニング室が設けられ、航空会社並みのシステムで飛行予定が管理された。

ジョンソンは従業員にも気前がよかった。上席幹部には平均四五万八〇〇〇ドルの年俸が払われ、リムジンや高級会員制クラブの会員権はもちろん、十八世紀の漆塗《うるしぬ》り中国屏風《びょうぶ》やフランス製アンティークのマホガニーチェア、キャメルカラーのペルシア絨毯《じゅうたん》で飾り立てられた役員室があてがわれた。中堅マネージャーでさえ、役得としてクラブ会員権ひとつに二万八〇〇〇ドル以内の社用車一台が保証され、従業員フロアには日に二回、フランス製の高級ボンボンを大皿に山盛りにしたキャンディカートが回ってきた。

もちろん、ジョンソンがもっとも気前のいいのは自分自身に対してだった。彼はアトランタの城のような邸宅のほか、ニューヨークのセントラルパーク脇とフロリダのパームビーチに豪華マンションを構え、避暑地としてコロラドのキャッスルパインズに別荘を持っていた。週末は必ずどこかでパーティが開かれ、アメリカ中から有名人やスポーツ選手がＲＪＲ空軍の社用ジェットで集まってきた。

ジョンソンが手中に収めたレイノルズ・タバコは、なにもしなくても年間一〇億ドルの現金収入を生み出した。彼はときどき、こうつぶやいた。

「一〇億ドルといえば、一年じゃとても使い切れない金額だよ」

道具と分身

フレデリック・ロス・ジョンソンの権力の源泉は、本来は株主のものであるはずの会社の利益を、自分と仲間たちの享楽《きょうらく》のために散財することにあった。事件は、そんなジョンソンがＲＪＲナビスコの所有者、すなわち株主になろうとしたことからはじまる。

『野蛮な来訪者』で著者たちは、ことの発端を、永遠のピーターパンであるジョンソンが会社の富を使った贅沢に退屈したからだと述べている。自家用ジェットとリムジンとパーティの日々も、慣れてしまえば変わり映《ば》えのしない毎日だ。ピーターパンには、新たな冒険が必要だった。そこでジョンソンは、自ら会社を買収することにした。

一九八〇年代のアメリカは大買収時代で、ジョンソンの下にも投資銀行やファンドから幾多の提案が持ち込まれた。八七年十月のブラックマンデー以降、ＲＪＲナビスコの株価は低迷し、前経営陣が敵対的買収を画策《かくさく》するなど、会社防衛の必要に迫られてもいた。ＭＢＯ(Management Buyout)による会社の非公開化はそのひとつの選択肢だったが、莫大な借入を返済するために贅沢をすべて諦《あきら》めなければならず、当初ジョンソンは乗り気ではなかった。

八八年九月、ジョンソンがロンドンのホテルにチェックインすると、妻のローリーから電話が入った。二十六歳になる息子のブルースが、交通事故で意識不明のまま病院に担《かつ》ぎ込まれたのだという。もっとも早いコンコルドでニューヨークにとって返すと、息子は昏睡《こんすい》状態にあり、意識を回復するかどうかは医師にもわからなかった。

その週末を病室で息子と過ごしたジョンソンは、月曜の午後にマンハッタンのオフィスに入り、シャープペンシル、計算機、罫線紙を取り出した。そして自分のまわりに書類を積み上げると、自社の価値を試算しはじめた。ジョンソンが役員会に自社株の買収を提案したのは、その一カ月後だった。

ウォール街の大手投資銀行すべてを巻き込む大騒動となったＲＪＲナビスコの買収合戦は、

最終的に企業買収ファンドＫＫＲ（コールバーグ・クラビス・ロバーツ）が二五〇億ドルで競《せ》り落とし、ジョンソンら経営グループは敗れた。皮肉なことに、株式を持たずに会社を支配していたジョンソンは、株主として会社を所有しようとしてその支配権を失ったのだ。

もっともそのかわりに、ジョンソンは五三〇〇万ドル（当時の為替レートで約六〇億円）という法外な特別退職金（ゴールデンパラシュート）を手にすることになった。アメリカ中のメディアは、そんな彼を「強欲《グリード》」の代名詞と書き立てた。

ＲＪＲナビスコは八〇年代最大の買収劇だったが、無理な資金調達のためジャンクボンド市場は干上がり、その後株価は長期にわたって低迷した。債務償還《しょうかん》のためＲＪＲナビスコは巨額の赤字を計上し、食品事業や海外のタバコ事業を売却したが、ＫＫＲが投資資金を回収するには長い期間を要した。四カ月に及ぶウォール街の祝祭が終わったとき、勝者がどこにいるのか誰にもわからなかった。

中内㓛にとってダイエーは自らの分身だった。佐野眞一が描く中内は、フィリピンの飢餓戦場を奇跡的に生き延び、焼け野原の中でたった一人の「戦争」をはじめた「食えば食うほど腹がすく。一度握ったものは絶対に手放さない」餓鬼だった。中内ダイエーの産業再生機構入りは、「中内が握って離さないものを、国家が腕ごと切り落としたすさまじい瞬間」だった。

晩年の中内は、一代で築いた巨大企業を二人の息子に譲《ゆず》ることだけに執着した。自らの血肉と化した会社を他人の手に委《ゆだ》ねるのは、死の宣告よりも恐ろしいことだったにちがいない。鬼気迫るその姿は、個人と会社が一体化し、会社に人生のすべてを捧《ささ》げた者のみが持つ異様な迫力でわたしたちの胸を打つ。

ＲＪＲナビスコのジョンソンにとって、会社は人生を楽しく過ごすための道具だった。スポーツ界のスターたちを引き連れ、酒と薔薇《ばら》の日々を謳歌《おうか》するために、ジョンソンは自らが経営する会社を他社に買収させ、取締役を籠絡してＣＥＯの座を射止め、最後には全米有数の巨大企業を手中に収めようとした。

中内とジョンソンの二人の企業人を比べてもっとも強く印象に残るのは、会社に対する考え方のこの大きなちがいだ。中内は会社をひと、すなわち自分の分身と見なしていた。ジョンソンは会社をもの（道具）として扱い、資本市場で売買することになんの抵抗もなかった。

これは、どちらが正しいという話ではない。法人がひとであると同時にものでもあることで、二人の男の波瀾万丈《はらんばんじょう》の物語が悲劇あるいは喜劇として成立したのだ。

4.「ひと」と「もの」

ネットカフェ社長

この国には失業状態の者も含め一〇〇〇万人を超える「非正規雇用者」がいる（この数は増えつづけ、二〇二三年には二一二四万人になった）。それが大きな社会問題になっているのだが、彼らフリーターや派遣社員の数を一夜にしてゼロにする方法がある。しかも、一銭の税金もかからない。そんな馬鹿な、と思うかもしれないが、この方策はとても簡単だ。彼らに無料で法人登記させてあげればいいのだ。

個人もしくはグループで会社を設立すれば、昨日までのネットカフェ難民が「代表取締役社長」や「専務取締役」、「取締役営業部長」になる。その最大のメリットは、「個人」という裸の人格を労働市場の評価に晒《さら》す必要がなくなることだ。

誰もが知っていることだが、高校中退で三十歳まで正規の仕事をしたことがなければ、まともな会社はどこも相手にしない。それを、「職業訓練を受ければ君だって正社員になれる」と諭《さと》すのは、偽善というよりほとんど詐欺《さぎ》だろう。彼らの問題は人的資本がマイナスになっていることで、学歴や職歴の欠落を初歩的な職業訓練で挽回《ばんかい》することはできない。

人的資本とは、労働市場で客観的に評価される「稼ぐ力」のことだ。理屈のうえではこれは人格（アイデンティティ）とは別のものだが、人的資本を否定される（面接で落とされたり仕事をクビになったりする）と、おうおうにして自分自身をまるごと否定されたように感じる。こうして生きる気力を失い、社会復帰はますます困難になる。

ところが不思議なことに、取引相手が法人になると個々の人的資本は問題にされなくなる。社員やアルバイトを採用するときは履歴書（人的資本の評価表）の提出が必須だが、会社と新規の取引をはじめる際に社長や社員の学歴を問《と》い質《ただ》すことはない。これは、法人という「ひと」と契約を結ぶと考えるからだ（同様に契約を解除するときも、個人ならクビにされるが、法人では「会社と取引しない」だけで個人の人格が問題にされることはない）。

このように考えれば、ネットカフェ難民を「ネットカフェ社長」に変身させるのは、荒唐無稽《こうとうむけい》なアイデアではないとわかるだろう。人的資本が極端に貧弱な場合は、別の人格（法人）に取り換えてしまったほうがずっと有利なのだ。

あなたの会社に一〇年間海外を放浪していた若者が職を求めてやってきたとすると、その印象はきわめてネガティブなものにちがいない。だが若者が会社社長の名刺を出し、「海外生活を体験したあと日本に戻って事業を興《おこ》した」と言ったとしたらどうだろう。「いまどきの若者にしては気骨がある」と、むしろポジティブに受け取るかもしれない。これは明らかに錯覚《さっかく》なのだが、同じ経歴でも、法人を介在させることで第一印象を大きく変えることができる。

ところで、同じひとでも個人と法人ではいったいなにがちがうのだろうか。それを説明するには、多少迂遠《うえん》でも「法人とはなにか？」という原理的な問いからはじめなくてはならない。

人格を持つ群れ

鵺《ぬえ》は伝説の怪獣で、猿の頭、狸《たぬき》の胴、虎の手足、蛇の尾を持ち、夜に啼《な》くその声は凶事の兆《きざ》しとされた。ギリシア神話に登場するグリフォンは鷲《わし》の翼と上半身、ライオンの下半身から成り、黄金の守護神として王家の紋章に使われた。スフィンクスは半人半獣の神獣で、オイディプス神話では、旅人に謎をかけては食い殺していた。

これらはすべて想像上の動物たちだが、わたしたちの世界には実在する幻獣が溢《あふ》れている。それが「法人」だ。

法人は文字どおり「法的なひと」のことで、ひとではないものを、法律によってひとと同じように扱うことに決めた不可思議な存在だ。法律ではひとの集まりを「組合」や「社団」といい、この集まりにひと性（人格）を与えたのが社団法人だ。学校法人、医療法人、宗教法人、公益法人などさまざまな社団（財団）法人があるが、大多数を占めるのが営利法人すなわち「会社」だ。会社についての決め事が会社法で、二〇〇五年の法改正で商法から独立し、二〇〇六年五月に施行された。

＊ここで用語の混乱について述べておくと、日本では「大企業」「中小企業」が多用されるが、これらはすべて法人だから「大会社」「中小会社」がより正確だ。同様にコーポレートガバナンスは「企業統治」と訳されるが、Corporation は株式会社のことだから「会社統治」が正しい。

組合や社団などのひとの集団をなぜ、「法的なひと」にしなければならないのだろうか。

町の美容院で「カッコよくしてね」と頼んだらトラ刈《が》りにされてしまった。店に文句を言うと、次のような返事がきた。

「当店と美容師にはなんらの契約関係もなく、第三者の責任は負《お》いかねます。苦情は美容師本人に直接言ってください」

この言い訳が理不尽なのは、わたしたちがそれを「店の責任」だと当たり前に思っているからだ。髪の毛を切るときに、経営者と従業員の雇用関係をいちいち確認するひとはいない。

これは特異な例だが、法人化されていない宗教団体やヤクザなど非合法組織では深刻な問題となる。法人格を取得していない組織をたんなる個人の寄せ集めと見なすなら、組員同士の殺し合いで一般市民が巻き添えになっても、組長は「馬鹿が勝手にやったことで俺は知らない」といい逃れるだろう。これでは明らかに都合が悪いので、日本国の法はこれを「人格なき社団（権利能力なき社団）」として、法人でないにもかかわらず「ひと」として社会的責任を負わせている。信者が老人を騙《だま》して壺《つぼ》や仏具を法外な値段で売りつけた場合、宗教活動と一体化しているなら、法人格の有無にかかわらず宗教団体とその代表者は責任を問われるのだ。

このように考えてみると、法人の意味がよくわかる。

近代の市民社会は、建て前のうえでは、平等の権利（人権）を持った個人＝市民によって構成されている。だが市民（自然人）の権利と義務を定めただけでは、法によって社会を運営していくことはできない。

ひとは社会的な動物なので、常に群《む》れ（団体）をつくって行動する。群れにはボス（代表者）がいて集団を統率している。現実の社会はこうした群れ同士の抗争や合従連衡《がっしょうれんこう》によって動いている。一匹のサルをどれほど詳細に調べても、サルの生態はわからないのと同じだ。法をこうした社会に適応させるには、一人ひとりの市民だけでなく、群れ自体を法の対象にする必要がある。そこでこうした群れを社団として、法に定められた組織化を条件に権利と義務の主体となることを追認したのだ。

進化論的にいうならば、わたしたちの脳には群れ（集団）をひととして認識する遺伝子が組み込まれている。法律があろうがなかろうが、ひとの群れが社会の中で一定の権利と義務を持つことは当然なのだ。

半人半獣のスフィンクス

法人とは、人間社会を現実に動かしているひとの群れを法的に統制するために便宜《べんぎ》的に人格を付与《ふよ》したものだった。ここで当然、自然人と法人はどこがちがうのかが問題になる。

日本国憲法は法人の人権（法人権）を規定していないが、契約の主体になれるのだから、財産権を認められていることは間違いない。報道機関や宗教法人は、表現の自由や思想信条の自由を基盤にしている。その一方で法人には参政権はないし、会社は倒産してしまうのだから、一見、生存権もなさそうだ。

基本的人権の根幹をなすのは、人身の自由だ。近代社会においては、何人《なんぴと》たりとも奴隷《どれい》を所有することは許されていない。「ひとはひとを所有できない」というのは、文化や宗教・政治体制のちがいを超えた根源的なルールだ（世界には奴隷状態に置かれたひとたちがたくさんいるが、いかなる社会であれ、そうした状況が公認されることはない）。

ところが法人は、ひとでありながらもひとに所有される。会社法によれば、株式会社は株主の所有物だ。株主には自然人も法人もいるが、いずれにせよ、ひとがひとを所有していることにちがいはない。このことに注目したのが経済学者の岩井克人《いわいかつひと》で、法人を「ひとであると同時にものでもある」と定義した。

会社は、契約の相手方に対してはひととして振る舞い、株主に対してはものになる。半人半獣のスフィンクスのような謎めいた存在だが、法人の不思議はこれだけではない。

共同体に人格を投影するのは人類社会に共通の傾向だ。その共同体は家族（血族）、部族、民族などさまざまだが、代表的なのは国家だろう。わたしたちはごくふつうに国家をひとと見なし、日本とアメリカが友人になったり、北朝鮮と敵対したりする。これは個人的な好悪を共同体に仮託した錯覚なのだが、国家に人格を付与することはわたしたちの心性に深く染みついていて、誰もそれを疑おうとしない。

サッカー・ワールドカップに世界中が熱狂するのは、それが国家対国家の戦争を模したものだからだ。二十歳前後の、おそらくは国の歴史もよく知らないだろう若者たちが、ピッチに立った瞬間、本人の意思にかかわらず国家の象徴になる。

なぜこのようなことが起きるかというと、わたしたちは、自然人を媒介にしなければ共同体を実感できないからだ。国家は共同幻想（吉本隆明《よしもとたかあき》）あるいは想像の共同体（ベネディクト・アンダーソン）で、こうした抽象的な存在を抽象的なまま理解できるように人間の脳はつくられていない。いかなる共同体にも、それを象徴する（代表する）自然人が必要なのだ。

法人と自然人の依存関係は、会社を考えればもっとよくわかる。

会社は法律上、契約の主体になることが認められているので、他の自然人や法人を相手にものを売ったり買ったりすることができる。だがこれは契約上のことで、いうまでもなく法人自身が判子《はんこ》をついたりお金を払ったりするわけではない。実際に契約するのは法人の代表者（もしくはその代理人）で、日本の会社では代表取締役という自然人だ。

会社は法的な「ひと」だが、株主という自然人（ひと）に所有される「もの」でもあり、代表取締役という自然人（ひと）がいなければなにもすることができない。「ひと」と「もの」とのこの錯綜《さくそう》した関係が、さまざまな法人の不思議を生み出すのだ。

法人の自由と人権

ひとであると同時にものでもあるという法人の謎を前にして、古来、法人擬《ぎ》制《せい》説と法人実在《じつざい》説が対立した。法人擬制説では、社会を構成するのはあくまでも個人であり、法人の人格は擬制されたもの、すなわち〝見せかけ〟だと考える。株式会社の場合、その所有者である（自然人の）株主が法人の実体だ。それに対して法人実在説では、自然人と同じく、法人も実体としての人格を有すると考える。

擬制説と実在説は本質的な対立だが、どちらの立場を取っても奇妙なことが起こる。

法人実在説では、「法人というひとはどこにいるのか」という難問がただちに生じる。法人は観念的な存在で、それを実体化するには共同体の代表者（象徴）としての自然人を必要とした。そのため法人実在説を突き詰めると、その代表者たる自然人こそが法人の実体だということになってしまう。これは一種の人神論だが、戦前の日本を想起するまでもなく、こうした倒《とう》錯《さく》は容易に起こりうる。

さらには法人が実在するひとである以上、ひととして市民と同様の基本的人権を認めるべきということになる。これは別にジョークではなく、日本では実際に、昭和四十五年の最高裁判決で会社の人権が認められている。これは八幡製鐵所《やはたせいてつしょ》（現在の日本製鉄）の政治献金の適法性が争われた事件だが、判決は次のように法人の政治的自由を謳《うた》いあげた。

憲法第三章に定める国民の権利および義務の各条項は、性質上可能なかぎり内国の法人にも適用されるものと解すべきであるから、会社は自然人たる国民と同様、国や政党の特定の政策を支持、推進しまたは反対するなどの政治的行為をなす自由を有するのである。

判決は、会社は納税義務を負うのだから、その対価として、可能なかぎりの基本的人権を認められるべきだという。すでに法人には人格の尊厳（プライバシー権）や知的財産権（著作権）を含むほとんどの人権が認められている。先に、法人は倒産するから生存権はないと述べたが、その一方で金融機関への公的資金（税金）投入や中小法人へのさまざまな優遇措置が講じられており、これは福祉の一環と考えられないこともない。

法人実在説に立てば、会社が市民と伍《ご》して自由と人権を謳歌《おうか》し、社会福祉を享受《きょうじゅ》するのは論理的な必然となる。だがこれはいうまでもなく、そうとうに奇妙な世界だ。

法人を刑務所へ？

法人実在説の矛盾《むじゅん》を回避するために法人擬制説を採用したとしよう。すると、次のような理不尽な事態が容易に起こりうる。

チッソは水俣病《みなまたびょう》の原因企業として被害者への賠償をつづけている。だがこの企業責任は、法人擬制説に立つならば株主と取締役会、および経営陣などの自然人が負うべきものだ。会社はたんなる見せかけで、最終的な責任主体とはなりえないのだから。

ところが現在、チッソには当時の関係者は誰一人残ってはいない。会社自体も被害者への賠償金支払いなどのため債務超過となり、一九七八年に上場が廃止され、その後は実質的な国家管理下にある。事件当時の株主や経営陣はすべて入れ替わってしまったのだから、患者はもはやチッソの責任を問うことはできない――法人擬制説では、これ以外の解釈は不可能だ。こうした事態を受け入れがたいとすれば、株主や経営者が入れ替わっても、会社は独立した（実在の）ひととして過去の行為に責任を負うべきだと考えざるをえない。

その一方で、法人は民法上の責任を問われることはあっても、刑事責任を追及されることはない。刑法においては行為主体の意思が問題とされ、法人には意思がないから責任もないとされるのだ。

民法では、法人は実在のひととして社会的責任を負う。刑法では、法人は擬制（フィクション）として免責され、経営者や担当者など自然人（行為者）だけが責任を問われる（両罰規定によって行為者と法人の双方に刑事罰が科《か》されることもあるが、これは法人にも罰金を払わせるための便法にすぎない）。この矛盾を解消するために「法人にも刑事責任を認めるべきだ」と主張する法学者もいるが、法人は刑務所に収監することも死刑にすることもできないから現実には不可能だ（倒産させたとしても株主はすぐに同じ事業を行なう会社を設立できる）。

このように法人は、ひとであると同時にものでもあり、あるときは実在し、別の場所では虚構となる。その異様さは、鵺《ぬえ》やグリフォンなど伝説上の幻獣に匹敵する。

だが人間は、法人という不思議な生き物を創造しただけでなく、それに有限責任という特権を与え、株式会社を生み出した。市場経済は、有限責任で資金調達できる株式会社、すなわち資本主義の発明によって爆発的に拡大することになった。

5. 株式会社という「人格」

有限責任という特権

スローフードやロハスが広まり、伝統的な食文化や地元の食材が見直されている。だが、どんなに手づくりにこだわっていても、苗床《なえどこ》にたねもみを播《ま》くところからはじめるひとはごく一部だ。稲刈《か》りを手伝うかわりに米や野菜を分けてもらうことはできても、金銭を介さずにすべての食材を調達することは不可能で、肉や魚は近所の店で買ってくるしかない。このようにわたしたちの社会は分業で成り立っていて、ロビンソン・クルーソーのように自給自足で生きていくことはできない。

ひとが集まっていっしょに仕事をするのは、この分業を効率的に行なうための仕組みだ。自動車を製造するときに、設計をするひと、材料を注文するひと、加工・組み立てをするひと、販売するひとがばらばらだったらものすごく効率が悪い。そこでみんなを集めて必要な作業を一カ所で行なうようにする。こうすることで無駄を省《はぶ》き、高品質の製品をより安価につくることができる。この組織化はとても賢い方法なので、紀元前のむかしからすべての農耕社会で行なわれていた。

先に述べたように、営利を求めて活動する組織体のことを企業といい、この企業に法人格を付与《ふよ》したのが会社だ。会社の株主に有限責任の特権が付与されたものが、「株式会社 Limited Company」になる。株式会社の歴史は、一六〇二年のオランダ東インド会社まで遡《さかのぼ》るとされる（ルネサンス期の北イタリアに同様の仕組みがあったともいう）。

ヨーロッパの商人たちは当時、貴重な香辛料を求め、喜望峰《きぼうほう》を回ってインド洋を渡り、インド大陸や東南アジアを目指した。こうした商船はひとたび無事に帰還すれば大きな富をもたらしたが、嵐で難破《なんぱ》したり、海賊に襲《おそ》われればすべてを失って負債だけが残る。これではこわくて誰も出資してくれないので、持ち分を小口化したうえで、損失の上限は出資金までと定めた。これで巨額の資金調達が可能になったことで、大航海時代の欧州諸国は独占的な利益を求めてアジアやアフリカ、アメリカ大陸の植民地化を争った。

ところで、株式会社の有限責任は当時のヨーロッパで大きな論争を巻き起こした。法理論上は権利と責任は一対の概念であり、利益の分配は無制限だが責任は有限、などということはありえないからだ。有限責任会社は原理上、他の債権者（船をつくった職人や荷物の納入業者など）を犠牲にして株主のみを特権的に保護する不平等な制度で、そのため当初は、国王の勅《ちょっ》許《きょ》がなければ設立することが許されなかった。

アメリカのフリーエージェントがマイクロ法人を設立するいちばんの理由は、この特権を手に入れるためだ。訴訟社会のアメリカでは、いつ巨額の賠償責任を問われるかわからない。もし訴訟に負ければ、無限責任の個人事業主はなにもかも失ったうえに、死ぬまで借金を払いつづけなければならない。ところが契約主体が法人（有限責任会社）であれば、株主の責任は出資金のみに限定される。仮に何億ドルもの損害賠償を請求されたとしても、会社の全資産を売り払って倒産すればそれで終わりだ。これは法外に有利な取引なので、わずか十数年で一三〇〇万社ものマイクロ法人が誕生したのだ。

もちろん、こうした特権を無制限に認めていては正常な市場経済は成立しない。そのため日本では、中小企業が金融機関から融資を受ける際、社長や取締役が連帯保証人になり、場合によっては自宅不動産を抵当《ていとう》に入れる。こうして有限責任を無限責任に変換しなければ、まとまった額の融資は不可能なのだ（この個人保証はずっと問題視されてきたが、二〇二五年現在も状況はあまり変わっていない）。

商工ローン業者の過酷《かこく》な取り立てが問題になったときに連帯保証制度が批判されたが、ビジネスはもともと無限責任が原則で、有限責任の恩恵《おんけい》はいかなるときでも認められるわけではない。最高裁の判例においても、有限責任を悪意で用いた場合は法人格が否認され、個人（取締役）の無限責任になる（法人格否認の法理）。さらには、本来であれば取締役は会社にしか責任を負わないはずだが、債権者等を保護するために、悪意もしくは重過失によって第三者が損害を被《こうむ》った場合は取締役個人の責任を問うことができるとされている（取締役の第三者に対する責任）。

だがそれでもすべての取引に連帯保証を求めるのは現実的ではなく、法人格を否認したり取締役個人の責任を問うには面倒な裁判が必要になる。こうした対抗措置を考慮したとしても、取引主体を個人から法人に移すことにはなお大きな優位性がある。

コペルニクス的転回

日本には約二〇〇万社の法人があり、現在はほぼすべてが株式会社だが、証券市場に上場しているのは約四四〇〇社で、九九・八パーセントは非公開会社だ。株式会社が本来、公開（上場）を前提とした仕組みであることを考えれば、この実態は異様だ。トヨタやソニーのような国際企業も、近所の八百屋が法人成《な》りした零細企業も、同じ「株式会社」という枠組みで事業を行なっている。

二〇〇六年の新会社法以前は、法律上は、公開会社は株式会社、非公開会社は有限会社として棲《す》み分けることが予定されていた。

株式会社はもともと有限責任の特典によって大規模な資金を集めるための仕組みで、中小事業者の利用を予定していなかった。それ以外の商売は個人で行なうか、無限責任の組合を事業主体にしていたのだが、株式会社の制度が広く普及するにつれて、中小事業者のあいだでも有限責任で事業を行ないたいとの要望が高まった。それを受けて十九世紀末のドイツで創設されたのが、公開を前提とせず株式を発行しない有限会社の起源とされている。日本でも一九四〇年に有限会社法が施行された。

当時の有限会社法では、一般事業者に有限責任の特権を与えるかわりに一万円（現在の時価でおよそ二〇〇〇万円）という高額の最低資本金が設定された。それに対して株式会社は容易に設立が認められず、大会社が当然の前提とされたため、最低資本金の規定はなかった。ところが終戦後の商法改正で株式会社の設立が容易になったことから、個人事業主も含め、新規の法人設立は圧倒的に資本金の安い株式会社が好まれることになった（戦時経済体制で零細企業を有限会社に統合したため、貧乏会社のイメージが染みついていたこともあった）。

このようにして、戦後日本にたちまち膨大な数の零細株式会社が誕生することになった。こうした会社はほとんどが家族経営で、株主が一人しかいないことも多く、株主総会は開かれたことがなく、株式には譲渡制限がつけられていた。要するに、本来の株式会社とは似ても似つかないものだった。

そのため一九七〇年代になると、商法特例法で株式会社を大会社（資本金五億円以上または負債二〇〇億円以上）と小会社（資本金一億円以下で負債が二〇〇億円未満）に分け、小会社には監査法人（公認会計士）による監査を免除するなど、現状を追認するさまざまな措置が講じられた（大会社と小会社の中間形態として「みなし大会社」なる区分も設けられ、混乱に拍《はく》車《しゃ》をかけた）。

次いで一九九〇年の商法改正で最低資本金制度を設け、株式会社でない「株式会社」の乱立に歯止めをかけようと試みた。株式会社の最低資本金を一〇〇〇万円、有限会社を三〇〇万円とし、零細株式会社を有限会社に誘導しようとしたのだが、この改革も焼け石に水で、有限会社の数は増えたものの、株式会社のほとんどが非公開会社という実態になんの変化もなく、有限会社と株式会社のちがいはたんに資本金の額のみだった。

そこで二〇〇六年の商法（会社法）改正では発想を百八十度転換し、株式会社の最低資本金をなくすとともに、有限会社制度を廃止し、株式会社に一本化することになった。バブル崩壊後の長期不況の中で日本の新規開業率がアメリカの三分の一にも届かないことが問題となり、資本金のハードルが高すぎることがその一因とされた。その結果、二〇〇三年に最低資本金への増資を五年間免除する確認会社（通称一円会社）の特例がつくられ、次いで制度そのものが全面的に廃止されたのだ。

こうした有為転変《ういてんぺん》の果てに、現在では誰でも気軽に資本金なしで株式会社を設立できるようになった。これはまさに、会社法のコペルニクス的転回だ。

二重人格

会社とは、共同して営利事業を行なう集団（社団）に法的な人格を与えたものだった。その本質が共同事業なら、「一人会社」というのは定義矛盾だ。合資会社ではこの原則が貫《つらぬ》かれていて、社員（出資者）が一人になれば解散しなければならない。ところがこれまで、制度上、取締役一人で設立できる有限会社はもとより、株式会社でも一人会社は放任されてきた。

新会社法以前は、株式会社を設立するにあたっては、一〇〇〇万円の最低資本金とともに、三名以上の取締役と一名以上の監査役の設置が必要とされていた。だが法人設立後に取締役一人になってしまっても会社を閉鎖する規定はなく、そのまま存続することが認められた。これは零細法人だけのことではなく、日本では法人の株式保有がほぼ無制限に認められているため、一〇〇パーセント子会社を持てば株主は親会社一人になってしまう。新会社法ではこうした実態も追認され、取締役（株主）一人で株式会社が設立できることになった。

マイクロ法人は株主兼取締役社長一人で運営される会社だが、新会社法では、マイクロ法人は法制度の鬼子《おにご》ではなく、株式会社の純化したかたちとしてその存在を認められ、大企業と同様に、法人としてのすべての権利を保障されているのだ。

ところで、自然人としてのひとがこうしたマイクロ法人を保有すると、次のような奇妙なことが起こる。

マイクロ法人では、あなたは会社経営者として、ただ一人の社員であるあなたに給与を支払う。自分で自分に給料を払うのだから、自分にとってもっとも都合のいい額を決めることができる。

日本を含むほとんどの国では、同じ「ひと」に対する課税であるにもかかわらず、法人税と（個人）所得税では税率や控除の基準がちがう。給与の調整によって、完全に合法的に、法人でも個人でも税コストを最小化するような設計が可能になるのだ（詳細はＰＡＲＴ４参照）。

個人が無担保でファイナンス（資金調達）しようとすれば、消費者金融で高利のカネを借りるしかない。ところがマイクロ法人は中小企業に対するさまざまな優遇制度の対象になるので、一〇〇〇万円程度なら無担保で無利息に近い資金を調達できる。この資金を借り替えていけば、「ただでお金をもらう」のと同じ話になる（詳細はＰＡＲＴ５参照）。

こうした不思議は、あなたが個人と法人というふたつの人格を保有し、ジキル博士とハイド氏よろしく、それを自在に使い分けることから生じる。巷間《こうかん》に流布《るふ》する法人を利用した節税術やファイナンス法はすべて、この「二重人格」を利用したものだ。

しかし、話はこれだけでは終わらない。これは、さらなる謎への入口にすぎない。

株主は会社を「所有」していない

マイクロ法人においては、あなたは会社のただ一人の株主だ。「会社は株主のもの」なのだから、あなたが自分の法人を使って好き勝手なことができるのは当然だ――誰だってそう考えるだろう。だが、世の中に「絶対の真理」とされているものほど疑わしいものはない。

会社法は、株式会社を株主（出資者）が集まって設立した組織と定義している。だとすれば、会社を所有する資格のある者が株主以外にいないことは明らかだ。

民法は、所有権を「（所有者が）法令の制限内において、自由にその所有物の使用、収益及び処分をする」権利と定めている。あなたが一本の鉛筆を持っているとして、それで文字を書いたり、ひとに貸して謝礼をもらったり、譲ったり捨てたりすることがすべて自由にできるのなら、あなたはその鉛筆を「所有している」ということができる。

ところが困ったことに、この定義に則《のっと》るならば、株主が法律上、会社を所有していないことは明白だ。株主だからといって、会社の備品や商品を勝手に使用したり、レンタルに出したり、自由に処分していいわけではない。スーパーマーケットの株券を持っていても、店のリンゴをポケットに入れれば万引きで捕まってしまう。なぜならそのリンゴは、法人という〝他人〟のものだからだ。

この事実は、株主が一人しかいないマイクロ法人においてもなんら変わらない。

あなたが法人の所有者であれば、法人口座に預けてある資金を借りて、飲食代や遊興費に自由に使っていいはずだ。ところが税務調査においては、この取引は法人（あなた）から個人（あなた）への贈与と見なされて課税対象になる。

これは別に、税務署が公私混同を道徳的に非難しているわけではない。法人から自然人への融資や仮払いが自由に行なえるなら、会社は給与や配当を支払うことなく、株主や役員に無制限に資産を分配することができる。これでは誰も税金を払わなくなってしまうため、制度上、法人と自然人を異なるひとと見なすことが要請されているのだ。

同様にマイクロ法人が融資を受けていて、それを株主＝経営者が私的に流用していたら、銀行は融資の一括返済を求めるだろう。これも、銀行が経営者の資金使途《しと》に口を出すということではない。法人というひとに対して融資したにもかかわらず、他人（経営者という自然人）がそのカネを使っているからだ。

このように、株主は自分の意思で自由に使用・貸与・処分できるという意味で会社を「所有」しているわけではない。それでは、株主とはいったい何者なのか？

株主は会社の「主権者」ではない

よくいわれるように、株式会社の支配構造は民主政（democracy）を模している。日本のような議会制民主国家では、主権者である国民が選挙によって政治家（代理人）を選び、議会によって選任された首相が行政の執行責任者である各大臣を任命する。株式会社では、株主総会の投票によって取締役が選任され、株主の代理としての取締役会が代表取締役を選ぶ（日本の大半の会社は実態としてこのようになっていないが、これが会社法の規定だ）。大きなちがいは民主政の一人一票に対し株式会社が一株一票であることだが、それを除けば両者の構造は酷似《こくじ》しており、だとすれば株主は会社の主権者であることは間違いない。――これを「株主主権論」という。

主権とは、かつては神から国王に与えられた至高の権力だった。それがフランス革命によって市民（国民）の手に奪取され、こうして生まれた主権国家はなにものも侵《おか》すことのできない究極の権力を有すると考えられた。もちろん、アメリカとアフリカの小国が対等の主権を持つというのはある種のフィクションだが、近代世界がその虚構に基づいて構築されたことは紛《まぎ》れもない事実だ。

ところで、主権者としての株主が同様に会社に対して至高の権力を持っているかというと、これはかなり疑わしい。たとえば株主は会社に対して、「融資の返済は後回しにして先に配当を寄こせ」と要求することはできない。法律によって、株主の地位が債権者に劣後することが定められているからだ。会社が倒産した場合は、すべての債務を返済し終えないかぎり、株主は一円たりとも受け取れない（当然、ほとんどの場合なにも受け取れない）。

同じように主権者としての株主は、「社員に給料を払うな」とか、「税金や社会保険料は納めなくてもいい」などと命じることもできない。労働債権（未払い給与）は法によって保護されており、税・社会保険料を払わなければ経営者は刑務所に送られてしまう。

主権者としての国民は、原理的には、国の政治のすべてを決めることができる。ところが同じ主権者であるはずの株主は、他の利害関係者になんの権力も行使できないばかりか、会社が破綻《はたん》した場合は銀行などの債権者によって意思決定の場から追い出されてしまう。これではとうてい「主権がある」とはいいがたい。

株主が会社の所有者や主権者でないとしても、出資者であることは間違いないと考えるひともいるだろう。そもそも株式会社とは、株主の出資によって成立する事業法人のことだから、この定義はトートロジー（同語反復）のようにも見える。

だがこの「完全無欠」の定義も、証券市場を前提とするとたちまちあやしくなる。上場企業では、株主の大半は市場で株式を購入しており、企業自体に出資したわけではないからだ。彼らは投資家ではあっても、出資者ではない。

法人はひとであると同時にものでもある。株主は会社の所有者でも主権者でもなく、場合によっては出資者ですらない。法人について考えていくと、これまで磐石《ばんじゃく》と信じていた地面が液状化し、消えていくような不思議な感覚に襲われることになる。

その生態を理解するもっとも簡単な方法は、自分で法人をつくってみることだ。

6. マイクロ法人をつくる

会社と組合

日本の会社（社団法人）には、株式会社のほかに合名会社、合資会社、合同会社がある。合名会社は無限責任の社員（パートナー）が出資して設立した会社で、民法上の組合（パートナーシップ）に法人格を与えたものだ。弁護士法人、監査法人、税理士法人などはパートナーが無限責任を負う合名会社の一種だ。

合資会社は無限責任の社員と有限責任の社員が出資者となるもので、商法に規定された匿名《とくめい》組合に法人格を与えたものだ。匿名組合（リミテッドパートナーシップ）は、無限責任の営業者（ゼネラルパートナー）に匿名社員（リミテッドパートナー）が出資をし、その利益を分配する仕組みで、私募《しぼ》ファンドなどの投資スキームとして広く利用され、海外では「ＴＫ」の名で知られている。

図①法人と社団

	法人格のある社団	法人格のない社団
無限責任	合名会社	組合（パートナーシップ）
無限責任＋有限責任	合資会社	匿名組合（リミテッドパートナーシップ）
有限責任	合同会社（LLC）	有限責任事業組合（LLP）
有限責任	株式会社	

＊網掛け部分はパススルー課税

合名会社や合資会社が無限責任のパートナーシップであるのに対して、同じパートナーシップでありながら有限責任の特典を認めたものが合同会社（日本版ＬＬＣ）だ。マイクロ法人の場合、「安くつくれる株式会社」という以上の意味はほとんどないが、ここは法人の仕組みを理解する大事なところなので、少し詳しく説明しておこう。

アメリカの法人制度には、株式会社(Ltd.＝Limited Company)のほかに有限責任のパートナーシップ(LLC＝Limited Liability Company)がある。株式会社はCorporation(Corp.)やIncorporated(Inc.)とも称され、株式市場に上場する大会社はこのいずれかの略称を用いなければならない。それに対してＬＬＣは中小企業や法人成りした自営業者などが利用する会社形態で、パススルー課税が認められている。

株式会社では、法人の利益に対して法人税が課されたのち、税引き後の純利益が株主に配当されるから、その配当に所得税が課されると法人と個人で二重課税が発生する。税法の原則からすれば、同一の所得に対して複数回の課税をすることはできないが、日本やアメリカを含む大半の国でこの二重課税が常態化している。

それに対して組合（パートナーシップ）は組合員（パートナー）の集まりという以上の法的実体はなく、組合が得た利益は、持ち分に応じて各パートナーに分配され、それぞれの個人所得に合算される（同様にパートナーシップの損失は個人所得から差し引かれる）。これがパススルー課税で、その最大の利点は、法人と個人での二重課税を避けられることだ。

アメリカのＬＬＣは法人化したパートナーシップと見なされるため、このパススルー課税が認められている。そのかわり株式の発行や三〇年を超える事業の存続が認められないなど一定の制限が設けられ、中小事業者を中心に利用されている。

二〇〇五年に日本で新設された有限責任事業組合（日本版ＬＬＰ＝Limited Liability Partnership）は組合員全員が有限責任のパートナーシップで、他の組合と同様にパススルー課税が認められた。ところが新会社法で設けられた合同会社（日本版ＬＬＣ）は、有限責任事業組合に法人格を付与したものであるにもかかわらず、株式会社と同様に法人税が課されることになった。これは経済産業省の要望に対し、節税の道具に使われることを恐れた国税庁が頑強に抵抗したためだといわれている。

この結果日本版ＬＬＣは、所得に対し法人と個人（組合員）で二重に課税されることになり、実態としては従来の株式会社や有限会社となんら変わらない存在になってしまった（図①）。

株式会社・有限会社・合同会社

法人制度をめぐる混迷の果てに、日本では株式会社、有限会社、合同会社という三つの同じような会社が並存することになった。有限会社は新会社法施行以後の新設が認められていないが、従来の商号をそのまま使いつづけることができる。

二〇〇二年以前に設立された株式会社は、一〇〇〇万円の最低資本金を満たすことが求められた。確認会社（一円会社）の制度が設けられた〇三年から〇五年は、従来型の株式会社（資本金一〇〇〇万円以上）と確認会社（資本金一円以上）が混在することになった。そして新会社法が施行された〇六年以降は、株式会社の最低資本金は廃止された。

これに対してすべての有限会社は、設立時に三〇〇万円の最低資本金を有している。さらには〇六年以降の新設が認められていないから、最低でも二〇年近く事業を継続していることになる。

かつての有限会社は「貧乏人の株式会社」のイメージだったが、皮肉なことに最近ではそのブランド価値が上昇している。はじめての取引先が株式会社の場合、相手の素性を知るにはいちいち謄本《とうほん》を調べなくてはならないが、有限会社であれば、名刺交換した時点で設立時の最低資本金と事業の継続性が確定するからだ（そのうえ有限会社は決算公告の必要がなく、取締役の任期も無制限なので使い勝手がいい）。

有限会社にかわって「貧乏人の株式会社」の地位を譲り受けたのが合同会社だ。とはいえ、株式会社も合同会社も、設立時に必要な最低資本金はゼロ円だ。ではどこがちがうかというと、会社設立に必要な費用が合同会社のほうが安いのだ。

株式会社を設立する場合、設立時に登録免許税（最低一五万円）、定款《ていかん》認証手数料（三万〜五万円）、定款用の収入印紙代（四万円程度）などを合わせて二五万円程度が必要になる。一方、合同会社は六万円の登録免許税と定款の収入印紙代（四万円程度）を合わせた一〇万円程度で設立できる。この差額の一五万円を節約したいひとが、株式会社ではなく合同会社を選ぶのだ。

かつての株式会社と有限会社のちがいは、設立時に一〇〇〇万円の資本金を用意できたか、三〇〇万円しか持っていなかったかだった。資本金の額が社長の個人資産や信用力を反映するとすれば、有限会社よりも株式会社が好まれた理由もわからなくはない。だが有限会社にしても、まとまった資金（三〇〇万円は個人にとっては大金だ）を事業に投資する覚悟がなければ設立できなかった。

ところが現在の株式会社と合同会社では、その差はさらにささいなものになった。最低資本金が不要なのだから、ほとんどの起業家は株式会社を設立するだろう。それでもあえて合同会社を選択するのは、資本金どころか十数万円の設立経費も払えないからだと思われても仕方がない。合同会社は、対外的にはかなり格好悪いのだ。

もっともこれは、見てくれが悪くても構わないなら合同会社で十分、ということでもある。個人で保有する不動産を法人に持たせたり、法人名義で株式取引を行なうなど、限定された目的で利用する場合は会社の肩書は関係ない。子会社やファミリー企業としてふたつ目の法人が必要だったり、事業を分社化する場合も同じだ。最近になって合同会社の設立数が増えているのは、こうしたニーズがあるからだろう。

あなたが将来の株式上場を狙《ねら》う野心的な起業家であれば、迷わず株式会社を設立しよう。そうでなければ、体面とコストを秤《はかり》にかけて、どちらにするかを選べばいい。もちろん合同会社でも、法人として必要な機能はすべて揃《そろ》っている。

＊株式会社と合同会社のもうひとつのちがいは、株式会社は官報や新聞、自社のホームページに決算を公開（決算公告）しなければならないが、合同会社にはその義務がないことだ。グーグルの日本法人が合同会社を選択したのは、たぶんこれが理由だろう。（新版註）

無限の資本金を持つ会社

一九七〇年代、経営学者ピーター・ドラッカーは『見えざる革命　年金が経済を支配する』（上田惇生訳／ダイヤモンド社）において「年金基金社会主義」を唱えた。ドラッカーは、アメリカの労働者が企業年金や年金基金を通じて全産業の株式資本の三分の一以上を保有している事実を挙げて次のように書く。

社会主義を労働者による生産手段の所有と定義するならば（これこそ、社会主義の本来かつ唯一の定義である）、アメリカこそ史上初の真の社会主義国である。

それから半世紀を経て年金基金による株式保有率はさらに上昇しているが、アメリカが社会主義になったという話は聞かない。経済学者の奥村宏《おくむらひろし》はその理由を、年金基金や投資信託では個人の受益者になんの権限もないからだと述べている。実際に株式を売買し、議決権を行使するのは、年金基金や投資信託にまったく出資していないファンドマネージャーなのだ。

奥村はこれを、「機関投資家資本主義」と呼ぶ。ファンドマネージャーは長期の成長よりも短期の成功報酬を追い求め、株価が上がるのなら敵対的買収も積極的に支持する。このようにして会社はものとして売買されるようになり、やがて投機の対象になっていった。

機関投資家資本主義はアメリカ経済を大きく歪《ゆが》めたが、それ以上に株式会社を奇形化させたのが日本の「法人資本主義」だ。奥村は財閥の研究から日本のコーポレートガバナンスの特異性を暴《あば》き出し、それを「株式会社の死に至る病《やまい》」と名づけた。法人資本主義の最大の特徴が株式の持ち合いだ。

日本では戦前から会社が株式を所有するのが当然と考えられ、財閥本社が傘下《さんか》の会社の株式を所有し、その子会社がさらに孫会社の株式を所有するという構造が生まれた。敗戦によって財閥は解体され、事業会社（非金融会社）の株式所有が禁止された（金融機関は相手会社の発行株式の五パーセントを超えて所有してはならないことになった）が、その間も証券会社名義や経営者・従業員名義で株式は保有されており、占領解除後、独占禁止法の改正で金融機関の持ち株制限が緩和《かんわ》され、事業会社の株式所有が解禁されると、企業系列化のための安定株主工作が大々的に行なわれることになった（奥村宏『株式会社はどこへ行く　株主資本主義批判』岩波書店）。

こうした株式の持ち合いは、日本的できわめて特異な会社統治を生み出した。このことは、A社とB社のふたつの株式会社が互いの一〇〇パーセントの株式を持ち合っている状況を考えるとよくわかる。

このケースでは、どちらの会社の経営者も自社株は一株も保有しておらず、法律上の意思決定権は大株主である相手会社に全面的に委《ゆだ》ねられている。だが、もしもB社の経営者がA社の経営者の意に沿わない主張をしたとしたら、A社の経営者は間違いなくB社に報復するだろう。双方ともそのことをよく知っているから、互いの経営にはいっさい口出ししない。一方が核兵器を使えば最終的には双方が確実に破滅するという相互確証破壊（ＭＡＤ＝Mutually Assured Destruction）に似た状況をつくり出すことによって、日本の会社経営者は自社を全面的に支配してきたのだ。

日本の株式会社に特徴的な株式の持ち合いは、会社統治を空洞化させるだけでなく、資本の空洞化をも招く。

先ほどの例で、互いの会社が増資をし、その資金で相手会社の株式を購入したと考えてみよう。この取引ではいっさい現金のやりとりが行なわれないまま、帳簿上の資本金だけが無限に増えていく。もちろん、このヴァーチャルな資本金にはなんの意味もない。相手の株式を売却することはできないし、どちらかが倒産してしまえばその瞬間にすべてがゼロになる。

日本では会社の格をはかるときに資本金の額が重視されるが、株式の持ち合いによる資本の空洞化によって、帳簿上の資本金と企業の実態はまったく無関係になってしまった。事業会社の株式保有を無制限に認めてしまうと、論理的にはこのような奇妙《きみょう》奇天烈《きてれつ》な世界が到来するのだ。

肩書は「取締役課長」？

コーポレートガバナンス（会社統治）は、会社の権力構造の基本ルールだ。会社法においては、このルールはきわめてシンプルだ。

株式会社は、株主の出資によって設立される。株主は株主総会において自らの代表である取締役を選任し、取締役は取締役会を開いて会社の基本運営方針を決める。この取締役会の代表者が代表取締役で、文字どおり法人の代表＝顔になる。法人は法的につくられたひとであり、この不定形なものは、代表取締役という個人によってはじめて実体化される。

アメリカ型の会社統治では、取締役（Director）は経営に直接タッチせず、最高経営責任者であるＣＥＯ（Chief Executive Officer）に全権を委任する。会社の運営は、ＣＥＯが任命した業務執行役員（Officer）によって行なわれる。これが支配（取締役）と経営（業務執行役員）の分離で、会社法ではこれを委員会設置会社と規定する。

それに対して日本型の会社統治では、取締役が自ら経営を行なう。そうなると、株主の代表として経営を監視する役割を担《にな》う人間がいなくなってしまうので、取締役とは別に監査役を設置するよう定められている。

この仕組みのどちらが優れているかは一概にいえないが、会社法は明らかにアメリカ型の会社統治を正常なものとし、日本型を異質と見なしている。

株式会社の原理からして会社の主権者は株主でなければならず、株主の付託《ふたく》を受けた取締役が経営責任者を監督するという構造に例外があってはならない。ところが日本の会社は、実態として社長がまず先に決まり、部下の中から取締役と監査役を任命する。すなわち、統治構造が完全に逆転しているのだ。だがこれをいきなり違法にしてしまうと大混乱必定なので、社外取締役の設置を義務づけたり委員会設置会社を新設したりして、徐々にグローバルスタンダードに近づけようと苦慮している。

会社法に規定された役職は、代表取締役と取締役（および監査役）だけだ。会長や社長というのは、法によって定められた役職ではなく会社内のたんなる決め事でしかない。銀行の経営トップを頭取と呼ぶように、「社長」以外の呼称を使ってもなんら構わない。

建設会社なら、代表取締役棟梁《とうりょう》でもいい。料理店なら代表取締役板長《いたちょう》のほうがぴったりくるかもしれない。あなたがマイクロ法人を設立して、社長を名乗るにはまだまだ修業が足りないと思えば、自身の役職を「取締役課長」にしてもいいだろう（取締役が一人なら「代表」はいらない）。

会社員をしていた頃、「専務」や「常務」がどういう役職なのかまったくわからなかったのだが、それもそのはずで、会社法においては取締役の上下関係はありえない。株主から選ばれたという意味では、すべての取締役は平等でなければならないからだ。業務執行役員を兼任するとしても、それは「営業担当取締役」だったり「製造担当取締役」だったりするはずで、百歩譲って専務や常務が専任取締役や常任取締役の意味だとしても、これではいったいどの業務に責任を負っているのかわからないし、肩書のない（専任でも常任でもない）取締役＝平取《ひらとり》は全員が社外取締役になってしまう（上村達男『会社法改革　公開株式会社法の構想』岩波書店）。

さらにいえば、会社統治において代表権を持つ取締役は一人のはずなのに、社長以外に代表取締役会長がいて、どちらが経営トップかわからない会社も多い。これでは大統領や総理大臣が二人いるようなもので、組織の権力構造としては滅茶苦茶《めちゃくちゃ》だ。

会社を原理的に考えると、日本的な資本主義がいかに奇妙かが浮《う》き彫《ぼ》りになってくる。

＊残念なことに、これを書いてから一六年経っても状況はほとんど変わっていない。（新版註）

ワンダーランドへようこそ

これまで述べてきたように、法人はひとの群れを法の管理下に置くための工夫であり、株式会社はその法人に経済主体として有限の責任を認めたものだ。だが日本では会社は常に「イエ」と同一視され、資本主義の原理からかけ離れた統治構造（ガバナンス）を持つようになってしまった。その象徴が、株式の持ち合いによる系列化だ。

先に「ネットカフェ社長」のアイデアを述べたが、法人や日本型資本主義の仕組みを知っているともっと面白いことができる。

新しい会社と取引をする際に相手が気にするのは、社長や社員の学歴や職歴ではなく、本社の所在地や資本金、従業員数、売上高などだ。法人を登記する際には本店所在地が必要になるが、これは郵便物を受け取れるところならどこでもいいので、実家や友人宅はもちろん私書箱サービスでも構わない。ネットカフェを転々とする住所不定の身の上でも、法人なら六本木や銀座など好きな場所を本社にできる。

資本金ゼロで設立したマイクロ法人でも、株式を持ち合うことでいくらでも資本金を膨《ふく》らませられる。会社法では互いの株式を四分の一（二五パーセント）以上保有している場合は、相手企業の株主総会で議決権を行使できないが、マイクロ法人同士の株式の持ち合いならこの規制は無意味だ。

この裏技を使えば、マイクロ法人の資本金を一兆円や一京《けい》円にすることも可能だ。だが資本金が一億円を超えると中会社、五億円を超えると大会社に分類され、会計監査人による監査が義務づけられるなど面倒なことが増えるので、実際に試してみようというひとは注意が必要だ（自治体によっては資本金一〇〇〇万円を超えると法人住民税の均等割が増える）。

会社法においては、「社員」とは出資者＝株主のことだ。法律用語では「社員数」は株主の総数のことで、世間一般では雇用契約を結んだ従業員（サラリーマン）を社員と呼ぶが、これはたんなる慣例（というか誤用）だ。株式の最低単位を一円とし、一〇〇人のホームレスに一株ずつ株式を分配すれば、たちまちのうちに法的に正しい意味での一〇〇人の「社員＝一円株主」が生まれる。

会計の基本を知っていれば、実際に資金が動いていなくても、他の会社と売掛金や買掛金をやりとりすることでいくらでも売上高を増やすことができる。業績の悪化したＩＴ系の企業経営者が苦し紛《まぎ》れによく手を出すが、これは株主（投資家）に対する背信《はいしん》行為であり、粉飾《ふんしょく》決算として処罰の対象になる。だがマイクロ法人では株主は自分一人しかいないのだから、自分で自分を訴えないかぎり粉飾は違法にならない（粉飾した決算書で金融機関から融資を受けたり、税金をごまかしたりすれば別だ）。

たったこれだけの工夫で、本社六本木、資本金五〇〇〇万円、社員一〇〇名、売上一〇〇億円の仮想会社《ヴァーチャルカンパニー》ができあがる。その社長が高校中退の元フリーターだとしても、もはや彼は社会の落伍者《らくごしゃ》ではなく、立身出世《りっしんしゅっせ》物語のヒーローだろう。

もちろんこれはかなり奇抜な設定だが、SF的なお伽噺《とぎばなし》ではなく、その気になれば誰でも現実に可能だ。法人というワンダーランドではこのように不思議な出来事が次々と起こる。だったらそれを徹底的に利用したほうが、人生はずっと面白くなるだろう。

それでは次章から、会計、税務、ファイナンスの順にこの〝不思議の国〟を案内していくことにしよう。

3

スター・ウォーズ物語

――自由に生きるための会計

7. 資本主義とデス・スター

富を生み出す永久機関

二〇〇一年三月二十六日。転職初日のブライアン・クルーバーのデスクに、かつての同僚から一通のEメールが届いた。

クルーバー……

ということで、ジェダイがまた一人、ダークサイドに行ってしまったのだな。

——J

ジェダイは映画『スター・ウォーズ』に登場する超能力騎士団《サイバー》で、神秘的なエネルギーであるフォースを操《あやつ》り、銀河系の自由と正義を守る。いまも世界中で愛されるこの映画は、己の欲望に囚《とら》われてダークサイド（暗黒面）に堕《お》ちたダース・ベイダーら悪の帝国と、ジェダイの支援する反乱同盟軍の闘いを描いた壮大な宇宙叙事詩《スペースサーガ》だった。テキサス生まれのエリートで野心溢《あふ》れるクルーバーが堕《お》ちたダークサイドは、「エンロン」という名で呼ばれていた（ブライアン・クルーバー『内部告発エンロン』水藤真樹太、石丸美奈訳／集英社）。

エンロンは二〇〇〇年当時、全米第七位の巨大企業で、「世界でもっとも革新的《イノベイティブ》な会社」の称号をほしいままにしていた。二十代でも一〇万ドル以上の年俸と、成績によってはその何倍ものボーナスが気前よく支払われるエンロンは全米でもっとも人気のある会社のひとつで、誰もが羨《うらや》む職を得たクルーバーは得意の絶頂だったが、それからわずか一年も経たないうちにすべてを失うことになる。「ベスト・アンド・ブライテスト（最高にしてもっとも賢い奴ら）の集団」とうたわれた巨大企業エンロンは、その年の暮れにあっけなく破綻《はたん》してしまったのだ。

エンロンをめぐる物語には、スター・ウォーズからの比喩《ひゆ》があちこちに登場する。ヒューストンのビジネス街に聳《そび》える巨大な本社は宇宙要塞《ようさい》デス・スターと名づけられ、エンロンの実質的な創業者であるケネス・レイは帝国の「皇帝」、彼の右腕でCOO（最高執行責任者）のジェフリー・スキリングはダース・ベイダーと呼ばれていた。エンロン破綻の引き金を引いた最大の原因は巨額の負債を簿外に隠していたことだが、そのために設立された匿名《とくめい》組合には「チューコ・インベストメンツ（映画に登場するパイロット、チューバッカの愛称）」や「JEDI（ジェダイ）」、「ヨーダ（ジェダイの長老）」、「ケノービ」「オビ1《ワン》・ホールディングス」（いずれも主人公にフォースの道を教えたジェダイの騎士オビ＝ワン・ケノービに由来する）などの奇妙な名前がつけられていた。

皇帝ケネス・レイのもとに集《つど》ったのは全米各地の有名大学でＭＢＡを取得した二十代、三十代の若者たちで、債務隠匿《いんとく》の指揮をとったＣＦＯ（最高財務責任者）のアンドリュー・ファストウは一九六一年生まれだった。スター・ウォーズの公開は一九七七年。ファストウは当時十六歳で、部屋は映画の関連グッズで埋め尽くされていたという。エンロンの中核はスター・ウォーズ世代で占められていたのだ。

もともとは米中西部の名もないガス供給会社だったエンロンは、九〇年代にその姿を急速に進化させ、他に並ぶもののない圧倒的な権力《パワー》を持つに至った。その原動力となったのがハーバード・ビジネス・スクールのベーカー・スカラー（成績最優秀者）だったスキリングで、大手コンサルティング会社マッキンゼー・アンド・カンパニーを経て九〇年にエンロンに入社し、わずか数年で最高権力者の地位に上り詰めた。

「人間が地球の表面を歩き出して以来もっとも賢い男」といわれたスキリングは、入社当時、小太りで分厚いメガネをかけたオタク風の平凡な外見だった。それが身体を鍛《きた》え上げ、レーザー治療で視力を回復させ、ハリウッドスターのように高級ブランドを着こなし、休日は仲間と連れ立ってオフロードバイクやロッククライミングに興じる〝アメリカンヒーロー〟へと変貌《へんぼう》していく。

　そのスキリングが目指したのが、エンロンを富を生み出す永久機関にすることだった。

金融の大量破壊兵器

　二〇〇八年九月十五日は歴史に刻まれる一日となった。この日、アメリカ第四位の大手証券会社リーマン・ブラザーズが破綻し、バンク・オブ・アメリカによるメリルリンチの救済合併が決まり、世界最大の保険グループＡＩＧ（American International Group）の経営危機が伝えられ、翌日には公的資金を注入されて実質的な国家管理になった。

　ＡＩＧは一九一九年に上海で創業された米系保険会社で、第二次世界大戦の勇士であるモーリス・グリーンバーグが一九六八年にＣＥＯの座に就《つ》いてから、米政府との太いパイプを活かしてアジアを中心に世界一三〇カ国以上で事業を展開する国際企業になった。ＡＩＧは格付け機関からトリプルＡの格付けを取得し、ブルーチップ（優良企業）の勲章であるダウ工業株30種平均（ニューヨーク・ダウ）の構成銘柄となり、さらには米『フォーブス』誌が選ぶ企業番付で世界一八位に列せられていた。自他ともに認める世界最大・最強の保険会社が突然死した衝撃は大きく、翌日の株式市場は大暴落した。

　ＡＩＧ破綻の原因は、クレジット・デフォルト・スワップ（ＣＤＳ）という聞き慣れない金融商品だった。ＡＩＧは保有するＣＤＳから生じる巨額の負債に耐え切れず、他の金融機関から融資を受ける道も絶たれ、米政府の下に駆《か》け込んだのだ。

ＣＤＳは、簡単にいうと企業の倒産保険だ。信用力に不安のある会社に債権を持つ投資家は、万一のときの損失から身を守りたいと考える。そんなときＣＤＳを購入しておけば、会社が破綻（デフォルト）しても資産は保険金によって保護される。もちろんこの「安心」を手に入れるには、相応の保険料を支払わなければならない。この保険料は、企業の信用力（クレジット）によって決まる。ＣＤＳはいわば会社版の生命保険で、ＡＩＧをはじめとする大手金融機関やヘッジファンドが保険の引き受け手となり、リーマン・ブラザーズのような投資銀行が世界中に売りさばいていた。

生命保険においては、年齢・性別・喫煙の有無などによって統計的な死亡率が明らかになっており、それを利用すれば適正な保険料が算出できる。この死亡率は大きく変動しないから、生命保険は規模が大きければ確実に儲《もう》かる商売だ（戦争や大地震には適用除外の特例が設けられている）。同様に法人の生命保険でも、過去の倒産事例を統計分析することで、リスクを管理しつつ十分な利益をもたらす保険料を受け取れるはずだった。

ところがサブプライム危機で不動産価格が下落、株価も暴落し、すべての企業の倒産危険度が急上昇すると、誰もが怖気《おじけ》づいてＣＤＳの保険を引き受けようとはしなくなった。これが、

ＡＩＧのバランスシートを直撃した。

理論的には、ＣＤＳの売り手は、企業の倒産危険度が高まってもそれに応じて保有する保険契約を減らすことでリスクを管理できるはずだった。ところが実際には、どれほど大金を払ってもＡＩＧのＣＤＳを引き取ってくれる相手は見つけられなかった。保険の引き受け手がいなければ価格はつけられず、理論上の損失はＡＩＧが保証する負債の総額まで膨《ふく》らんでしまう。これでは、どんな優良企業でも債務超過に陥《おちい》ってしまうだろう。

世界最高の投資家ウォーレン・バフェットは、デリバティブ（金融派生商品）を「金融の大量破壊兵器」と呼んだ。全世界を恐慌寸前の危機に追い込んだＣＤＳもデリバティブの一種で、いまはこの世に存在しない企業によって市場に解《と》き放たれた。ブライアン・クルーバーがエンロンに入社したとき、彼が配属されたのは、〝次世代商品〟ＣＤＳの開発・営業部門だった。

奇跡の成長

エンロンのもともとのビジネスは、油田地帯で産出する天然ガスをパイプラインを通じて需要家のもとに届けるという単純なものだった。だが複数のパイプラインを経由するとコストが高くなることに気づいたケネス・レイは、一九八〇年代の大買収時代にジャンクボンド（低格付けの社債）を大量に発行し、その資金で次々と地域ガス会社を買収して全米をネットワークするパイプライン網をつくりあげた（米金融業界の〝ダークヒーロー〟、マイケル・ミルケンのジャンクボンドは証券化の嚆矢《こうし》で、サブプライム危機にも深く関係していたが、それについてはＰＡＲＴ５で述べる）。

エンロンは大胆なＭ＆Ａで巨大企業になったものの、その一方で、巨額の利払いに苦しむことになる。そこでレイは、負債の返済資金を捻出《ねんしゅつ》するために虎の子の天然ガス井《せい》を売却せざるをえなくなった。こうしてエンロンは、いつしかパイプライン（ネットワーク）のみを保有するガス会社になっていく。この戦略がどこまで意図的かはわからないが、それまで利益の源泉と思われていたガス井を切り離し、ネットワークを支配することで、エンロンの奇跡的な成長がはじまった。

このビジネスモデルをさらに推し進めたのがジェフリー・スキリングで、彼のアイデアはエンロンを「ガス銀行」に生まれ変わらせることだった。

規制緩和《かんわ》によって天然ガスの価格が大きく変動するようになると、生産者と需要家には将来のリスクをヘッジする必要が生じた。生産者は価格が下がれば損をするし、需要家は価格が上がれば利益を失う。それを避けるには、生産量や需要に合わせてあらかじめ販売・購入予約をしておけばいい。そこでスキリングは、銀行が預金者を束《たば》ねるようにガスのサプライヤーである採掘会社を束ね、あらかじめ決めておいた価格で天然ガスを需要家に売る仕組みを考えた。これは一種の先物取引で、スキリングはガス取引に金融工学を持ち込み、旧態依然《きゅうたいいぜん》としたエネルギー業界を文字どおり「革新」したのだ。

天然ガス取引で大きな成功を収めると、スキリングは同様のビジネスモデルを他の領域にも拡大しようとした。最初に目をつけたのはやはり大幅な規制緩和が認められた電力取引で、次いで水資源、インターネットの帯域幅から天候デリバティブ、CDSへと、エンロンが創造する市場は広がっていった。

スキリングの究極の目標は、エンロン・オンラインという仮想空間によってこれらの取引を支配することだった。エンロン・オンラインはインターネット上の巨大な私設市場で、原油や天然ガス、電力、水資源、光ファイバーの帯域幅から天候や温暖化ガスの排出権、企業の信用力まで、ありとあらゆるリスクが取引された。

エンロンが真にイノベイティブなのは、経済活動のすべての領域にこのシンプルなビジネスモデルを持ち込み、市場を創造し、支配しようとしたことだ。スキリングのビジョンが現実化したならば、エンロンは無限の富を生み出す会社になったにちがいない。なぜなら、人間の欲望と恐怖には限りがないのだから。インターネットバブル崩壊後、第二のマイクロソフトやインテルを血眼《ちまなこ》になって探していた世界中の投資家がエンロンに熱狂したのには、それだけの理由があったのだ。

会計の魔法使い

十八歳で彗星《すいせい》のようにデビューし、二十六歳で若すぎる死を迎えた尾崎豊《おざきゆたか》の歌には、傷だらけの自我を無防備にさらけ出すような詞が刻まれている。アルバム『十七歳の地図』に収録された「僕が僕であるために」は、その中でももっともイタい。

僕が僕であるために勝ちつづけなきゃならない

十代の若者はそう歌ったが、もちろん長い人生において常に勝ちつづけることなどできるはずはない。僕が僕でなくなってしまったとき、この純真な魂は生きる理由を見つけることができなくなったのだろう。

奇妙に思うかもしれないが、すべての名声をほしいままにしたエンロンもまた、同じ罠《わな》に陥っていた。

エンロンが新しい市場を創造するためには、確実に保険金が支払われるという安心感を顧客に与えなければならない。国家の保証があるわけではないエンロンにとって、そのための唯一の方法は目の覚めるような成長と高い株価だった。こうしてエンロンでは、赤字を出すことが許されないばかりか、無から利益を生み出すことさえ求められるようになった。

ここで登場するのが財務責任者のアンドリュー・ファストウで、彼は簿外の特別目的会社（SPE＝Special Purpose Entity）を大胆に活用する方法を考えついた。

ファストウの最初の大きな成功は、SPEにエンロン株を貸し出し、それを担保《たんぽ》に金融機関から融資を受けたことだ。ここでのポイントは、会計上別会社として処理できるよう、SPEに投資ファンドなど第三者の資本を入れることだ。これによってエンロンは、電力プラントなどの資産をオフバランス（簿外）で保有でき、そこから上がる収益のみを計上した。融資の返済期限が来れば、別のSPEを設立して借り換えればいい。エンロンの株価が十分に高ければ、この取引を繰り返すことで、ただでいくらでも資産を購入できた。

エンロンは一九九八年にリズムズネットというインターネット会社に投資し、IPO（新規株式公開）によって三億ドルの含み益を手にしたが、契約上、市場で株を売却して現金化することはできなかった。決算対策を迫られたスキリングはこの含み益を利益として計上してしまい、リズムズネット株が下落しても利益が守られるよう保険をかける必要に迫られたが、値動きの激しいインターネット株の損失を引き受けてくれる都合のいい相手はどこにもいなかった。そこでファストウはSPEにエンロン株を貸し出し、それを担保にリズムズネットのプットオプションを発行させた。

プットオプションは「株を売る権利」で、要するに株式投資の保険のことだ。プットオプションを購入しておけば、一定水準（権利行使価格）以下に株価が値下がりすると保険金が支払われ、損失をカバーできる。

逆にいうと、プットオプションを売る側は、株価が値下がりすればするほど保険金の支払額が雪だるま式に増えていく。そのためプットオプションの売り手には十分な証拠金（担保）が必要とされているが、ファストウはこの担保を保険の買い手であるエンロンの株式にしていた。これは、自分で自分に保険をかけるのと同じことだ。

この取引では、リズムズネット株の値下がりでSPEの損失が膨らむと、担保であるエンロン株を追加拠出しなければならない。その事実が市場に知られてエンロン株が値下がりすれば、さらに担保の株式が必要になる。

いったん負の連鎖がはじまれば、保険金の支払いと担保価値の減少で損失は急激に拡大していく。常識では考えられないハイリスクなスキームだが、ここまでやらないと損失を穴埋めできないほどエンロンの財務状況は追い詰められていた。

ファストウは会計処理の魔法を操って損失を消し、架空《かくう》の利益を計上し、自身も莫大な富を手に入れた。その一方で、破滅の日は刻一刻と近づいていた。

崩壊と増殖

二〇〇一年四月、エンロンの株価は最高値の九〇・五六ドルから三〇パーセント以上も下落し、状況は切迫《せっぱく》してきていた。二カ月前にケネス・レイからCEOの座を譲り受けたばかりのジェフリー・スキリングは、最初の四半期決算で前年同期比二八一パーセント増の五〇〇億ドルの売上を達成したことを高らかに宣言したが、アナリストとの電話会議では財務諸表を開示することを拒否した。それもそのはずで、八億二三〇〇万ドルの（帳簿上の）利益に対して、それをはるかに上回る一三億三七〇〇万ドルもの営業損失を計上していたからだ。

一人のアナリストが、エンロンが金融機関の中でただ一社、バランスシートとキャッシュフロー計算書を開示していないことを指摘すると、スキリングはこうこたえた。

「ご指摘感謝します。Asshole（このクソったれ）」

全米を代表する企業のトップが公開の場でスラング（卑語）を口走るという前代未聞《ぜんだいみもん》の事件の四カ月後、スキリングは「一身上の理由」で突然エンロンCEOを辞任してしまう。在任期間はわずか六カ月という短さだった。

その後の展開は、まさにフリーフォール（自由落下）だった。

スキリングの辞任を受けてレイがふたたびCEOの座に就いたが、「皇帝」はこのときになってはじめて、自分の会社でなにが起きていたのかを知ることになる。発端は社内会計士からの匿名の告発で、関連法人による巧妙で破滅的な利益操作について早急に調査するよう警告していた。

エンロンの不正会計疑惑に市場が気づきはじめると、監査法人のアーサー・アンダーセンがこれまでの会計基準を改め、一二億ドルに上る自己資本の削減を含む修正報告を求めた。これを受けてSEC（証券取引委員会）がエンロンの簿外取引について調査を開始し、首謀者であるアンドリュー・ファストウは休職届を提出した。

十月になるとエンロン疑惑が連日マスメディアを賑《にぎ》わすようになり、株価は一一ドルまで下落した。その翌月、SPEのひとつ「チューコ」が破綻するとさらに一二億ドルの評価減が必要になり、損失の拡大を恐れた投資家たちはエンロン株を投げ売りした。無数に張りめぐらされた関連法人の中にどのような地雷が埋まっているのか、誰にもわからなかったからだ。

追い詰められたレイは、エネルギー大手でライバルでもあったダイナジーに救済合併を申し込むが、格付けの低下で借入金の即時返済義務が発生するなど次々と深刻な問題が発生し、交渉は決裂する。十一月二十八日、エンロンの株価はついに一ドルを割り、十二月二日、進退窮《きわ》まったレイは連邦破産法第一一条（チャプター・イレブン）の適用を申請した。解雇された従業員のほとんどは企業年金（401k年金プラン）の大半をエンロン株で保有していたが、それも紙くずとなって職と資産をいちどに失うことになった。

事件の余波は大きく、レイ、スキリング、ファストウなど経営幹部は、証券詐欺《さぎ》（粉飾《ふんしょく》決算）の容疑で逮捕・有罪判決を受けた（レイは二〇〇六年に心臓発作で死亡。ファストウは一年、スキリングは一九年に出所）。監査を担当していた大手監査法人アーサー・アンダーセンは、粉飾や証拠隠滅に関与したとして信用を失墜《しっつい》させ、二〇〇二年に解散した。

こうして自由経済の申し子であったエンロンは消滅したが、その遺伝子はグローバルエコノミーの中で生き残り、増殖していった。エンロン破綻後、かつての仲間たちはエネルギー企業だけでなく、AIGやリーマン・ブラザーズなどウォール街の金融機関にも再就職していった。金融工学を利用した証券化やデリバティブにかけては、彼らの右に出る者はいなかったからだ。

ブライアン・クルーバーたちのエンロンCDS部門は、事業の立ち上げに苦闘したもののさしたる成果を上げることはできなかった。当時は誰も、企業の倒産に備えて保険を購入する必要など考えたこともなかったからだ。

だが皮肉なことに、エクセレントカンパニーの象徴と思われていたエンロンの突然の破綻が、CDSの商品価値を世に知らしめることになった。その後、各社が競《きそ》ってCDSを証券化し、ヘッジファンドや金融機関に売りつけたために、全世界に流通するCDSの想定元本は五四兆ドル（二〇〇九年当時で約五四〇〇兆円）という天文学的な数字にまで拡大した。
エンロンのビジョンは、ここでも正しかったのだ。

＊CDSの誕生から暴走に至る経緯は、ジリアン・テット『愚者の黄金　大暴走を生んだ金融技術』（土方奈美訳／日本経済新聞出版社）に詳しい。

デス・スターは甦る

ポンジ詐欺（ネズミ講）は二十世紀はじめにチャールズ・ポンジが創案したといわれる詐欺の手口で、高利回りの投資をうたい、新規の投資家からの資金を配当の原資に充《あ》てる自転車操業で「事業」を拡大していく。ポンジは国際郵便の返信用クーポンの値段が国によってちがうことに目をつけ、安い国で買って高い国で売ることで「三カ月で五〇パーセントの利益を保証」と宣伝した。

多くの投資家がこの儲け話に乗ってカネを投じたために、ポンジはそこから約束した配当を支払うことができ、信憑性《しんぴょうせい》はますます増した。メディアが疑惑を報じて司法機関の捜査が入っても、投資家の大多数はポンジを信じ、「利益は世のために使う」という彼の言葉に拍手喝采《はくしゅかっさい》した。日本でも仮想通貨を利用したポンジ詐欺が社会問題となり、高齢者を中心に被害が広がったが、その仕掛けは一〇〇年前とまったく同じだ。

なぜ世界中で、飽《あ》きもせずにポンジ詐欺が繰り返されるのだろうか。それは、資本主義そのものにポンジ詐欺が組み込まれているからだ。

株式会社は、なにもないところから儲け話だけで資金を集める仕組みだ。その儲け話に実体があればビジネスで、実体がなければ詐欺になるが、おうおうにして両者の区別はあいまいだ。

エンロンのビジネスモデルの根幹は、信用リスクや年平均気温など、金融当局の規制のない分野に最先端の金融工学を持ち込み、市場を創造し、支配することだった。株価が上がりつづけるかぎりはこの仕組みから利益が生み出されたのだから、すべてが虚構だったと決めつけることはできない。彼らはただ、資本主義というヴァーチャルなゲームで唯一最高のプレイヤーになることを目指しただけだ。

そしてエンロンの末裔《まつえい》たちは、世界中の金融機関に散らばり、かつてと同じゲームをさらに大きな舞台で手がけるようになった。

インターネットバブルが崩壊し、エンロンが破綻した二〇〇〇年代初頭から、FRB（連邦準備制度理事会）は大幅に金利を引き下げ、それを受けて住宅価格が上昇しはじめた。そこで金融機関は、これまで住宅ローンを組めなかった低所得者層向けに競ってサブプライムローン

（信用力の低い個人向け住宅融資）を提供するようになった。通常の住宅ローンよりも高い利息が取れるうえに、返済が滞《とどこお》れば担保を売却して回収できるのだから、不動産価格が融資額を上回っているかぎりノーリスク・ハイリターンのウマい話だった。

次いで投資銀行がこのサブプライムローンを証券化し、それをリスクごとに切り分けてヘッジファンドや機関投資家などに販売した。リスクの低い部分を集めた商品はトリプルＡの高い格付けを取得し、モノラインと呼ばれるローン保証会社の損失保証まで付いていたから、高利回りに飢《う》えた投資家たちは競って購入した。それに対してもっとも返済可能性の低いハイリスク部分は投資家の需要がなく、金融機関はこれを在庫として抱え込まざるをえなくなった。

破綻したリーマン・ブラザーズなどの金融機関は、株価に影響を与えないためにこうしたハイリスクのローンを簿外のＳＰＥに保有させていた。この処理によって金融機関の決算書にはサブプライム資産は計上されず、投資家はそのリスクにずっと気づかなかった。それが二〇〇七年夏、突然水面に浮上して株式市場はパニックに陥ったのだ。

デス・スターは銀河帝国の恐怖の最終兵器で、地球規模の惑星を一撃で破壊するスーパーレーザー砲を備えていたが、小型戦闘機に搭乗したルーク・スカイウォーカーにより核融合炉にミサイルを撃ち込まれ、爆発・消滅した。そこで帝国軍は、より巨大な戦闘兵器デス・スター二号を設計し、全宇宙の支配者になることを目指したのだが、この二号機も構造上の欠陥は同じで、建設中に核融合炉を攻撃され、やはり内部からメルトダウンしてしまう……。

スター・ウォーズに登場するデス・スターの物語は、エンロン崩壊と、それを何倍にも拡大したような世界金融危機にとてもよく似ている。

とはいえ、このことで資本主義が崩壊するわけでもなければ、市場経済の時代に幕が下りることもない。人間が限りない欲望を持つ以上、資本主義を超えるシステムは存在せず、デス・スターは何度でも甦《よみがえ》るのだ。

8. 自由に生きるための会計

マネーの歴史を映し出すミクロコスモス

人類が会計を発明したのは紀元前八〇〇〇年頃、狩猟《しゅりょう》・採集《さいしゅう》生活から農耕生活への移行期だとされる。農耕生活においては、収穫物を共同で脱穀したり、共有の倉庫で保管しておく必要があった。そこから所有者の異なる農産物を仕分けし、記帳《きちょう》する必要が生まれた。

考古学者のシュマント・ベッセラは、古代メソポタミア地方の遺跡から発見された小さな土製の球や円盤、円錐《えんすい》物が会計の起源だと考えている。これらの「トークン」はなんのためのものかわからず博物館の倉庫にずっと放置されてきたのだが、ベッセラの再調査によって、それが初期の農業地帯、それも穀物倉の近くで大量に見つかっていたことが明らかになった。古代人は、土製のトークンを使って農産物の在庫を管理していたのだ。

会計の誕生は権力の交代をも促《うなが》した。狩猟時代には獲物の居場所を探り当て、狩りを統率する強靭《きょうじん》なリーダーが求められたが、農耕社会では穀物を正しく管理し、分配できる人間が権力を掌握《しょうあく》した。墓地遺跡からトークンが見つかる場合、それは決まって社会的地位の高い人物の墓だった（マイク・ブルースター『会計破綻　会計プロフェッションの背信』友岡賛、山内あゆ子訳／税務経理協会）。

紀元前二〇〇〇年頃になると、中国・エジプト・ギリシアで職業としての会計士が誕生した。アリストテレスは『政治学』で、支出帳を監査する政府の監査人の役割を論じている。

会計の世界に一大変革が起きたのはルネサンス期のイタリアで、ベニスの商人たちが使いはじめた複式簿記《ふくしきぼき》を、フランシスコ会の修道士でレオナルド・ダ・ヴィンチの友人でもあったルカ・パチオリが体系化したときだとされる。

複式簿記は、すべての資金の流れを貸方《かしかた》（右側）と借方《かりかた》（左側）で〝見える化〟するアイデアで、貸方には資金の出所（資本金、借入、売上など）を、借方には資金の使い道（仕入、貸付、出費など）を記載する。貸方と借方の合計額は常に一致するようになっており、これによって収益や損失も即座に把握《はあく》できる。文豪ゲーテが「人間精神のもっとも偉大な発明のひとつ」といった複式簿記のアイデアはとても優れているので、現代でもほとんどそのまま使われている。

近代会計は、イギリス王室の税収と出費を管理するためにはじまった。十四世紀には、何百人という会計士が国王の台所を管理するために膨大な帳簿と格闘していた。やがて会計制度は一般にも広く使われるようになり、十七世紀のイギリスでは宿屋や鍛冶屋《かじ》ですら複式簿記によって収入と支出を管理していたという。

会計は数学と同様、いくつかの公理を組み合わせてつくられた美しい体系だ。この公理系は時空を超えてこの世のすべての富を記述し、会計は東インド会社からエンロンへと歴史を縦に貫《つらぬ》くばかりか、巨大企業とマイクロ法人の財務内容を最後は同じ一枚の紙に表わす。

会計のミクロコスモスには、マネーの歴史のすべてが映し出されているのだ。

五つの会計

私たちの日常生活にも大きな影響を与える会計は、その効用によって、大きく次の五つに分けられる。

①投資のための会計（財務会計）

財務会計は、株主などの投資家に会社の財務内容を開示するための会計規則で、上場企業では国際会計基準などに則《のっと》って監査法人が監査し、決算を公告する。

株式投資で成功するには、フェアバリュー（理論株価）より割安に放置されている株を買い、割高に取引されている株を売ればいい——これが割安株投資《バリュー》の鉄則で、そのためには会社のほんとうの実力を知り、株式の真の価値を見極めなければならない。もっとも有名なバリュー投資家はウォーレン・バフェットだが、彼が利用しているのは企業の年次報告書などの公開情報だけだ。会計能力だけでバフェットは世界一の投資家になったのだ。

②納税のための会計（税務会計）

財務会計は会社法に規定され、証券取引所などのルールに則って作成されるが、税法はそれとは別に、所得を確定し納税額を決めるための諸規則を定めている。そのため決算では、財務会計上の利益と税務会計上の所得が大きく異なることも多い（これでは投資家が混乱するので、税効果会計によって会計上の利益が調整される）。

財務会計上の利益が大きければ株価は上がるが、税務会計上の所得（課税所得）は少ないほうが株主の利益にかなう。会計上のさまざまな技術は、この矛盾《むじゅん》を両立させるために生まれた。

③ビジネスのための会計（管理会計）

企業経営者や経営幹部が、意思決定や業績評価のために用いる内部会計。最近はどの会社も、原価計算や予算管理を部門ごとに月次で行なうのが当たり前になった。

管理会計は一般に外部には公表されず、機密情報となっている。経営者が正しい決定をするためには財務の正確な把握が必須だが、それをそのまま表に出すわけにはいかないからだ。財務会計には外向けの化粧が施《ほどこ》されており、それが管理会計（実態）とあまりに異なると粉飾決算になる。

④夢を実現するための会計

管理会計のうち、とくに中小企業の経営者を対象とした会計技法。ビジネスの体質を改善し会社を再生させるなど、野心的な経営者の「夢を実現する」ためのもの。

最近の流行はMBA流の経営学や管理会計をわかりやすく紹介し、硬直化した組織を柔軟で効率的なものに変えていこうと提案するコンサル型の入門書だ。財務的には、銀行からの借入に頼った綱渡りのような資金繰《ぐ》りを改め、収入と支出の流れをマッチングさせるキャッシュフロー経営が提案される。

長い不況で、この変種として「夢が破れたときの会計」も登場した。ここで指南《しなん》されるのは銀行融資を継続するための見栄《みば》えのいい財務諸表のつくり方や経営破綻を回避する方法で、年商五億円から一〇億円程度の中小企業経営者を読者に想定している。

⑤自由に生きるための会計

フリーエージェントやマイクロ法人のための会計技術。「夢を実現するための会計」とのいちばんのちがいは、成長ではなく安定を目指し、事業の拡大を最終目標にしないことだ。

マイクロ法人は家計と一体化しているので、法人が倒産すると同時に家計も破綻する。売上の拡大のみを目指すハイリスク・ハイリターンのビジネスモデルは、一家離散やホームレス生活と隣《とな》り合わせだ。大事なのは法人と個人のふたつの人格を活用して、いかなる環境でもサバイバルできる財務基盤と収益構造を構築することで、これが経済的自由の獲得への第一歩となる。

本書で紹介するのは、この「自由に生きるための会計」になる。他の会計手法とのいちばんのちがいは、法人（企業会計）と家計（個人会計）を連結決算し、ビンボーを富に変えることだ。

ビンボーによってお金持ちになる

会計は、損益計算書（ＰＬ）、貸借対照表（ＢＳ＝バランスシート）、キャッシュフロー計算書（ＣＳ）の三つの財務諸表で経済活動の実態を表わす仕組みだ。書店にはさまざまな会計の入門書が並んでいるので詳細はそれらに譲るが、会計を理解するもっとも簡単な方法は家計になぞらえることだろう。これはたんなる比喩ではなく、企業会計も家計もひとの経済活動である以上、本来、同一の会計原理が適用されてしかるべきだからだ。

家計を財務諸表で把握することは、マイクロ法人にとってはさらに重要な意味がある。マイクロ法人とは、個人が持つもうひとつの人格だった。だとすれば、法人（マイクロ法人）と個人（家計）を連結決算しなければ、資産や損益の実態は見えてこない。

サラリーマンと自営業者などの税負担の不平等を「クロヨン」などと呼ぶ。サラリーマンは、農家や自営業者、中小企業経営者は所得をごまかすことによって税負担を逃れていると考えているが、これは誤解とはいえないまでも焦点が大きくずれている。自営業者の多くは粉飾などに手を染《そ》める必要もなく、連結決算した損益計算書を最適化するだけで合法的に税負担を最小化できるからだ。

先に述べたように、企業会計には財務会計と税務会計の二種類がある。財務会計は会計上の収支を表わすもので、収益（売上）から費用を差し引いたものが利益となる。それに対して税務会計は法人所得を計算するための基準で、益金から損金を差し引いた所得に対して法人税が課される。

財務会計上の「収益・費用・利益」と税務上の「益金・損金・所得」は異なるから、企業の財務戦略では、税務上の所得を最小にしつつ会計上の利益を最大化することが求められる。マイクロ法人を利用すれば、個人でもそれと同じことが可能になる。

個人企業家にとって、会計上の理想状態とは次のようなものだ。

①マイクロ法人と個人（家計）で税務上の所得がない。

②マイクロ法人もしくは個人（家計）で財務上の利益が計上できる。

このようにして生まれた財務上の利益は、税務上の所得ではないのだから無税で投資できる。その投資収益も会計上の工夫で非課税化できれば、運用利回りはその分だけ向上する。

――簡単にいえば、これがマイクロ法人の会計戦略だ。

「金回りがいいひと」の大半が、自営業者か中小企業経営者なのにはちゃんとした理由がある。それは彼らが、税務上は存在しないはずのお金を自由に使える現金として手元に持っているからだ。

独立すれば必ず成功するわけではないが、成功した自営業者は急速にゆたかになっていく。これは別に彼らが不正なことをしているからではなく、その秘密は〝会計力〟によって合法的にビンボーになっていることにある。

以下では財務諸表の基本を解説しながら、会計操作で無から有が生まれる仕組みを説明する。それによって、ビンボーからお金持ちが生まれる不思議を知ることができるだろう（説明は多少煩瑣《はんさ》になるが、仕組み自体はシンプルなので、会計の専門知識はいっさい不要だ）。

損益計算書を連結する

損益計算書の仕組み

損益計算書（Profit and Loss Statement＝ＰＬ）は企業や個人の一年間の経済活動から生じた利益（損失）を把握するためのもので、大きく「売上総利益」「営業利益」「経常利益」「税引前純利益」「純利益」の五つの利益がある。

売上（総収入）から仕入などの原価を引いたものが売上総利益で、粗利《あらり》ともいう。

売上総利益から、収入を得るために必要なさまざまなコスト（人件費・地代家賃から通信費・旅費交通費まで）を差し引いたのが営業利益で、本業から生じた儲けになる。

営業利益に、預貯金の利子や株式・債券の配当、借入金の支払利息、株式などの売買で得た損益などの営業外損益を加えたものが経常利益で、企業の経常的な（通常の）経営活動から生じた業績を示すものだ。企業会計においては、突発的な（経常的でない）イベントから生じた大きな損益を特別損益として、経常損益と区別している。特別損益には損害賠償や違約金、保険金などが計上される。

経常利益に特別損益を加えたものが税引前純利益で、そこから法人税等を支払ったあとに残るのが純利益だ。損益計算書の最下段（ボトムライン）に位置するこの純利益の数字が、株主にとってもっとも重要な項目になる。

企業が一年間の経済活動から得た損益は定義上すべて株主のものなので、利益がプラスなら配当として株主に分配されたり、資本金（純資産）に加えられたりする（内部留保）。逆にマイナス（純損失）だと、その額が資本金から差し引かれ、株主の富が流出する。これをまとめると図②になる。

図②損益計算書（PL）

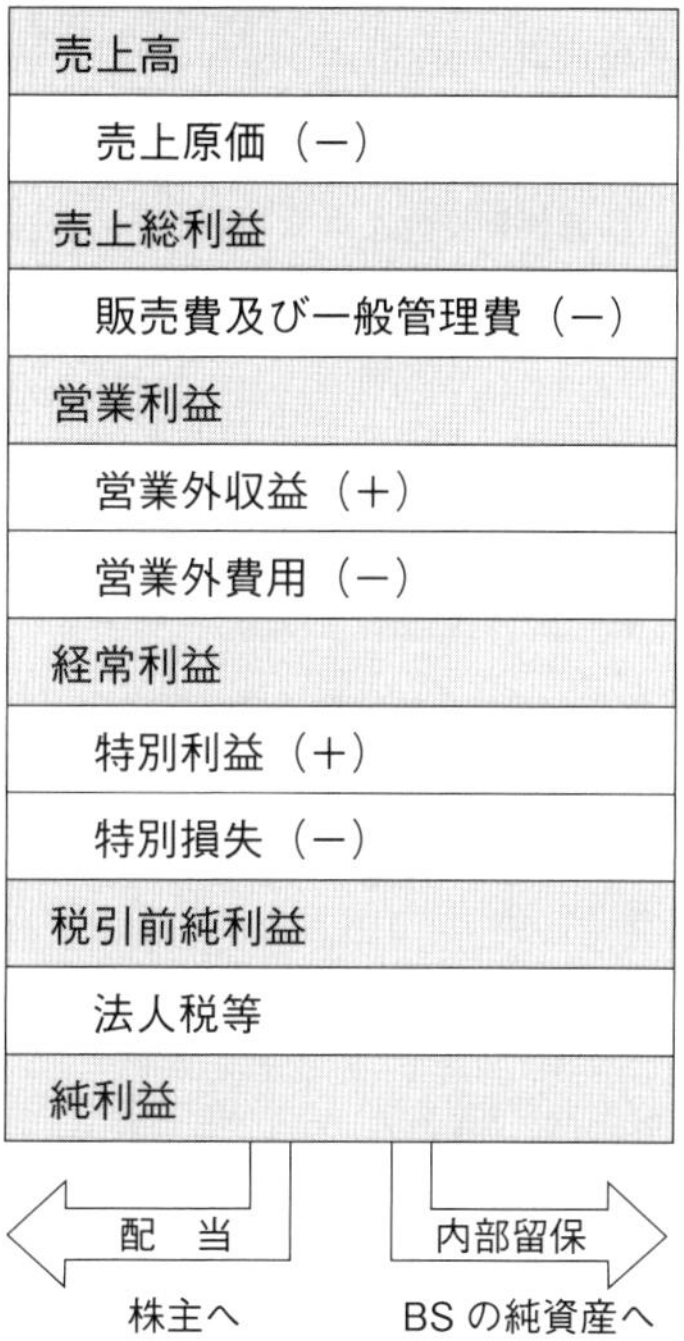

売上高
売上原価（−）
売上総利益
販売費及び一般管理費（−）
営業利益
営業外収益（＋）
営業外費用（−）
経常利益
特別利益（＋）
特別損失（−）
税引前純利益
法人税等
純利益

ところで、この損益計算書は家計にはそのまま使えない。なぜなら家計においては、財務上のＰＬと税務上のＰＬが大きく異なるからだ。

個人の財務会計と税務会計

日本国の税法によれば、国内に居住するすべての個人は暦年

図③個人の税務会計

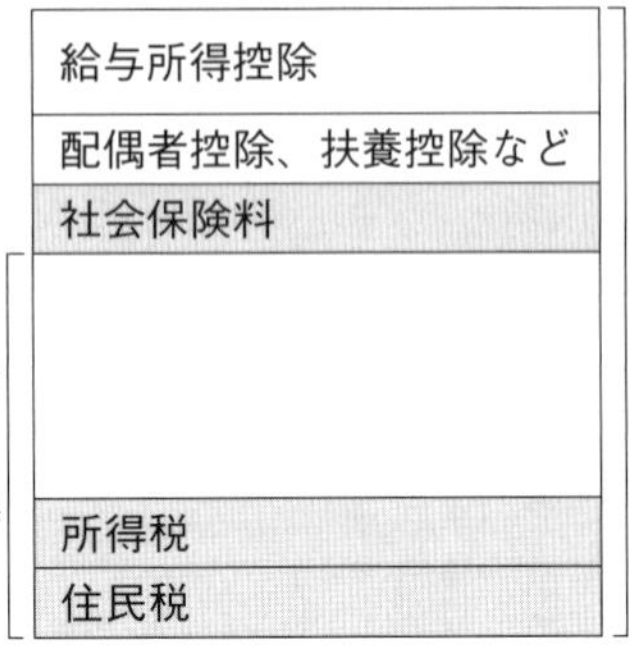

年収から給与所得控除など各種の所得控除と社会保険料を除いたものが所得で、それに対して所得税（国税）と住民税（地方税）が課税される。

図④個人の家計

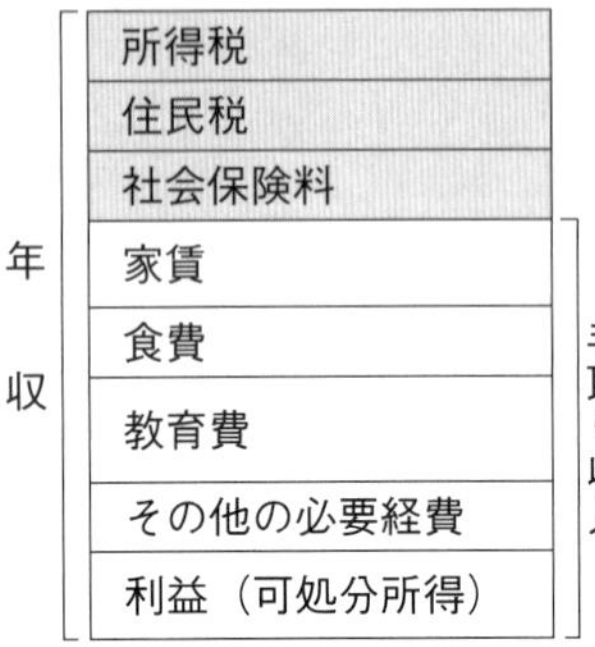

年収から所得税・住民税・社会保険料を除いたものが手取り収入。ここから家賃、食費、教育費などの必要経費を支払った残りが利益（可処分所得）で、貯蓄や投資に充てられる。

（一月一日から十二月三十一日）を年度として決算を行ない、翌年三月までに所得税を申告・納税することが義務づけられている。ただしサラリーマンは、会社が税務署にかわって年末調整を行なうことで確定申告の手間を省《はぶ》くことができる（給与以外に申告すべき所得がある場合は確定申告が必要。医療費など所得控除の対象となる出費があったときなどは任意で申告することもできる）。年末調整は国家が民間企業を徴税の道具として無料で利用する特異な慣行で、これが「日本人には納税意識がない」といわれる最大の理由なのだが、それについては本題ではないのでここでは触れない。

　サラリーマンの税務会計では、給与総額を益金、給与所得控除など各種控除や社会保険料を損金として個人所得を求め、それに対して所得税（国税）・住民税（地方税）が課せられる。給与所得控除はサラリーマンとして生きていくために必要な経費として国が認めたもので、業種や職種、年齢・性別にかかわらず給与に比例して一律に決められている。なぜこのような制度にしたかというと、年末調整で企業に社員の申告・納税を代行させるには、できるだけ簡便な方法で課税所得を計算できるようにしなければならなかったからだ（図③）。

この極端に簡略化された税務会計の最大の問題は、家計の実態をまったく表わすことができないことだ。そこで、家賃や食費・教育費などの諸費用を手取り収入から差し引く「個人会計（すなわち家計簿）」が必要になる（図④）。

このことからわかるように、個人の場合、税務上の所得と財務上の利益（可処分所得《かしょぶんしょとく》）はまったく別のものだ。このことがマイクロ法人を使った会計マジックのたねになる。

法人と個人のＰＬを連結する

ここではまず、個人の税務会計のＰＬをマイクロ法人と連結したうえで、財務上の利益を最大化する方法を考えてみよう。

財務戦略の目標は、課税所得を最小にしつつ家計の利益を最大にすることだった。

課税所得を最小にするには、法人・個人ともに課税所得がマイナス（赤字）になればいい。

図⑤マイクロ法人のPL

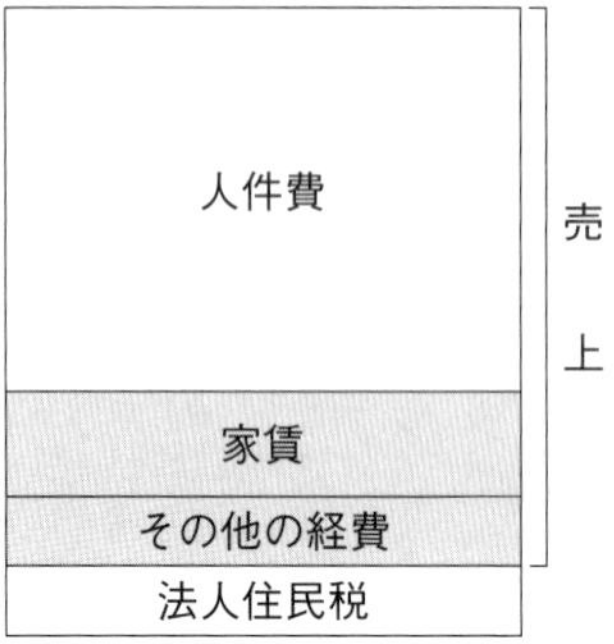

マイクロ法人の売上と、人件費＋経費（家賃＋その他の経費）の合計が同額のため、法人の課税所得はゼロになる。

図⑥個人（税務会計）のPL

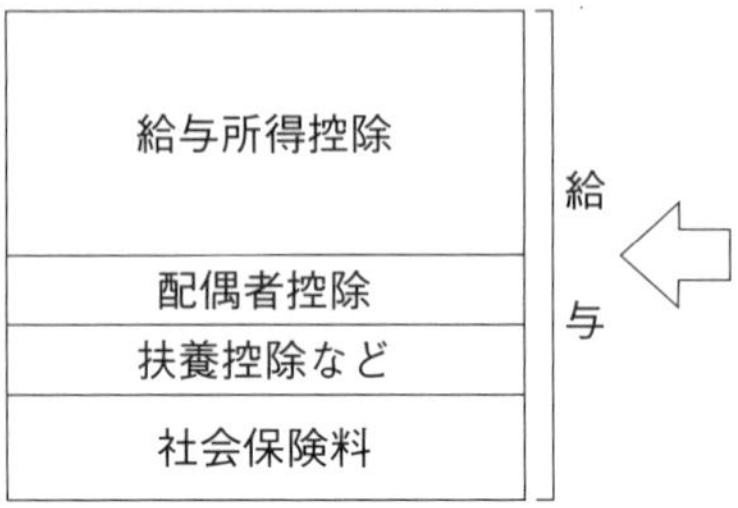

マイクロ法人から支払われる人件費（給与）と所得控除（給与所得控除、配偶者控除、扶養控除など）＋社会保険料の合計が同額のため、個人の課税所得はゼロになる。

そこでまず、この理想状態を設計してみよう。

ここでは単純化のため、マイクロ法人側の支出は自分への人件費と家賃・その他の経費しかないものとする（自宅に登記しているため、家賃の一部が法人の経費になる）。

図⑤がマイクロ法人の損益計算書（ＰＬ）で、人件費と家賃、その他の経費で課税所得がゼロになっている（法人側では、課税所得がなくても法人住民税の均等割が発生する。東京都の場合、資本金一〇〇〇万円以下、従業員数五〇人以下で均等割は七万円）。

図⑥が個人の税務会計で、こちらは給与所得控除、配偶者控除、扶養《ふよう》控除などの所得控除と社会保険料（年金・健康保険）の合計が人件費と同額以上であれば、課税所得はゼロになる。

この例では、マイクロ法人の人件費がそのまま

図⑦連結決算（税務会計）のPL

売上	給与所得控除	人件費＝給与
売上	配偶者控除	人件費＝給与
売上	扶養控除など	人件費＝給与
売上	社会保険料	人件費＝給与
売上	家賃	
売上	その他の経費	
	法人住民税	

マイクロ法人と個人（税務会計）のPLを連結する。法人・個人いずれの側でも課税所得はゼロになる。

図⑧個人（家計）のPL

売上	家賃	実質収入
売上	家賃（法人負担）	実質収入
売上	食費	実質収入
売上	教育費	実質収入
売上	その他の経費（法人負担）	実質収入
売上	可処分所得（貯蓄・投資へ）	実質収入
売上	社会保険料	
	法人住民税	

マイクロ法人と家計（個人の財務会計）を連結する。家計の一部を法人側で負担しているため、税務上の収入よりも実質収入は多くなる。

個人の年収になるわけだから、これを連結すると図⑦になる。

ところで、個人も法人も所得がゼロならどのようにして生きていけるのだろうか。もうおわかりと思うが、その秘密は税務会計と財務会計(家計)のちがいにある。

個人の税務会計(図⑥)のうち、給与所得控除、配偶者控除、扶養控除などの各種所得控除は、税法が生活のための必要経費と認めたもので、いわば架空《かくう》の支出だ。実際に支払いが発生するのは年金・健康保険などの社会保険料だけなので、それ以外はすべて生活経費に使える。

さらにマイクロ法人では、生活経費の一部を法人の経費にすることができる(詳しくはPART4参照)。ここでは家賃とその他の経費を法人負担にしているため、家計の実質収入は、

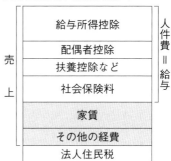

人件費にこの額を加えたものになる（図⑧）。この例では、家賃・食費・教育費などの生活経費を支払ったあとでも可処分所得が残っている。家計の目的は、この無税の利益を貯蓄や投資に回し、将来に向けて富を蓄《たくわ》えることにある。

貸借対照表を連結する

バランスシートの時価と簿価

それでは次に、家計の貸借対照表《バランスシート》（Balance Sheet＝ＢＳ）を作成してみよう。損益計算書（ＰＬ）が一年間の事業（家計）の収支を把握するものだとすると、バランスシート（ＢＳ）は事業（家計）の歴史の積み重ねである資産と負債の状況を一覧するための仕組みだ。

不動産や株式などの資産を購入する場合は、まず現金がいる。その現金をどのように調達（ファイナンス）したかがバランスシートの右側の負債・純資産（資本）の欄に記載され、その現金で購入したものが左側の資産の欄に記載される。

あなたが一〇〇万円の現金を持っていて、これを銀行に預金していたとしよう。このシンプルなバランスシートでは、純資産の部に資本金一〇〇万円、資産の部に預金一〇〇万円が計上

図⑨預金と資本金のみのBS

資産の部	純資産の部
銀行預金（100万円）	資本金（100万円）

現金（資本金）を銀行預金しているだけのシンプルなBS。預金に利子がつけばその分だけ資産と純資産が増える。

図⑩住宅ローンのあるBS

資産の部	負債の部
建物（2000万円）	住宅ローン（4000万円）
土地（3000万円）	**純資産の部** 頭金（1000万円）

不動産（5000万円）

1000万円の頭金で5000万円のマイホームを購入した場合のBS。住宅ローンは負債の部に計上される。

地価上昇

地価下落

図⑪不動産が上昇した場合のBS

資産の部	負債の部
不動産（1億円）	住宅ローン（4000万円）
	純資産の部
	頭金（1000万円）
	含み益（5000万円）

純資産（6000万円）

不動産価格が上昇しても負債の額は変わらないので、差額は純資産に含み益として計上される。

図⑫不動産が下落した場合のBS

資産の部	負債の部
不動産（2500万円）	住宅ローン（4000万円）
純資産の部	
含み損（1500万円）	

不動産価格が下落しても負債の額は変わらないので、差額は純資産に含み損として計上される。この状態を債務超過といい、純資産の部はBSの左側に移動する。

される。銀行預金から利子が発生すれば、その分だけ資本金と資産が増えていく（図⑨）。

次に一〇〇〇万円の頭金で五〇〇〇万円のマイホームを購入したケースを考えてみよう。この場合、ファイナンスは一〇〇〇万円の資本金（頭金）と四〇〇〇万円の長期借入金（住宅ローン）で行なわれ、資産は土地と建物に分けられる（図⑩）。

ここで問題になるのは、バランスシート上の資産をどのように評価すべきか、ということだ。銀行預金は日本国が一〇〇〇万円までの元本とその利子を保証している安定した資産だが、不動産は価格が変動するため、何年か経てば時価と簿価《ぼか》（購入したときの値段）の差は大きく開いてしまう。マイホームの時価が倍の一億円になれば、四〇〇〇万円の負債を除いた六〇〇〇万円が純資産になる。もともとは一〇〇〇万円の資本金（頭金）しかなかったのだから、不動産価格の上昇で純資産が六倍に増えたことになる。マイホームの価値は二倍なのになぜ純資産が六倍になるのかというと、負債（住宅ローン）によって投資にレバレッジがかかっているからだ（図⑪）。

逆にマイホームの時価が半分の二五〇〇万円まで下落したとすると、それを市場で売却しても住宅ローンを全額返済することはできず、一五〇〇万円もの借金が残ってしまう。この状態を債務超過といい、企業でいえば倒産寸前の状態だ。マイホームの価値が半分になっただけなのになぜ家計が債務超過に陥るかというと、これも理由は同じで、投資に高いレバレッジがかかっているからだ（債務超過の場合は、図⑫のように純資産の部がBSの左側に移動する）。ところで、ここで「マイホームはもともと売る予定のない資産なのだから、時価で評価する必要はない」と考えるひともいるだろう。

地価が下落したケースでも、三〇年かけてローンを返済してしまえば負債はなくなり、時価二五〇〇万円相当の不動産資産を無借金で保有している状態になる。それを前提にすれば、途中が債務超過かどうかは関係ない。この立場を簿価会計といい、資産は購入したときの値段（簿価）でバランスシートに記載される（資産を売却したときにはじめて時価評価される）。

時価会計と簿価会計のどちらが優れているかはケース・バイ・ケースだが、企業会計においては時価評価が主流になっている。会社が保有する資産にどれだけの価値があるかわからなければ、投資家や金融機関が投資・融資の判断ができないからだ。

簿価会計は、もともと長期に事業を継続することを前提とした評価手法だ。土地を買って工場を建て、そこで何十年も自動車をつくりつづけるなら、工場用地の時価評価を毎年繰り返しても意味がない。ところが経営環境が大きく変わり、リストラや合併、事業譲渡が当たり前になるとそんな悠長《ゆうちょう》なことはいっていられなくなった。そこで財務会計では、有価証券など市場性のある資産に関しては時価評価を行ない、不動産のような固定資産でも損失が生じたときは時価評価を開示することになった（減損会計）。

こうした事情は家計でも同じで、ひとつの会社に定年まで勤めつづけ、毎年給料が上がっていくのなら、地価の下落で家計が債務超過になっても騒ぐ必要はない。だがひとたび会社が倒産したりリストラされたりすれば、たちまち住宅ローンが返済できなくなる。

このときにバランスシートが債務超過だと、マイホームを差し押さえられて自己破産する以外に方途がなくなる。そんなことにならないように家計にも減損会計が必要なのだ。

粉飾決算

企業の財務会計に使われるＢＳ（バランスシート）も、基本的には家計のＢＳと同じだが、基本項目として、それぞれの部は流動資産と固定資産、流動負債と固定負債、資本金と剰余金に分けられる（図⑬）。会計の驚くべきところは、マイクロ法人からエンロンまで、すべての事業体の財務状況がこの一枚で〝見える化〟できてしまうことだ。

純資産の部の剰余金は、損益計算書の純利益とつながっている。とすれば、次のようなきわめて単純な法則がすぐに見つかるだろう。

①ＢＳの資産が増えるか負債が減ればＰＬの純利益は増える。
②ＢＳの資産が減るか負債が増えればＰＬの純利益は減る。

図⑬財務会計のBS

資産の部	負債の部
流動資産	**流動負債**
現金・預金	支払手形
有価証券	買掛金
受取手形	短期借入金
売掛金	
棚卸資産	**固定負債**
	長期借入金
固定資産	社債
有形固定資産	**純資産の部**
無形固定資産	**資本金**
投資その他の資産	**剰余金**（純利益）

この会計操作を意図的に行なった場合、①を粉飾決算、②を脱税と呼ぶ。粉飾決算と脱税は、じつは同じことの裏表なのだ（図⑭）。

粉飾決算でよく使われるのが売掛金と棚卸《たなおろし》資産で、利益隠しに便利なのが買掛金だ。

棚卸資産は、在庫として保有している商品などを時価評価したものだ。これを過大に評価すればその分だけ利益はかさ上げされる。百余年の歴史を誇る名門カネボウは二〇〇五年に二〇〇〇億円にも上る巨額の粉飾を公表し上場廃止・解体されたが、その方法はきわめて安易《あんい》で、期末の帳尻《ちょうじり》合《あ》わせに大量の在庫を商社や販売店に押し込み、翌期の返品は在庫としてすべて簿価で計上するというものだった。その中には流行遅れの洋服や生地ばかりか、賞味期限をとうに過ぎた食品まで含

図⑭バランスシートと純利益の関係

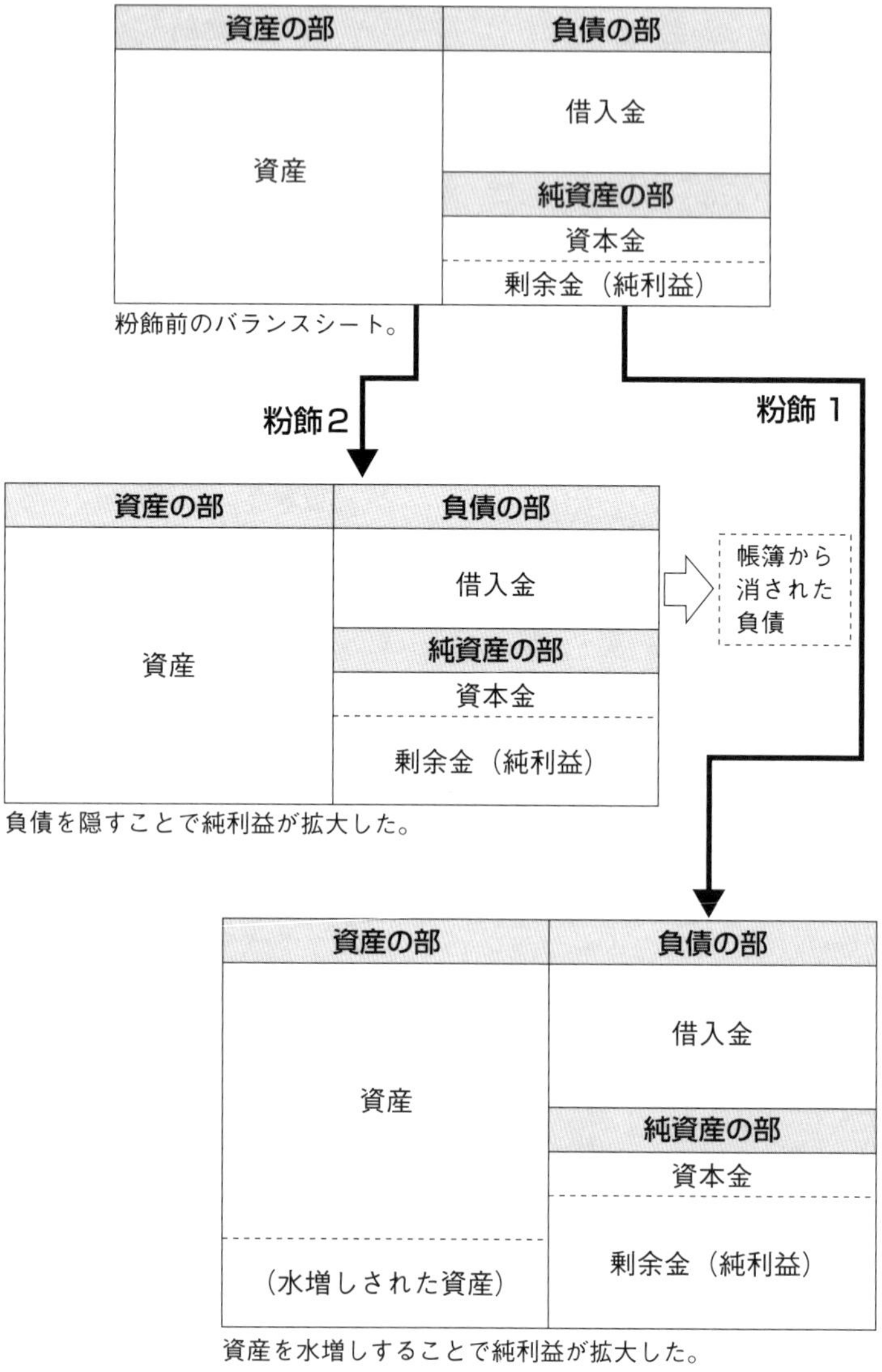

まれていた（嶋田賢三郎『責任に時効なし　小説　巨額粉飾』アートデイズ）。

資産の部の売掛金と、負債の部の買掛金については若干の説明が必要だろう。これは家計にはあまり登場しないが、掛け売りや飲み屋のつけと同じだと考えればいい。

行きつけの飲み屋に一万円のつけがあるとすると、この買掛金は損益計算書では費用として認識されるが、実際の出金はない。逆に飲み屋の側では、一万円の売掛金は損益計算書上の売上になるが、現金の入金はない。このように買掛金と売掛金は、現金の移動をともなわずに会計上の売上や費用を操作できるという特徴を持っている。

ＩＴ企業の粉飾決算がしばしば摘発《てきはつ》されるが、そのほとんどが架空の売掛金を計上し、売上と利益を過大に見せる手口だ。ベンチャー企業は売上高を伸ばして急成長するのが当然とされており、成長幻想が剝《は》がれれば株価は急落し、金融機関は融資を引き揚げる。在庫や実物取引がなければ、数社が示し合わせて架空売上をつくるのはきわめて簡単だから、追い詰められた経営者が次々と誘惑に屈するのだ（売掛金と買掛金についてはキャッシュフロー計算書とともにＰＡＲＴ５であらためて説明する）。

バランスシートを連結する

それでは最後に、マイクロ法人と家計のバランスシートを連結してみよう。

ここでは法人の資本金を三〇〇万円、借入金を五〇〇万円とし、計八〇〇万円の資産を現金・預金（三〇〇万円）と投資有価証券（五〇〇万円）で運用している（図⑮）。一方、個人では、頭金四〇〇万円と住宅ローン残高六〇〇万円で一〇〇〇万円相当の不動産を保有しているとしよう（図⑯）。

このふたつのバランスシートをばらばらに眺《なが》めていただけでは、家計の財務状況は把握できない。図⑰のように法人と個人を連結してはじめて、七〇〇万円の純資産に一一〇〇万円の負債を加えた計一八〇〇万円の資産を、現金・預金、投資有価証券、不動産で運用しているという実態がわかる（レバレッジ率は約二・六倍）。

企業の一年間の営業活動は損益計算書で表わされ、純利益がバランスシートの剰余金に加えられ、その分だけ資産と純資産が増加する。企業の目的は、この営《いとな》みを繰り返しながら純資産（すなわち株主の資産）を大きく育てていくことだ（図⑱）。

これはマイクロ法人を使った家計の財務戦略でも同じだ。最適な設計では、法人でも個人でも税務上の所得は発生しなかったが、家計では財務上の利益（可処分所得）を残すことができた。この利益がバランスシートに加えられ、家計の純資産が増えていくのだ。

図⑯家計の BS

資産の部	負債の部
不動産（1000万円）	住宅ローン（600万円）
	純資産の部
	頭金（400万円）

図⑮マイクロ法人の BS

資産の部	負債の部
現金・預金（300万円）	借入金（500万円）
投資有価証券（500万円）	**純資産の部**
	資本金（300万円）

図⑰マイクロ法人と家計の連結 BS

	資産の部	負債の部	
1800万円	**流動資産** 現金・預金（300万円）	**流動負債** 借入金（500万円）	1100万円
	固定資産 投資有価証券（500万円）	**固定負債** 住宅ローン（600万円）	
		純資産の部	
	不動産（1000万円）	頭　金（400万円） 資本金（300万円）	700万円

図⑱損益計算書とバランスシート

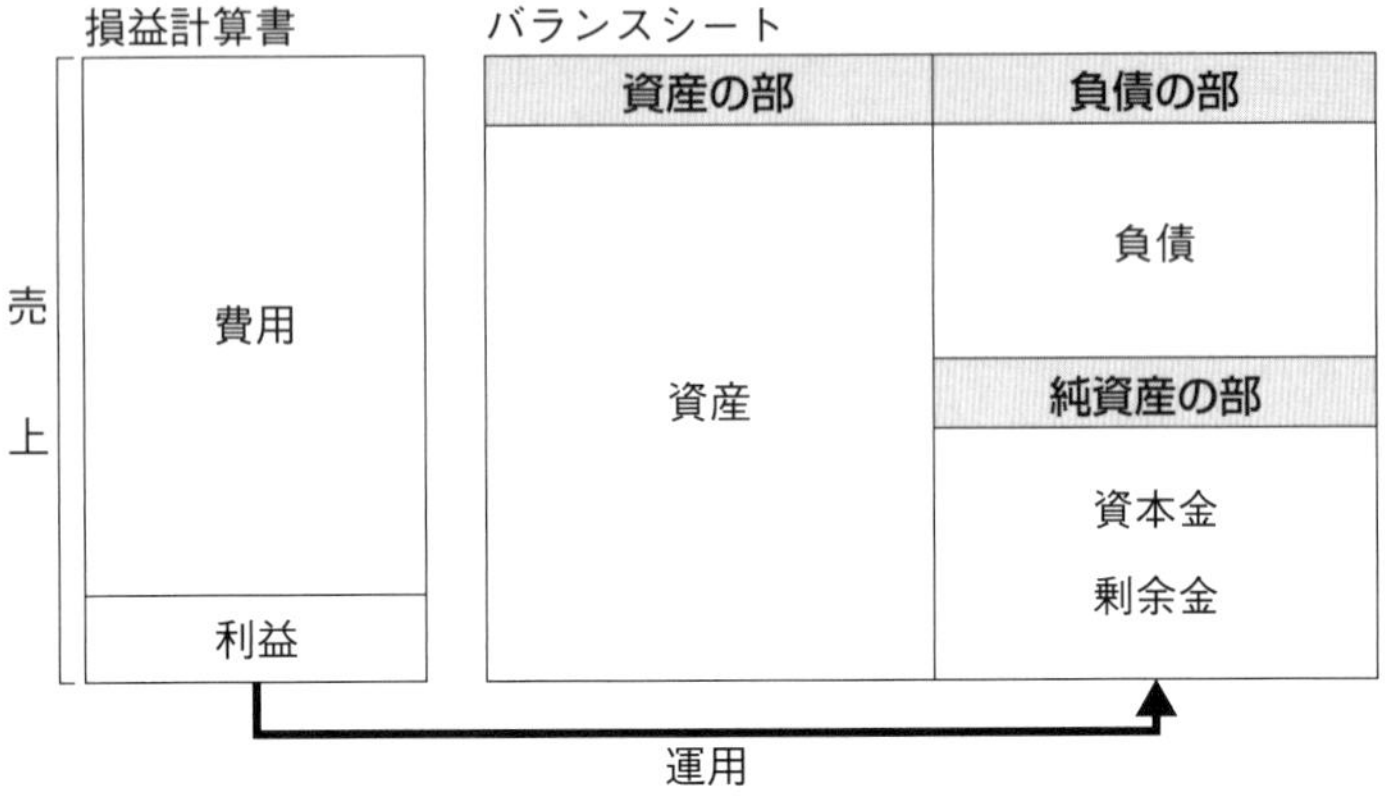

損益計算書とバランスシートの基本がわかれば、企業であれ家計であれ、富を獲得するには、原理的に次の三つの方法しかないことがわかる。

①売上（収益）を増やす。
②費用（コスト）を減らす。
③資産の運用利回りを上げる。

会計上のテクニックで損失を利益に見せかけることはできても、ほんものの利益に変える錬金術《れんきんじゅつ》はどこにもない。エンロンが身をもって示したように、どれほど高度な会計技術もこの単純な法則を覆《くつがえ》すことはできないのだ。

4

磯野家の節税

――マイクロ法人と税金

9. マスオさん、人生最大の決断

サラリーマン法人フグタ

その日、マスオさんはふだんより早く帰宅すると、怪訝《けげん》な顔をする妻のサザエさんや、義理の両親である波平《なみへい》とフネ、浪人中の甥《おい》のカツオ、高校一年生の姪《めい》のワカメを前にして宣言した。

「僕は今日、『サラリーマン法人フグタ』を設立しました」

原作の設定から八年後、平凡なサラリーマンだったマスオさんは人生最大の転機を迎えることになる。それによって磯野家《いそのけ》の家計がどのように変わるのかを観察するのが、ここでの趣向だ。

サラリーマン法人化とは、会社との雇用契約を業務委託契約に変え、同時にマイクロ法人を設立して、これまでと同じ仕事をつづけながら委託費（給料）を法人で受け取ることをいう。だがその詳細を検討する前に、税の世界における個人と法人のちがいについて見ておこう。

誤解しているひともいるかもしれないが、税金は日本国民が日本国に対して納めるものではない。税法で定める納税義務者とは、国籍にかかわらず日本国に居住し所得を得ている「ひと」すべてである。逆にいえば、日本国の居住者でなければ日本国籍を持っていても日本国に税金を納める必要はない（大リーグに移籍した日本人選手は、日本ではなくアメリカで納税している）。

ところでここで、日本国に居住する「ひと」とは個人と法人の双方を指す。日本国は、個人に対しては所得税（個人所得課税）、法人に対しては法人税（法人所得課税）を課している（これ以外に、地方税として個人住民税と法人住民税・事業税がある）。だが不思議なことに、同じ「ひと」に対する課税であるにもかかわらず、所得税と法人税はまったく別の税率と体系で運用されている。このことが、マイクロ法人を使いこなす際の第一のポイントだ。

個人所得に対する課税は複雑怪奇《かいき》で、総合課税（一年間の所得の総額に対して課税する）を原則としながらも、さまざまな特例や制限が組み合わされて素人には理解不可能な制度になっている。

たとえば個人所得のうち、銀行預金の利子は源泉分離課税で、利子に対して二〇パーセント（二〇三七年までは復興特別所得税〇・三一五パーセントが加算）が源泉徴収されて課税が完結する（総合課税されない）。

株式の売却益（譲渡益）は申告分離課税で、上場株式と非上場の株式の譲渡損益を合計し、他の所得とは別に利益に対して二〇パーセント（同じく復興特別所得税二・一パーセントが加算）を申告納税する（分離課税なので、株式の譲渡損を他の所得と通算することはできない）。もっともこれでは面倒なので、証券会社に特定口座を開設して取引すれば、証券会社が徴税の代行をして申告が不要になる。

株式の配当は証券口座から二〇パーセント（同じく復興特別所得税〇・三一五パーセントが加算）が源泉徴収され、そのまま放置すれば源泉分離で課税が完結するが、配当控除を受けたうえで他の所得と合算し総合課税で申告納税することもできる……。

さてこれを読んで、制度の概要をただちに理解できたひとはどのくらいいるだろう。金融所得に対する税制はとりわけ混迷をきわめており、商品ごとに取り扱いが異なり、国内取引と海外取引でもちがう。

さらに総合課税においても、個人の所得は給与所得、事業所得、不動産所得、譲渡所得、一時所得、雑所得などのサブカテゴリーに分類され、そのうえカテゴリーごとに所得計算方法が異なり、損金を他の所得と合算できたりできなかったりする。

なぜこんな奇怪なことになってしまうかというと、所得税は有権者にもっとも身近な税金だから、政治家や業界団体のさまざまな思惑《おもわく》が入り込み、瑣末《さまつ》な特例が積み上がっていくからだ。税の手続きは本来簡素であるべきなのに、例外をひとつつくるたび、他の条文と整合性がとれなくなって税法や通則が玉突きのように複雑になってしまうのだ。

人格を使い分ける技術

個人の所得税が迷宮と化しているのに対し、同じ「ひと」への課税であっても法人税はきわめてシンプルで、一年間のすべての収入（益金）からすべての費用（損金）を引いた利益（課税所得）に対し、定率の税金をかけるだけだ。日本の法人税率は原則二三・二パーセントで、地方法人税七パーセント（東京都の場合）を加えた実効税率は約三〇パーセント。ただし資本金一億円以下の法人は、特例として課税所得八〇〇万円以下の部分について法人税率が一五パーセントに軽減され、地方法人税率は課税所得八〇〇万円以下で五・三パーセント、四〇〇万円以下で三・五パーセントに軽減されるから、さしたる利益のないマイクロ法人の実効税率は一八・五パーセントになる。

＊中小企業への軽減税率は東日本大震災の復興を名目に特例として二〇一二年に一五パーセントまで引き下げられたが、財政健全化のために本則の一九パーセントに戻すことが議論されている。（新版註）

それに対して個人所得は累進課税で、課税所得一九五万円未満の税率五パーセントから四〇〇〇万円超の税率四五パーセントまで七段階に区分けされている。これに地方住民税の所得割一〇パーセントを加えると、個人所得税の最高実効税率は五五パーセントになる。

このように所得税と法人税の税率が大きく異なるため、誰でも気づくように、所得の受け取り方次第で有利になったり不利になったりする。とりわけマイクロ法人では、自分（法人）が自分（取締役）に報酬を支払うのだから、税コストを最適化するための所得分配がきわめて容易だ。

マイクロ法人の実効税率（課税所得四〇〇万円以下）は一八・五パーセントなので、所得税の実効税率がこれより低ければ個人で受け取ったほうが得だし、高ければ法人の利益にしたほうがいい。個人所得税は一九五万円以上の所得で税率一〇パーセント（地方税を加えた実効税率二〇パーセント）になるから、ここがおおよその分岐点になる。個人の課税所得は扶養《ふよう》控除などさまざまな要因で変わるが、だいたいの見当として年収三〇〇万円を超える分は法人で受け取ったほうが有利になるだろう。

法人の所得が八〇〇万円を超えると、その部分については実効税率が三〇パーセントに上がるので、この場合は個人所得との分岐点が年収一〇〇〇万円程度になる。法人では年度の最初に決めた役員への報酬＝給与は損金算入できるが、賞与＝ボーナスは損金算入できない。法人の利益が増えたからといって期の途中で役員報酬を増やすと税務署に否認され、役員賞与を増やすと法人と個人で二重課税になる。

ところで、これはよく考えてみるととてもヘンな話だ。同じ所得でも個人と法人で税率がちがうし、法人税を支払ったあとの利益を株主に配当すると、株主個人にも税金がかかる。かといって配当せずに一定（定額基準で年間二〇〇〇万円）以上の利益を法人に貯めておくと、同族会社（特定の株主に支配された会社）の場合、留保《りゅうほ》金課税の対象になる（二〇〇七年度の税制改正で資本金一億円以下の法人の留保金は課税免除となった）。このように、同じ日本国に居住する「ひと」でありながら、個人と法人は税法上、まったく別の存在として扱われているのだ。

これがけっして当たり前ではないことは、法人擬制《ぎせい》説と法人実在《じつざい》説を思い出してもらえばわかるだろう。

法人実在説では、法人は実在するひとだから、個人と同様に所得に対して納税義務を負《お》うのは当然だ。だがこれだけでは、なぜ個人と法人の税率が異なるかの説明にはならない。ひととして平等に扱うのなら当然、課税も同じにするべきだろう。

その一方で法人擬制説に立てば、法人はたんなる仮象で、その背後にいる個人しか実在しないのだから、会社の利益が分配されたときに株主に課税すれば十分だということになる。先に述べたように、アメリカのＬＬＣ（有限責任会社）はこの立場で、法人段階では課税されず、出資者（社員）が利益と損失を個人所得に合算して納税する。

法人について考えていくと常に、「ひと」か「もの」かという根本的な対立が顔を覗《のぞ》かせる。法人を使った節税と呼ばれているものも、すべてこの一点に根拠を置いている。

厚生年金の保険料の半額は国に「没収」されている

税金と並んで家計に大きな影響を与えるのが年金と健康・介護保険の社会保険料だ。サラリーマンの場合、いまでは税負担よりも社会保険料の負担がずっと重くなってしまった。これまで厚生年金や組合健保に加入できることがサラリーマンの大きなメリットだと考えられてきたが、この神話はすでに崩壊している。

自営業者などが加入する国民年金は高齢化によって財政が悪化し、収支は大幅な赤字に落ち込んでいる。ということは、誰かがこの赤字を埋めなくては制度そのものが破綻《はたん》してしまう。

じつをいうと、国民年金と厚生年金は基礎年金（いわゆる一階部分）でつながっていて、国民年金の赤字が自動的に厚生年金から補塡《ほてん》されるようになっている。健康保険も基本的には同じ仕組みで、高齢者の医療費が急増することで国民健康保険は巨額の損失を垂《た》れ流している。この赤字を、サラリーマンが加入する組合健保や協会けんぽが負担しているのだ。

このことがよくわかるのは、社会保険料率がどんどん上がっていることだ。本書の親本が刊行された二〇〇九年当時、厚生年金の保険料率は一五・七〇四パーセントだったが、それが現在（二〇二五年）は一八・三パーセントになっている。同じく協会けんぽの保険料率は、東京都の場合、四十歳以上が支払う介護保険料込みで、九・三九パーセントから一一・六パーセントに上がった（同時に、保険料を支払う収入の上限も引き上げられてきた）。

年収六〇〇万円のサラリーマンでは、二〇〇九年には収入に対して合計で二五・〇九四パーセントの社会保険料を支払い、その金額は一五〇万五六四〇円、自己負担分はその半額の七五万二八二〇円だった。それが二〇二五年には、社会保険料率は合計で二九・九パーセント、金額は一七九万四〇〇〇円で、自己負担分は八九万七〇〇〇円になっている。

これをわかりやすくいうと、年収六〇〇万円のサラリーマンは、二〇〇九年には（ボーナスをならして）月額五〇万円の給与に対して、六万三〇〇〇円ほどの社会保険料を引かれ、手取りは四三万七〇〇〇円ほどだった（ここからさらに所得税分が源泉徴収される）。一方、二〇二五年の年収六〇〇万円のサラリーマンは、月額五〇万円の給与から七万五〇〇〇円ほどの社会保険料を引かれ、手取りは四二万五〇〇〇円ほどだ。すなわち、この一六年のあいだに毎月の手取りが約一万二〇〇〇円（年間約一四万四〇〇〇円）も減っているのだ。

あなたが給与明細を見て、「会社はベースアップしたというけれど、手取りは逆に減っているじゃないか」と疑問に思ったら、その理由は社会保険料率の引き上げにある。二〇〇九年の親本では、年収六〇〇万円に対して労使合計で一五〇万円以上を年金・健康保険に支払うことを「サラリーマンは惜しみなく奪われる」と書いたが、いまやこの金額は一八〇万円にもなっているのだ。

それでも、毎年送られてくる「ねんきん特別便」を見ると、これまで納めた保険料の二倍程度の年金が将来、受け取れることになっている。これならそんなに悪くない話だと思うかもしれない。

だがここに、日本の社会保障制度の最大の秘密（というか詐術）がある。どんな資料を見ても、「社会保険料は労使折半」と書いてあるのに、あなたが払ったはずの会社負担分の保険料がねんきん定期便には記載されていないのだ。本来は、「これまでの保険料納付額（累計額）」の欄にある「厚生年金保険料（被保険者負担額）」の金額を二倍にしないと正しい計算はできない。

だったらなぜそうしないかというと、サラリーマンが加入する厚生年金が、「二十歳のときに納めた一万円の保険料が、四五年後の六十五歳になって一万円のままで戻ってくるだけ」という、ものすごく割の悪い金融商品であることがバレてしまうからだ。

あなたが納めた会社負担分の厚生年金保険料は、基礎年金の赤字を補填するために国に「没収」されてしまっているのだ。

＊厚生年金加入者の配偶者の収入が一定額以下の場合、三号被保険者として、年金保険料を支払うことなく、六十五歳以降に国民年金を受給できる。これが「一〇六万円（あるいは一三〇万円）の壁」で、「没収」された会社負担分の厚生年金保険料の一部が配偶者の国民年金として払い戻されることになる。（新版註）

国民年金と国民健康保険の損得

国に代わって会社が税金と保険料の徴収を代行する源泉徴収と年末調整によって、国家から「惜しみなく奪われる」サラリーマンに比べて、自営業者の加入する国民年金や国民健康保険はまだマシだった。

国民年金の保険料は定額制で、二〇〇九年の月額一万四六六〇円が二〇二四年には月額一万六九八〇円まで引き上げられたが、その引き上げ幅は月額二三二〇円、年額では二万七八四〇円に抑えられている。それに対して厚生年金に加入している年収六〇〇万円のサラリーマンは、自己負担分だけで年間一四万四〇〇〇円も余分に払うことになった（会社負担分を入れれば二八万八〇〇〇円の引き上げだ）。

国民年金の場合、平均寿命まで生きれば払った分の二倍程度は戻ってくる。これは、国民年金が保険料と受給額（満額を納めると六十五歳以降月額六万八〇〇〇円）が決まっている明朗会計で、大幅に保険料を引き上げたり、受給額を引き下げたりすると、（会社負担分を国がひそかに「没収」できる厚生年金とはちがって）損をすることがすぐにわかってしまい、誰も年金保険料を払わなくなってしまうからだ。このように制度上、国民年金の「改悪」には限界がある。

だとしたら、厚生年金の高い保険料を無駄に払うのではなく、保険料の安い国民年金に加入し、余裕資金をＮＩＳＡで非課税で運用したほうがいいに決まっている（本書ではＮＩＳＡについて詳述しないので、『新・臆病者のための株入門』〈文春新書〉を読んでほしい）。

一方、国民健康保険の保険料率は協会けんぽに合わせて引き上げられてきたが、サラリーマンが給与の額（標準報酬月額）で保険料を自動的に決められるのに対し、国民健康保険は収入ではなく所得が基準になるので、自助努力で保険料を減額できる（マイクロ法人から自分に対して支払う給料を安くすればいい）。ただし、組合健保や協会けんぽは扶養家族に無料で健康保険証が発行されるので、家族構成によっては会社の健康保険のほうが有利になる。制度上、もっとも不利なのは夫婦共稼ぎで子どものいないサラリーマン家庭だ。

＊多くの自治体では、社会保険に加入していない会社員の場合、給与から基礎控除と給与所得控除を差

し引いた「旧ただし書き」所得が国民健康保険の所得割の計算基準になる。かつては小規模企業共済や国民年金基金の掛け金も控除できたが、それが認められなくなったことで、保険料は大幅に引き上げられた。（新版註）

このような理由から、本書の親本ではマイクロ法人で国民年金・国民健康保険に加入することを前提に議論した。法律上は、役員一人のマイクロ法人でも社会保険に加入する義務があるものの、この規定は有名無実になっていて、大半のマイクロ法人（と零細企業）は社会保険に加入していなかったからだ。

だがその後、厚生労働省が方針を大きく転換して、社会保険加入の企業規模要件（パート労働者を社会保険に加入させなければならない企業の従業員数）を五〇一人以上から一〇一人以上、さらに五一人以上へと引き下げ、現在は企業規模要件の撤廃を議論している。また「一〇六万円の壁」問題を受けて、これまで月収八万八〇〇〇円（年収約一〇六万円）以上としていた収入要件の撤廃も検討されている。これによって、週二〇時間以上働くパート労働者は、収入や勤務先の規模にかかわらず社会保険に加入しなければならなくなる（当然、それによって保険料の分だけ手取りが減り、同時に会社の保険料負担は重くなる）。

すべてのパート労働者を社会保険に加入させれば、「壁」を意識して就業調整する理由はなくなり人手不足が解消できるし、国民年金よりも受給額が増えるので、将来の低年金を避けられる。さらに会社負担分の保険料を「没収」して年金・医療・介護保険制度の赤字を補塡できるし、個人一人ひとりから年金保険料や健康保険料を徴収するより、会社に社会保険料の計算と納付をやらせたほうがずっと効率がいい。

厚生労働省からすると「一石四鳥」なのだ。——大手スーパーや飲食店チェーンが社会保険料の負担増を商品やサービスに転嫁すると物価がさらに上がるので、これは消費税増税と同じ効果があるが、社会保険料の引き上げは税金に比べて目立たないので「ステルス増税」に適しているのだ。

このような「国民皆社会保険化」の流れの中で、中小零細法人が社会保険に加入しないままという実態を放置することはできず、年金事務所は所轄の法人に対して社会保険に加入する義務があるという通知書を送ったり、従業員一〇人以上の事業所には重点的に訪問調査を行なうなどしている。

役員一人のマイクロ法人や、従業員が家族だけの零細法人を、年金事務所が一軒一軒訪問するというのは考えにくいが（そもそもそれだけの人員がいないだろう）、それでも今後は、社会保険加入を前提にマイクロ法人の最適化戦略を考えなくてはならなくなった。

サラリーマンの実質税負担

法人を使った節税術については税理士・公認会計士や元国税調査官などによる多くのノウハウ本があり、私自身もすでに書いた（『新版　お金持ちになれる黄金の羽根の拾い方』幻冬舎文庫）から本書では概略に止《とど》めるが、その基本は次の三つにまとめられる。

①法人で生活経費を損金とし、個人で給与所得控除を受けることで、経費を二重に控除する。
②家族を役員や従業員にして、役員報酬や給与を法人の損金にしつつ給与所得控除を得る。
③自営業者や中小企業向けに日本国が用意した優遇制度を活用する。

それでは実際に、サラリーマン法人化によって磯野家の家計がどのように変わるのかを見てみよう。

話の前提として、マスオさんの現在の年収を一〇〇〇万円とし、税金と社会保険料を概算してみよう。原作のイメージからはマスオさんの年収が高すぎる気がするが、計算を簡便にするためだから、これまでの誠実な仕事ぶりが認められて出世したと思ってほしい。

マスオさんの所得を計算するには、磯野家の扶養関係を整理しなければならない。原作では、マスオさんが妻のサザエさんと長男のタラオを扶養し、波平が妻のフネと長男のカツオ、次女のワカメを扶養家族にしていると考えていいだろう。だが八年も経つと、波平は定年を迎えていそうだ。そうなるとマスオさんは、波平、フネ、カツオ、ワカメの四人を加えた磯野家全員を扶養しなくてはならなくなる。これはマスオさんにとって大きな経済的負担で、それが彼をして一世一代の決断に踏み切らせたのだ。

＊波平とフネが七十五歳になると後期高齢者医療制度に加入することになるので、健康保険の扶養に入れることはできない。カツオとワカメはアルバイトなどで年収一〇三万円を超えると扶養から外れる。これを意識して就業調整することが「一〇三万円の壁」だ。（新版註）

次に決めなくてはならないのは、磯野家の支出だ。家のローンは完済しているとしても、カツオやワカメ、タラオの教育費がかかるから、波平とフネの受け取る年金とは別に年間六〇〇万円が必要だとしよう（カツオは予備校、ワカメは私立高校に通っている）。

サラリーマンの手取り所得は、収入から税法で定められた金額を控除した残額になる。これらの控除には、給与所得控除、配偶者控除、扶養控除などの所得控除と、厚生年金や組合健保（協会けんぽ）の社会保険料がある。給与所得控除は国が認めたサラリーマンの経費で、年収一〇〇〇万円なら控除額は一九五万円だ。

厚生年金の保険料率は標準報酬月額の一八・三パーセントで、健康保険料（介護保険料込み）を協会けんぽ（東京都）の一一・五八パーセントとすると、マスオさんの支払う保険料は（自己負担分で）厚生年金が七一万三七〇〇円、健康保険が五七万六六八四円の合計約一三〇万円になる（実際にはこれに雇用保険料の二分の一が加算される）。

それ以外の配偶者控除や扶養控除などは、マスオさんの場合、概算で三〇〇万円としよう（控除額が大きいのは波平とフネが同居老親で、カツオとワカメが特定扶養親族に該当するからだ）。

これに基礎控除の四八万円と生命保険控除などを加えると、給与から控除される総額は約七〇〇万円、課税所得はおよそ三〇〇万円になる。これに対して約二〇万円の所得税と三〇万円の住民税（東京都の場合）が課せられる。

税金（五〇万円）と社会保険料（一三〇万円）を合わせたマスオさんの実質税負担は一八〇万円で、手取りの年収は八二〇万円、実質税負担率は約一八パーセントだ。ただしこれは扶養家族が多いからで、同様の条件を夫婦と子ども二人の世帯にあてはめると、所得税と住民税を合わせた税負担は約一〇〇万円、社会保険料を加えた実質税負担は約二三〇万円（負担率二三パーセント）になる。サラリーマンの税負担を考える際にはこちらの数字のほうが実態に近く、年収のおよそ四分の一は税金と社会保険料として天引きされている。

手取り収入が八二〇万円で生活経費が六〇〇万円なら、磯野家の家計には二二〇万円が残る。生活にまだ余裕があるのは、住居費がかからないからだ。そこで、手狭《てぜま》になったなつかしい家を何年か前に買い替え、いまは月額一五万円（年間一八〇万円）の住宅ローンを支払っているとしよう。これに年二回の家族旅行を加えると、なにかあれば貯蓄を取り崩さなければならない綱渡りのような家計になる。

サザエさん一家のほのぼのとした日常も、これでだいぶ現実のサラリーマン家庭に近づいてきた。この危機的な状況を少しでも改善し、将来のために資産を増やすのが「マイクロ法人化」の目的になる。

＊「一〇三万円の壁」問題で、国民民主党が四八万円の基礎控除を一律七五万円引き上げ、「壁」を一七八万円にすることを求めたのに対し、税収減に難色を示す政府・与党は、給与収入二〇〇万円以下の課税最低限を一六〇万円に引き上げるとともに、給与収入八五〇万円までを段階的に減税する案を提示し、国会で可決された。（新版註）

サラリーマン法人フグタの収支構造

では次に、サラリーマン法人フグタの収支構造を見てみよう。

マイクロ法人化のメリットのひとつとして、「隠れていた人件費」の顕在化がある。企業の人件費は、雇用者に支払う賃金だけではない。社会保険料は法令によって会社が半額負担することになっているが、これはたんに給与に含めるかどうかの話で、人件費負担であることに変わりはない。それ以外にも交通費や家賃（住宅ローン）補助、福利厚生費など、さまざまな名目で雇用にかかわる支出が発生する。これが「隠れていた人件費」だ。

年収一〇〇〇万円のマスオさんの場合、厚生年金の保険料は上限の月額一一万八九五〇円、協会けんぽの保険料は月額九万六一一四円の計二一万五〇六四円、年間で二五八万七六八円になる（自己負担は半額の一二九万三八四円）。ということは、実際にはマスオさんの年収は約一一三〇万円で、それに対して総額約二六〇万円の社会保険料を支払っていることになる。マスオさんが雇用者からサラリーマン法人になれば、会社は社会保険料（会社負担分）の一三〇万円にその他の人件費を加えたおよそ二〇〇万円のコストが不要になる。あとはマスオさんの交渉力次第だが、隠れていた人件費を会社と折半して、法人として受け取る金額（売上）が一一〇〇万円になったとしよう。

次いで法人側で、生活経費の一部を損金として収入から差し引くことができる。これにはいくつか約束事があるが、たとえば自宅にマイクロ法人を登記したシンプルなケースでは、家賃（持ち家の場合は家賃相当分）や水道光熱費（電気・ガス・水道）の二分の一は損金にできる（明文化された規定があるわけではないが、現実にはほぼ無条件で認められている）。同様に交通費、会議費、新聞・書籍の購読料や電話・スマホの通信費、インターネットの接続料金なども経費になるし、仕事に関係すれば接待交際費や慶弔費も経費にできる。

事業を行なうのに必要な資産（不動産や建物、機械類）は経費にはならず、資産として減価《げんか》償却《しょうきゃく》することになるが、中小企業には三〇万円未満の資産を一括して経費処理できる特例が認められている。これを利用すれば、自宅用の大型液晶テレビやオーディオ、応接セットなども法人の経費になる（なんでも経費として認められるわけではないが）。

磯野家の場合、住宅ローンの半額（年間九〇万円）にその他の経費を加え、年間三〇〇万円分の支出を法人の損金にしているとしよう。家計の総支出を約九〇〇万円（生活経費六〇〇万円＋ローン返済その他三〇〇万円）とすると、その三分の一が法人の経費に置き換わった。これに加えて、マイクロ法人からマスオさんに役員報酬を支払う。税法上、役員報酬は給与所得と見なされるので、所得に応じて給与所得控除が認められる。マスオさんはサラリーマン法人フグタの株主だが、同時に労働の対価として役員報酬を受け取る「会社員」でもあるのだ。

同様にマスオさんは、妻のサザエさんや甥のカツオ、姪のワカメ、場合によっては義理の両親の波平やフネを従業員（アルバイト）として雇用し、課税が発生しない範囲で給与を支払うことができる。給与所得控除の最低額は五五万円で、これに基礎控除四八万円を加えた年収一〇三万円以内であれば課税所得はゼロになる（波平とフネは年金をもらっているかもしれないが、年金控除によって受給額一一〇万円以下なら税金はかからない）。これで従業員は五人になり、一人あたり一〇三万円として年間約五〇〇万円を無税のまま家族に分配できる。

法人の経費三〇〇万円と給与の総額五〇〇万円を一一〇〇万円の売上から差し引くと三〇〇万円。ということは、マスオさんの役員報酬を月額二五万円（年額三〇〇万円）以上にすると、サラリーマン法人フグタの決算は赤字になる。

このように親本では、法人側を赤字にして、個人の側で所得税を支払い、国民年金・国民健康保険に加入する方法を紹介した。もちろんこれでもいいのだが、先に述べたように、現在はマイクロ法人でも役員は社会保険に加入しなければならないという原則が徹底されるようになった（それでも加入していない法人が多いのが現実だが）。そこでここでは、マスオさんにも厚生年金と協会けんぽに加入してもらおう。

社会保険料を最小化する

マイクロ法人が社会保険に加入すると、個人負担分と会社負担分の両方の保険料を支払わなくてはならないので、きわめて負担が大きい。社会保険料は厚生年金と健康保険を合わせて収入の約三〇パーセントなので、マスオさんは役員報酬六〇〇万円で一八〇万円、三〇〇万円でも九〇万円の保険料を（労使合計で）納めることになる。

だが社会保険料は標準報酬月額によって決まるので、マスオさんは役員報酬を引き下げることで保険料負担を軽減できる。一カ月あたりの厚生年金の保険料の最低額は、報酬月額九万三〇〇〇円未満の場合の一万六一〇四円（年額一九万三二四八円）、健康保険料（協会けんぽ）の最低額は、報酬月額六万三〇〇〇円未満の場合の六七一六・四円（年額八万五九七円）だ。最低額の報酬（月額六万三〇〇〇円）は年額で七五万六〇〇〇円なので、マスオさんの年収をこれより少なくすれば、社会保険料を会社負担込みで約二七万四〇〇〇円に抑えられる。

マスオさんが厚生年金に加入すると、サザエさんはこれまでどおり三号被保険者として、年金保険料を払わずに六十五歳以降は国民年金を満額受給できる。さらに磯野家のように扶養家族が多い場合は、サザエさんはもちろん、カツオやワカメ、タラオ、あるいは波平やフネの健康保険も社会保険で賄《まかな》うことができる。

それに対してマスオさんがたんなる自営業者だと、国民年金はサザエさんと二人分で年額四〇万七五二〇円。国民健康保険は、波平とフネが七十五歳未満の場合、サザエさんと子どもたちを含めた六人分の保険料が（所得がない場合の）均等割だけで年額四四万三一〇〇円、これにマスオさん自身の国民健康保険料が加わる。役員報酬が一一〇〇万円なら保険料は上限の一〇九万円なので、これらをすべて合わせると、磯野家の国民年金・国民健康保険の負担はおよそ一九四万円になる。独立したマスオさんは、マイクロ法人で社会保険に加入することによって、保険料負担を年間一六〇万円以上（194万円－27万4000円）減らすことができたのだ。

磯野家はマイクロ法人化によって、月に一万六〇〇〇円あまりの厚生年金保険料を払うことで、マスオさんの厚生年金のほかにサザエさんを無料で国民年金に加入させている。さらに月に六七〇〇円あまりの健康保険料しか払っていないのに、家族七人分の健康保険証が入手できた。これはいかにも極端なケースだが、このように考えれば、磯野家にとってマイクロ法人化の恩恵《おんけい》がいかに大きいかわかるだろう。

＊国民年金と国民健康保険には低所得者に対する保険料の減額制度があり、（東京都の場合）世帯主の所得が給与所得控除を除いて四三万円以下の場合、国民健康保険料は七割減額で年間二万四六三〇円、国民年金保険料は全額免除（受給額は半額）になるが、ここでは法人側に所得があることを前提

としているので、こうした減額制度は（倫理的に）利用していない。（新版註）

もっともこの場合、なぜ年収七五万円（社会保険料を除いた手取りは四七万六〇〇〇円）で生活できるのかが問われることも考えられる。もっともありうるのは、マスオさんが株式・投資信託などを保有するか、不動産を賃貸しているなどで、法人以外から一定の収入があるケースだろう。あるいは波平にそれなりの金融資産があり、子どもや孫に贈与しているかもしれない。親や祖父母からの贈与は年間一一〇万円まで非課税なので、波平はサザエさん、その配偶者のマスオさん、カツオ、ワカメ、孫のタラオ五人に最大で年に五五〇万円を贈与できる。これなら法人の役員報酬を引き下げても文句はいわれないだろう（厳密には、波平からカツオやワカメへの贈与をマスオさんが生活費として使った場合、マスオさんへの贈与として課税されるかもしれない。それ以前に、カツオやワカメはこうした〝搾取〟に抵抗するだろう）。

法人と個人で収入を分割する場合、それぞれの業務をはっきりと切り分けておく必要がある。法人で本業を行ない、個人で株式投資や不動産経営をする（あるいは逆）なら問題はないが、同じような業務からの収入を便宜《べんぎ》的に法人と個人に振り分けると、税務調査でどちらかの収入にまとめるよう指導されるだろう。

なお実務家のあいだでは、法人が社会保険に加入していても、役員報酬をゼロにすれば社会保険料は発生しないとされている（社会保険料は標準報酬月額に所定の料率を掛けて計算するので、報酬がゼロだと保険料もゼロになるという理屈のようだ）。この場合は本則に戻って、法人の役員は国民年金と国民健康保険に加入することになる。社会保険から合法的に抜けるこの〝裏技〟を使ったスキームも考えられるが、それは各自で考えてほしい。

磯野家の収支構造

日本国が中小零細事業者に与えてくれる恩恵は法人の経費と給与所得控除の二重計上だけではない。親本では代表的なものとして、小規模企業共済と個人型確定拠出年金＝iDeCo（または確定給付年金＝国民年金基金）を紹介した。小規模企業共済は中小企業基盤整備機構（中小機構）が運用する個人事業主と中小企業役員のための退職金制度で、月額最高七万円（年額八四万円）の掛け金全額を個人の所得から控除できる（加入年数に上限はない）。積み立てた掛け金は若干の運用益（現在は利回り〇・一パーセント）を加えて、役員の退職や会社の解散（廃業）の際に退職金や年金として支払われる（一括で受け取った場合は退職所得、分割で受け取った場合は年金所得と同じ扱いになり併用も可能）。

国民年金加入者は、iDeCoか国民年金基金に加入できる。掛け金は月額最大六万八〇〇〇円（年額八一万六〇〇〇円）で、小規模企業共済と同じく全額が所得控除され、一定の年齢（原則六十五歳）になったら年金として受け取る（iDeCoは退職所得にすることも可能）。国民年金基金の予定利率は二〇二五年現在一・五パーセントで、加入時に将来の年金額が確定する。それに対してiDeCoはＮＩＳＡと同じく、投資信託のラインナップから選択し、受給額は運用利回りによって異なる。ＮＩＳＡと同様、オルカン（eMAXIS Slim 全世界株式）のような世界株インデックスに連動する投資信託に積み立て投資すれば、長期では債券投資よりも高い利回りが期待できるだろう。

マスオさんが社会保険に加入していない場合、小規模企業共済とiDeCo（あるいは国民年金基金）に加入して上限の掛け金を支払うと、合計で年間一六五万六〇〇〇円が控除される。所得税の実効税率が二〇パーセント（国税一〇パーセント＋地方税一〇パーセント）なら最大で三三万一二〇〇円、実効税率三〇パーセントなら四九万六八〇〇円、税金が安くなる。

なお、マスオさんが社会保険に加入した場合は、国民年金基金を利用することはできないが、iDeCoは月額二万三〇〇〇円（年額二七万六〇〇〇円）以内で掛け金を積むことができ、個人の所得から控除される。小規模企業共済と合わせた年間の控除額は最大一一一万六〇〇〇円なので、実効税率二〇パーセントで二二万三二〇〇円、三〇パーセントなら三三万四八〇〇円の節税効果がある。

＊二〇二五年度の税制改正で、自営業などの場合は国民年金基金とiDeCoの掛け金の合計額を月額六万八〇〇〇円から七万五〇〇〇円に、企業年金がない会社員のiDeCoの掛け金上限額を二万三〇〇〇円から六万二〇〇〇円に引き上げ、なおかつiDeCoの加入年齢を六十五歳未満から七十歳未満にすることが検討されている。（新版註）

iDeCoとＮＩＳＡのちがいがよくわからないひともいるだろうが、「iDeCoは掛け金を支払うときに所得税・住民税が安くなり、原則六十五歳以降に年金あるいは一時金として受け取る（年金・退職金として一定金額を超えると課税される）」「ＮＩＳＡは課税後の所得で掛け金を支払うが、運用益をいつでも非課税で受け取ることができる」と覚えておけばいいだろう。

長期で運用する場合、複利で資産が増えていくので、最初に税金が安くなるiDeCoよりも、最後（受け取り時）に税金がかからないＮＩＳＡのほうが、より大きな節税効果を期待できる。ＮＩＳＡのつみたて投資枠は月額一〇万円までなので、それを利用してまだ余裕があればiDeCoの利用を考えればいいだろう。

さらに法人側で、経営セーフティ共済を使って利益を圧縮することもできる。取引先事業者が倒産した際の連鎖倒産を防ぐための一種の保険で、法人は最大月額二〇万円（年額二四〇万円）を経費（損金）として積み立て、掛け金の最高一〇倍まで無担保・無保証で借入ができる。掛け金総額の上限は八〇〇万円なので、この制度を利用すると、最大で三年間は一年あた

図⑲サラリーマン法人フグタのバランスシート①

資産の部	負債の部
現金・預金（300万円）	役員からの借入金（200万円）
	純資産の部
	資本金（100万円）（累積損失200万円）

会計上の赤字の200万円を役員からの借入金で補っている。現金・預金の額は変わらない。

図⑳サラリーマン法人フグタのバランスシート②

資産の部	負債の部
現金・預金（300万円）	役員からの借入金（400万円）
投資有価証券（200万円）	**純資産の部**
	資本金（100万円）（累積損失200万円）

さらに200万円を貸し付けたことで、負債と資産がともに増えている。

り二四〇万円、四年目は八〇万円を売上から差し引ける（掛け金はいつでも法人に戻すことができ、その際は益金として扱われる）。

預金の利子を無税にする方法

マスオさんは社会保険に加入し、役員報酬を減らして法人で納税したが、役員報酬を支払って個人で納税し、法人を赤字にすることもできる。どちらが有利かはケース・バイ・ケースだが、ここでは法人が赤字になるとなにが起きるかを見てみよう。

法人が赤字になると、不足分は役員からの借入金で補填される。先に述べたように、法人から取締役への貸付は税務上厳しくチェックされ、贈与や役員報酬と見なされる恐れがあるが、取締役（株主）から法人への貸付にはなんの制限もない（本来、株式会社とは株主から資金を集めるための機能なのだからこれは当たり前だ）。金融税制は複雑なので有利・不利は一概にいえないが、法人側が赤字になっていると、家計の余裕資金をさらに法人に貸し付けることでさまざまな特典を享受《きょうじゅ》できる。

図⑲では、サラリーマン法人フグタは二〇〇万円の赤字で、マスオさんは法人に二〇〇万円を貸し付け、一〇〇万円に減った資本金と合わせて三〇〇万円を現金・預金として保有している。この状態で、マスオさんがさらに法人に二〇〇万円を貸し付け、株式やファンドを購入したとすると、バランスシートは図⑳になる。

法人名義で資産運用する最大のメリットは、金融所得をその他の損益と合算できることだ。個人で銀行預金をすると利子に対して約二〇パーセントが源泉徴収されるが、法人だと利子収入も損益通算され、決算が赤字なら源泉徴収された分は全額払い戻される。株式の配当は個人では配当所得として課税されるが、法人で受け取れば「受取配当金の益金不算入」が適用される。

＊親本が刊行された二〇〇九年時点では投資目的（株式等保有割合二五パーセント未満）の株式からの配当でも八割を益金不算入にできたが、その後、段階的にこの基準は引き下げられ、現在は保有割合五パーセント以下の株式からの配当は二〇パーセントのみが益金不算入、投資信託による収益は全額を益金として算入しなくてはならなくなった。ただしこの場合も、法人が赤字なら源泉徴収分が全額還付される。（新版註）

法人のもうひとつのメリットは、あらゆる金融商品の損益を通算できることだ。個人で資産運用する場合、株式と投資信託は損益を通算できても、先物取引や外国為替証拠金取引（FX）の損益とは通算できないなど、さまざまな制限がある。ところが法人だと、国内・海外を問わず、預金（外貨預金を含む）、株式、債券からデリバティブまで、ありとあらゆる金融商品のインカムゲイン（利子・配当所得）とキャピタルゲイン（譲渡所得）を合算できるのだ。これが、マイクロ法人を設立する個人投資家が増えている理由だろう。

損失を日本国が補塡してくれる？

法人で資産運用するメリットは、じつはこれだけではない。

財務会計では市場性のある投資有価証券は時価会計が求められるが、税務上は資産を時価評価する必要がないから、年度末に損失が出ている資産を売却（損出し）し、利益の出ているものだけを保有することで、累積損失を増やしつつ含み益を維持することが可能だ（あまりに露《ろ》骨《こつ》だと否認される場合もある）。

なぜこのようなことをするかというと、場合によっては損失が利益の源泉になるからだ。このことは、次のような簡単な例で考えればわかるだろう。

マスオさんの仕事が認められて二〇〇万円の成果報酬が支給されたとしよう。これをそのまま法人所得に加えると最低でも三七万円（二〇〇万円×マイクロ法人の実効税率一八・五パーセント）の税負担が発生するが、この法人が投資による二〇〇万円の損失を計上していたとすると、損益は差し引きゼロになって税金はかからない。すなわち損失があることによって、マスオさんは三七万円分だけ得をしたことになる。これを言い換えると、投資から発生した損失のおよそ二〇パーセントを日本国が補塡してくれたということだ。

それに加えて、法人の損失は一〇年間繰り越すことが認められている。サラリーマン法人フグタが年間二〇〇万円の赤字を生み出すように設計されているとすると、五年後には一〇〇〇万円超の累積損失がバランスシートには計上されているはずだ。

このとき五年間の資産運用で、マスオさんが五〇〇万円の含み益を得ていたとしよう。個人で運用していれば、これを売却すると他の所得にかかわらず（源泉分離で）課税されるが、法人なら過去の累積損失と相殺されて無税で利益を実現できる（個人でも過去三年間の累積損失と通算できるが、これは株式および投資信託の損失に限定されている）。

このようにマイクロ法人を活用すると、これまで想像もできなかったような不思議なことが次々と起こるのだ。

国税庁だけが知っていた

ここまで見てきたように、サラリーマン法人フグタを設立することで、磯野家は大幅に家計を改善できた。それではなぜ、日本国はこのような過大な優遇措置を長年にわたって認めてきたのだろうか。

二〇〇六年度の税制改正で、国税庁は「同族会社の役員給与損金不算入」の規定を新たに導入した。これによれば、「同族関係者が九〇パーセント以上の株式を所有」し、「常勤役員の過半数が同族」の場合は、役員報酬の給与所得控除が認められなくなった。磯野家の節税スキームのポイントは法人と個人で経費を二重に控除できることにあったが、この新規定では給与所得控除の全額が法人の益金となって、中小事業者にとっては大幅な増税になる。

国税庁が規制に踏み切ったのは、新会社法によって従来よりもはるかに簡単に法人が設立できるようになることに強い危機感を持ったからだろう。全国に膨大な数のサラリーマン法人が誕生し、それらが磯野家と同じことをはじめたら、国家の税収に甚大《じんだい》な影響を及ぼすことは避けられない。これは税務当局にとってまさに悪夢なので、機先を制してあらかじめ経費の二重控除を封じておこうとしたのだ。

ところがこの改正は、自民党の支持基盤である中小企業（それらの大半は同族会社）の既得権を直撃することになった。その反発は予想以上の激しさで、彼らが政治家に陳情《ちんじょう》攻勢を行なった結果、早くも翌年には規制が大幅に緩和《かんわ》されてしまった。

当初の改正では、零細法人を保護するため、「役員報酬と法人所得の合計額の過去三年間の平均」が八〇〇万円以下であれば適用を除外するとの救済策が盛り込まれていた。この金額が、政治圧力によって翌年には倍の一六〇〇万円になり、二〇一〇年にはなんと制度そのものがなくなってしまった。

同族会社の給与所得控除をめぐる一連の経緯は、日本が民主国家である以上、この節税法が恒久的に機能することを教えてくれる。与党から野党まで、どの政党にとっても地元の中小企業や自営業者は大事な票田だ。政権が誰の手に渡ろうとも、彼らの米びつに手を突っ込むようなことができるはずはない。

いまはまだほとんどのひとが、フリーエージェントやマイクロ法人を自分には関係のない机上の空論だと考えている。だが国税庁だけは、フリーエージェント社会の到来が税の根幹を揺るがすことに気づいていたのだ。

10. 節税と脱税のあいまいな境界

脱税できるかな

人気マンガ家・西原理恵子《さいばらりえこ》の事務所にある日、税務署がやってきた――。そんな描き出しのマンガ「脱税できるかな」（『できるかなV3』〈扶桑社〉所収）は、税務調査の実態を白日《はくじつ》のもとに晒《さら》した衝撃作だ。

「できるかな」はサイバラが自衛隊や原子力発電所、ホステスなどさまざまな体験に挑《いど》む人気シリーズで、「脱税できるかな」では新宿税務署との一年間にわたるたたかいが描かれている。

サイバラが経営する「有限会社とりあたま」は、設立以来七年間ほとんど税金を払ってこなかった。領収書の金額にゼロをふたつ加え、存在しないアシスタントを常時三〇名以上使っていることにして経費を水増ししてきたからだ。当然、税務調査では実体のない経費を否認され、延滞税のほかに悪質な税逃れとして重加算税も加えられ、過去五年間にさかのぼって総計一億円の追徴課税を告げられる。それを聞いてサイバラは叫ぶ。

「誰が払うかそんな金」

マンガに描かれるサイバラの対抗策は、どれも荒唐無稽《こうとうむけい》なものだ。たとえばフリーカメラマンの夫に、ベトナム、タイ、インドなど数百万円単位の取材費を支払う（市販の領収書に金額を書いただけ）。領収書に書かれたアシスタントが全員存在しないことを問い詰められると、じつは自分はマンガが描けず、ゴーストライターを使っているから実名は明かせないのだと抗弁する。常識ではすべて認められるはずのないものばかりだが、こうした徹底抗戦をつづけていると、なぜか税務署側は追徴額を半分の五〇〇〇万円に減額してくれる。そこでサイバラはまた叫ぶ。

「誰が払うかそんな金」

ここから話は、さらに不可思議な展開を辿《たど》る。税務署が強制執行をちらつかせれば、サイバラは裁判で徹底的に争うと宣言する。このようにして両者の主張は完全に対立し膠着《こうちゃく》状態に陥《おちい》るのだが、双方の緊張感が極限まで高まったときに、税務署側が突然、「ぶっちゃけた話いくらなら払うおつもりですか？」と言い出したのだ。

それに対してサイバラは、一〇分の一の一〇〇〇万円を提示する。すると驚いたことに、あれほどまで強気だった税務署側は一五〇〇万円の追徴課税で妥協《だきょう》してしまったのだ（実際にはアシスタントの雑給に対する源泉徴収分八〇〇万円を加え、追徴額の合計は二三〇〇万円）。

一年間の〝交渉〟の結果、確たる理由があるわけでもないのに、税金が八割も棒引きされてしまった。

だが、話はそれだけでは終わらない。

じつは、この二三〇〇万円の本税には別に八〇〇万円の延滞税がかかっているのだが、サイバラの税理士はこの延滞税を払わない裏技を教えてくれる。本税を納税してしまえば利息に利息はつけられないのだから、延滞税はこれ以上増えない。税務署からは督促《とくそく》が来るだろうが、その場合は一万円だけ払って帰してしまえばいいのだという。

そればかりか税理士は、翌年以降の税務署とのトラブルを避けるために「(会社を)つぶしちゃいましょう」とまでアドバイスする。転居して所轄《しょかつ》が変われば情報は共有されず、「前科のないまっさらな会社」でスタートできるのだ。

二〇ページのこの作品を描き上げるために支払った税金が二三〇〇万円だから、ギャグの値段は一ページあたり一一五万円。その事実に驚愕《きょうがく》したサイバラが、大荒れの海をバックに、「さあー、明日からー、いちから脱税のやりなおし」と叫ぶシーンで作品は終わる。

この本が書店に並んでいちばん驚愕したのは新宿税務署だろう。ここで描かれたように交渉次第で税金を負けていたのだとしたら、真面目な納税者に説明がつかないからだ。しかし、ほんとうにこんなことが起きるのだろうか。

＊さすがにいまはここまで露骨なケースはなくなっただろうが、「税金が交渉できる」ことは税理士・公認会計士なら誰でも知っている。（新版註）

民主政国家は限りなく肥大する

国家をその機能から考えれば、その存在理由は市場が提供できない公共財を供給することにある。たとえば近代国家は、アメリカのように人民が武装する権利を認めている特殊な例を除いて、軍隊や警察などの暴力装置を国民から譲り受け、独占している。この委託費用は税金として徴収され、その対価として治安や安全が保障される。立法・行政・司法など公共財の維持管理費用を税金の根拠と考えれば、それはマンションの共益費と同じだ。

ところで税金をこうした応益原則（提供されたサービスの対価に応じて支払うこと）で考えれば、もっとも正義にかなう税制が国民一人あたり定額の人頭税《じんとうぜい》であることは自明《じめい》だ。国家の基本原理は国民に対して無差別（特定の個人を優遇したり差別したりしない）であることだから、年齢や性別、出自、収入の多寡《たか》にかかわらず、すべての公共財は同じ対価で国民に等しく提供されなければならない。

ここまでの議論は非常にシンプルだが、現実には人頭税によって運営される国家は存在しない。ほぼすべての国が、これとは異なる応能原則（各人の負担能力に応じて支払うこと）によって税を徴収している。これは国家に、公共財の提供とは別に所得再分配の機能があるからだとされている。

人間には能力や才能に差があり、運や不運もあるから、同じ条件で競争しても経済的にゆたかなひとと貧しいひとが生じてしまう。こうした格差があまりにも広がると貧困層が奴隷《どれい》状態に陥り、健全な共同体を維持することができない。共同体の崩壊は貧しいひとだけでなく、ゆたかなひとたちにとっても予期せぬ負担を強《し》いる（治安が悪化すれば常に強盗や誘拐に怯《おび》えていなくてはならない）から、所得の再分配によって貧富の差を適正な範囲に止《とど》めることはすべての国民にとって利益になる――。

これは説得力のある議論だが、しかし税金を応能原則で徴収することには、簡単明瞭な人頭税に比べてどこか胡散臭《うさんくさ》さが漂《ただよ》う。共同体を維持するのに所得の再分配が必須だとしても、それをなぜ国家が独占的に行なわなければならないのか不明だからだ。ゆたかなひとたちが自主的に資金を拠出する仕組みが共同体に備わっていれば、それがいちばんいいに決まっている（経済学者ミルトン・フリードマンは、社会のセーフティネットは国家ではなく民間の寄付とボランティアによって支えられるべきだと考えた）。

民主政国家が人頭税を嫌い、応能原則の税制を採用するのには別の理由がある。

国と地方を合わせた日本国の行政経費は年間約二〇〇兆円で、これを十五歳から六十五歳までの生産年齢人口七五〇〇万人で割ると一人あたりの人頭税は年間約二七〇万円になる。いうまでもなくこれはほとんどのひとにとって支払い不可能だから、応益原則を採用すれば、国家の規模を大幅に縮小する以外に選択肢はない。

これに対して応能原則では、貧しいひとは税を負担する必要がないから、国民の大多数は国家の収入と支出のこの大きなアンバランスに気づかない（実態としては、日本国は膨大な国債を発行し、その借金によって行政経費を調達している）。それればかりか彼らは、経済合理的な判断によって、より少ない負担でより多くの給付を求めるようになるだろう。このようにして民主政国家は、主権者である国民の名のもとに際限なく肥大化していくのだ。

プライバシーの侵害

応益課税である人頭税のメリットは徴税コストが安く、人権との適合性が高いことだ。公的サービスは、国籍にかかわらず日本国内に住所を登録した者に等しく提供され、その対価として定額の税が徴収される。徴税の際に必要なのは納税者の所在地だけで、それ以外のプライベートな情報を国家が収集する理由はない。

それに対して所得税や相続（贈与）税、法人税などの応能課税では、国家は国民（個人と法人）の担税能力（税金が払えるかどうかの経済状況）を知る必要があるから、必然的に、大規模なプライバシーの侵害が引き起こされる。たとえば自営業者に対する税務調査では、個人の預金通帳はもちろんのこと、場合によっては寝室や子ども部屋まで調べられることがある。これは当然、徴税現場でおびただしい軋轢《あつれき》を引き起こし、有形無形の徴税コストが跳《は》ね上がるだろう。

先に述べたように、日本国は企業に徴税事務を代行させることによってこのやっかいな問題を回避している。労働者の八割を占めるサラリーマンから低コストで所得税・地方税・社会保険料を徴収できることで、日本の財政はかろうじて成り立っている。

税の基本は申告納税で、市民は自らの税金を自分で計算し納付する。サラリーマンに対する年末調整制度は、この大原則の全面的な否定といえる。

＊年末調整で所得控除を受けるためには、社員は企業に家族のプライバシーを開示しなければならない。配偶者が外国人だったり、子どもに障害があるなどの秘密を知られたくなければ税金を過払いするしかないのだから、これはきわめて理不尽な制度だ（年末調整で仮の申告をして、確定申告で調整することはできる）。

申告納税制度は、すべての市民が税に対する完全な知識を有し、正しく納税する意思を持つ理想世界を前提にしている。税務調査を含む税務行政はこの目標に一歩でも近づくために努力しており、ひとたび理想が実現すれば、もはや国家が市民のプライバシーを侵害する必要はなくなるから、両者は完全に和解し手を携《たずさ》えて、各自の担税能力に応じて公平に税が支払われるようになるにちがいない。

だがすぐにわかるように、これはあまりにも非現実的な想定だ。税法は複雑怪奇で、それを完全に理解することは専門家でも不可能だし、それ以前に自らすすんで税金を払う奇特なひとなどほとんどいない。そこでやむなく税務調査によって実態を把握《はあく》するのだが、その際に税務当局は納税者の意思を正しく知らなければならない。

申告税額が本来の税額より少なかったとしても、税法に対する理解が不十分なだけであれば、国家が納税者に罰則を科《か》す理由はない。この場合、税務当局に期待されるのは、正しい申告方法を教え理想的な納税者になるよう導くことだ。それでも過少申告加算税と延滞税は加算されるが、これは本来ペナルティではなく、納税時期が遅れたことによる利息分と考えるべきだ（その割には、過少申告加算税の税率は一〇パーセント超、延滞税は原則一五パーセントと消費者金融並みだ）。

それに対して、納税者に最初から税金を払う意思がない場合は、国民としての義務を怠《おこた》っているとして厳しく対処することが求められる。悪質な税逃れと認定されれば最長で過去七年間に遡《さかのぼ》って年率四〇パーセントの重加算税が課せられ、脱税額が多額になれば検察に告発され刑事犯として裁《さば》かれることになる。

税に対する原理原則はこのように明快だが、ここにひとつ問題がある。善意の市民（税法に対する理解が間違っていた）と悪意の納税者（違法行為を意図して行なった）は、いったいどのようにすれば見分けることができるのだろうか。

善意と悪意

税の世界では、節税と脱税の境界がしばしば問題になる。一般には、税法の範囲で合法的に納税額を抑えるのが節税、税金を逃れるために意図的に法律を逸脱するのが脱税とされている。だがこの単純な二元論では、両者の境界線上に広大なグレーゾーンが生じるのは避けられない。

申告納税制度の原則に立てば、ここで問題にされるべき基準は適法か違法かではない。先に述べたように、仮に申告が税法に則《のっと》っていなくても（適法でなくても）、納税者が善意であればそれを〝違法行為〟と見なしてはならず、税務当局によって正しい理解が与えられるべきだからだ。悪意の過少申告が脱税であることは間違いないが、善意の過少申告は誤解ゆえに生じ、行政の指導によって本来の姿に修正されただけなのだ。

誤解というのは、行為の時点ではそれが正しいと主観的に信じていることをいう。そうであれば、善意の納税者は、自らの申告についてなぜそのような処理をしたのか説明できるはずだ。それに対して悪意の納税者は、違法行為を自覚して行なっているわけだから、自らの行為を説明することができない。そう考えれば、善意と悪意の差は説明可能性（アカウンタビリティ）にある。

ここで、次のような単純な例を考えてみよう。

マスオさんがいとこのノリスケさんといっしょにキャバクラに行き、五万円の散財をしたとする（平凡な生活でもストレスはあるのだ）。これを会議費として法人の経費にすると、税務調査の際に問題になる。会議費は一人あたり一万円までの飲食費にしか認められず、この代金は交際費として処理しなくてはならないからだ（交際費は原則として損金に算入できないが、資本金一億円以下の中小企業は特例として、年間八〇〇万円を上限として全額を損金算入できる）。しかしこれは、マスオさんが会議費と交際費のちがいを知らなかっただけで、支出そのものは事実だから、たんに科目を会議費から交際費に訂正すればいいだけのことだ。

これに対して、沖縄への日帰り出張で五万円の交通費を計上していたが、その日マスオさんは会社に出勤していて、昼食代や交通費を経費で落としていた証拠が見つかったとしよう。分身の術でも使わないかぎりひとは同時に二カ所に存在できないから、マスオさんはこの矛盾《むじゅん》を説明することができない。これは、悪意と見なされても仕方がない。

ところでここで、ノリスケさんとキャバクラに行くのはたんなる遊興で、会議費であれ交際費であれ仕事とは関係ないのではないかと疑問に思うひともいるだろう。だが税法に、キャバクラで仕事をしてはいけないという規定があるわけではない。取引先を接待していたと主張すれば、客観的な証拠でもってその事実を否認するのは困難だ。それに対して会議費か交際費かは、一人あたりの支払額で線引きされるので主観の入る余地はなく、税務当局はルールに則って納税者を公平に指導できる（だからといって、キャバクラの領収書がいつでも交際費として認められるわけではない）。

このように申告納税制度では、申告がアカウンタブル（説明できるもの）であるかぎり、納税者を善意と見なすのが大原則だ。磯野家の節税法で紹介したさまざまな不思議は、すべてここから生じている。

ランボルギーニは経費になるか

ほとんどのひとにとって、労働は人生の中でもっとも大きな比重を占めているから、特定の支出がまったく仕事に関係していないと証明するのは事実上不可能だ。ワーカホリック（仕事中毒）なら、睡眠時間も含め二四時間すべてをビジネスのために使っているかもしれない。この場合、あらゆる支出は経費、すなわち税法上の損金になるはずだ。

もちろん、こうした主張を無制限に認めてしまうと収拾がつかなくなるので、徴税実務のうえでは一定の基準が設けられている。自宅を事務所として利用する場合、家賃相当分の二分の一までなら原則として認めるというのもそのひとつだ。

実際には、マスオさんは毎日会社に通っているのだから、磯野家ではビジネスらしきものはなにも行なわれていない。たまにサザエさんが、家計簿といっしょに法人の帳簿をつけるくらいだ。

しかし税務署は、磯野家に監視カメラを備えつけでもしないかぎり、そのことを証明できない。客観的な証拠のないものは納税者の善意と見なされるから、税務署は家賃と水道光熱費の半額まではほぼ無条件に経費として認めているのだ（自宅家賃の五割超を事務所経費とする場合は、納税者側がその理由を説明しなければならない）。

この理屈は、他のすべての経費についてもあてはまる。

ふつうに考えればランボルギーニを社用車にすることはできないが、芸能人なら別だ。彼はほんとうはスズキのアルトが好きなのだが、ブランドイメージを維持するためにはスーパーカーに乗らざるをえない——。これはたんなる便法かもしれないが、少なくともそのように主張することはできるし、一応の説得力もある（ランボルギーニといっしょに写った雑誌記事などがあればなおよい)。芸能人だけでなく、自身が広告塔となって会社のブランドを売り込んでいるベンチャー企業の社長でも同じ論理が使えるだろう。ここでのポイントは、「本来であれば必要のない支出だが、事業のために仕方なく支払った」ということだ(私用に使うための車が別にあればさらに説得力は増す)。

マスオさんが結婚記念日に、サザエさんを連れて海外旅行に出かけたとしよう。これだけなら経費になるはずはないが、「事業視察のあとに取引先のホームパーティに呼ばれていて、夫婦同伴でなければならなかった」としたらどうだろう。この場合は「仕事のために仕方なく連れて行った」のだから、二人分の旅費は全額経費として認められるはずだ(観光旅行を兼ねても、それが全旅程の二割程度なら全額を損金計上できる)。そのうえサザエさんは、〝パーティ用〟にシャネルのスーツやエルメスのバッグを経費で買うこともできるだろう(もちろん一定の限度はある)。

磯野家では、マスオさんが波平やフネ、カツオ、ワカメに年間一〇三万円以内で給料やアルバイト代を支払っていたが、これも同じ話だ。実際には、波平は新聞の切り抜き、フネは部屋の掃除くらいしかしていないかもしれないが、仕事の対価としていくら支払うかは経営者であるマスオさんが自由に判断することで、税務署が口を出す話ではない。ワンマン会社で社長の愛人に給料を払っているケースがあるが、これが否認されるのは勤務の実態がないからで、家族経営では働いているかどうかを外部から知る術《すべ》はないから、給与が社会常識の範囲内であれば申告どおり認めざるをえないのだ。

白色申告という特権

理想主義に拠《よ》って立つ申告納税制度を前提にすれば、合理的な納税者は次のように行動するだろう。

①説明できない（アカウンタブルでない）ことはしない。
②説明できる（アカウンタブルな）ものはすべて経費として損金計上する。
③そのうえで、税務調査で否認されたものだけを訂正する。

この戦略の究極の姿が、白色申告だ。

申告納税制度では、個人・法人にかかわらず納税者自らが収入（益金）と経費（損金）を記《き》帳《ちょう》し、課税所得を計算する。だが日本国は、零細な個人事業主を保護するために白色申告の特例を設けている。

青色申告（正規の申告方法）と異なって、二〇一三年までは、白色申告では所得の合計が三〇〇万円以下の場合、記帳の義務が免除されていた。これはすなわち、領収書もいらなければ帳簿も必要ないということで、納税者は確定申告の際に「収支内訳書」という一枚の紙に金額を書いて提出するだけだ（そのかわり所得の特別控除が認められない、赤字が繰り越せない、家族やスタッフへの給与が全額損金にならない、などの制限がある）。

帳簿も領収書もいらないということは、収支内訳書に書かれた金額が事実かどうかを調べる方法がないということだ。もちろん一部には、家賃や水道光熱費、通信費など、支払金額を確定できるものもあるだろう。だが会議費や旅費交通費など、現金で支払うものに関しては、「あなたのことを信用しますから好きな金額を書き込んでください」ということになる。これはべらぼうに有利な特権だった。

白色申告では、原理的にほとんどの経費がアカウンタブルになる。たとえば旅費交通費に一〇〇万円を計上し、「新規事業開発のためにインドに三カ月滞在した」と説明されたとしよう。税務調査で確認できるのはインド渡航歴くらいで、旅行の目的がビジネスなのか放浪なのかはもちろん、そこでなにをしていくら支払ったのか、どんな荒唐無稽な話をされても反証のしようがない。その結果、白色申告ではほとんどのひとが所得をマイナスにして税金を払っていなかった。

フリーランスで仕事をする場合、最初は白色申告からはじめて、収入が増えれば青色申告や法人成りを考えるようアドバイスされる。正規の申告方法に誘導するよう、税法にはさまざまな優遇措置が設けられており、青色申告や法人化でその特典を享受できるようになるからだ。

だがそれだからといって、年収一億円で白色申告してはいけないという法はない。この人物が一年の半分を海外で過ごし、そこで事業にかかわる一億円の支出をしたと申告したらどうだろう。当然、税務署はこの申告を疑うだろうが、対応はきわめて困難なものになるはずだ。たとえ海外まで調査官を派遣したとしても、納税者の主張を容易に覆《くつがえ》せるとは思えない。

このような奇妙《きみょう》奇天烈《きてれつ》なことが起こるのは、もちろん白色申告という制度が異常だからだ。そしていうまでもなく、この制度は「弱者保護」の名のもとに政治的に正当化されてきた。

もしもあなたに度胸があるのなら、面倒な法人化などする必要はなく、収入にかかわらず白色申告で無税生活を送ることができるはずだ。ほんとうかどうか知りたければ、自己責任で試してみればいいだろう——。

＊残念なことに、この法外な特権は二〇一四年の制度改正でなくなり、白色申告でもすべての事業者に記帳および帳簿保存が義務づけられ、さらに二〇二二年以降は、前々年度の業務にかかわる雑所得の収入が三〇〇万円を超える場合は、現金・預金取引などの書類を最長七年間保存することも義務づけられた。それでもこの話を残したのは、親本の記述をきっかけに白色申告制度の改正が行なわれたと

いう〝都市伝説〟があるからだ。（新版註）

税務調査官のスペシャルな武器

ここまで見てきたように、申告納税制度の理想主義のもとでは税務当局は圧倒的に不利な立場に置かれている。この状態を放置すれば悪意の納税者を排除できず、税制のもうひとつの大原則である公正な徴税への信頼が崩壊してしまう。そこで税法は特別に、税務調査官に質問検査権を与え、納税者に受忍義務を課している。

法人税法や所得税法・相続税法には、「調査について必要があるときは、法人（もしくは個人）に質問し、又はその帳簿書類その他の物件を検査することができる」（質問検査権）と規定され、さらに、「当該職員の質問に対して答弁をせず若《も》しくは偽りの答弁をし、又はこれらの規定による検査を拒《こば》み、妨げ若しくは忌避《きひ》した者」は「一年以下の懲役又は五〇万円以下の罰金に処する」と納税者の受忍義務を定めている。これは黙秘権の認められない捜査のようなものだから、憲法に定められた人権を侵害しているとしばしば問題にされる。だがその一方で、このようなオールマイティに近い権利を与えなければ徴税現場が機能しないという現実の裏返しでもある。

マイクロ法人のような同族会社の場合、法人の経理と家計が一体化しているため、法人税の調査でも家族(役員)の個人資産を調べる必要が生じる(そうでなければ、収入の一部を個人名義の口座で受け取って売上を減らすことが簡単にできてしまう)。しかしこれは、納税者にとってはプライバシーの侵害にしか感じられないから、徴税現場ではしばしば深刻な対立が生じる。これが税務調査が嫌われる理由だが、納税者にとってはもちろん、良識ある税務調査官にとっても不幸なことだ。

もちろん質問検査権の行使には、いくつかの制限が課せられている。

申告納税制度における税務調査の目的は、第一に、適正な納税手続きができるよう納税者を指導することだから、質問や検査にあたっては、なぜそれが必要なのかを説明しなければならない。税務調査官がこの説明責任を果たしたうえで納税者がなお納得しない場合、はじめて受忍義務が発生する。ただし質問検査権は捜査や押収などを認めていないから、納税者が個人の通帳の提出を拒んだとしても、受忍義務を盾《たて》にとって勝手に金庫を開けることはできない。

また質問検査権は、使い方によっては行政(国家)に過度の権力を付与《ふよ》し、市民の人権を脅《おびや》かすものだから、判例などではその行使にあたって「納税者の私的利益との均衡《きんこう》において、社会通念上相当な限度に止まる」と制限されている。たとえば寝室への立ち入りを求めることは、状況によっては社会通念を超えているとも解されるから、適正な税務調査と職権濫用《らんよう》との境界は常に微妙だ。

通常の税務調査は納税者の協力を前提とした任意調査で、いくら質問検査権が認められているとしても調査の範囲には限界がある（受忍義務に違反したとして告発され、罰金や懲役刑を科された事例は寡聞《かぶん》にして知らない）。そのため、納税者があくまでも調査を拒否した場合は強制調査（マル査）に切り替えざるをえないが、これは刑事告発を前提に、多額かつ悪質な脱税を摘発《てきはつ》するための手段だから、少額の利益をめぐって対立し、納税者が主義主張によって非協力的な場合、対応はそうとう困難になるだろう。

税務調査官は質問検査権というスペシャルな武器を手にしているが、だからといって彼らの苦労が大きく減じるわけではないのだ。

めったに抜けない伝家の宝刀

申告納税制度の原則からすれば、帳簿の改竄《かいざん》や売上除外のように悪質性が明らかなものを除き、納税者のアカウンタブルな主張（あやしいけれども反証不能なもの）はすべて認めざるをえない。だがこの原則を無制限に適用すれば、声の大きなひとは税金を払わなくていいというきわめて不公平な世界になってしまうから、税務当局は実質基準によって納税者の主張を否認できるとされている。

ある行為を犯罪として処罰するためには、あらかじめ法令によってその旨《むね》を明確にしておかなければならないというのが罪刑法定主義（憲法三一条）で、自由で民主的な国家の基本とされている。警察官が恣意《しい》的に犯罪かどうかを決めるのでは、誰も安心して暮らせないからだ。

税の世界では、この原則は租税法律主義（憲法八四条）として定められており、税法は、すべての納税者が課税額を予見できるように書かれていなければならないとされている。徴税現場で実質基準による判断が行なわれるのはこの原則から大きく逸脱しているといわざるをえないが、これも先の質問検査権と同じで、ここまでしなければ税の徴収などできないのだ。

その一方で、この実質基準をあらゆる場面で適用してしまえば、納税者は納得せず徴税現場は大混乱に陥るだろう。そこで、脱法行為がもっとも容易な同族会社に対しては、法人税法で特別に「同族会社等の行為又は計算の否認」の項を定めている。

同族会社とは上位三者の持ち株比率が五〇パーセントを超えるいわゆるオーナー企業で、日本の会社の九五パーセントを占めている。この同族会社で法人を使った節税行為が自由にできてしまえば、税の公平性が崩壊してしまうから、あらかじめその旨を法に規定したのだ。

「同族会社等の行為又は計算の否認」規定では、税法に則った申告が行なわれていても、それによって法人税負担が不当に減少する場合は、税務署長の権限によって税額を再計算できるとされている（所得税法や相続税法にも同様の規定がある）。これはいわば超法規的な法で、同族会社に対象を限定しているとしても、法律に則った行為を行政官の判断で恣意的に否定できるのだから、これでは法律体系そのものが破綻してしまう。当然、一部の法学者からは憲法違反との批判があるが、裁判所は実務上の要請からこの規定を支持してきた。同族会社の脱法行為を野放しにすれば、税に対する信頼が失われてしまうと恐れているのだ。

ところで、この規定は法律上きわめて微妙な問題をはらんでいるから、税務当局はいつでも自由に「伝家《でんか》の宝刀《ほうとう》」を抜けるわけではない。判例では、「同族会社であるがゆえに容易になし得ること」（同族非同族対比基準）と、「経済人の行為として不合理・不自然であること」（合理性基準）によって、その適法性が判断される。

税務当局はこの件に関して事例や適用件数を公表していないからその運用は裁判事例から類推するほかはないが、従業員に過大な退職金を支払った、役員に多額の無利息貸付を行なった、代表者の父親から法人が買い受けた土地を父親の死亡後に相続人に売り戻した、などの行為が否認の対象になっている。いずれも、「取引当事者が経済的動機に基づき自然、合理的に行動したとすれば普通とったはずの行為形態をとらず、ことさら不自然、不合理な行為形態をとることにより法人税回避の結果を生じた」（昭和四十九年東京高裁判決）とされたのだ。

だがすぐに気づくように、このあいまいな基準では、「合理的な行動」をめぐって納税者と紛争が起こることは避けられない。そのため実際には、社会通念上、明らかに異常または変則的な行為で、多額の租税回避を目的としたもの以外には適用しづらい。これが、「伝家の宝刀」と呼ばれる理由だ。

＊ここまで読んで、磯野家の節税は同族会社の行為計算として否認されないのか、疑問に思ったひともいるだろう。だがこれは杞憂《きゆう》だ。マスオさんは、広く一般に（すなわち全国九五パーセントの法人によって）行なわれている節税策を利用しているだけだ。納税者は平等に扱わなければならないのだから、税務署長が恣意的に磯野家の節税を否認すれば、他のすべての法人にも同様に課税しなければならなくなる。

なぜお土産が必要なのか

申告納税制度が納税者の善意を前提とする以上、税務調査は定義上、納税者が税法を正しく理解しているかどうかの確認行為ということになる。その結果、納税額が過少であることがわかれば、税務調査官は正しい申告方法を指導し、納税者はそれを受けて自らの申告を修正する。これが修正申告で、税務調査のあるべき姿とされている。

だが徴税の現場では、この理想主義は税務調査官にさらなる負担を負わせている。一部の人格者を別にすれば、納税者の大半は汗水流して稼いだお金を追徴課税され、そのうえプライバシーまで侵害されたことに強い不快感を抱いている。それにもかかわらず調査官は、納税者にすすんで修正申告に応じてもらわなければならない。これはきわめて高いハードルだから、杓子定規《しゃくしじょうぎ》にやっていては話はまとまらない。そこで登場するのが交渉で、おうおうにして譲歩を余儀《よぎ》なくされることになる。

一般に税務調査では、帳簿や証票から厳密に税額が計算され、不足分が延滞税を課されて徴収されると思われているが、実際には、税理士（その多くが国税出身者）をあいだに立てて阿《あ》吽《うん》の呼吸で税額が決まっていく。

これは一見理不尽なようだが、実務上、相応の理由はある。よくいわれるように税務署員の成績は追加で徴収した税額（増差）で評価されるが、だからといって納税者に懲罰的な税金を課すことは彼らの本意ではない。税務署は地域社会の評判を気にするから、税金を搾《しぼ》り取って会社をつぶし、従業員を路頭に迷わせるようなことができるはずもない。税務調査によって会社の財務内容は把握できているのだから、支払い余力があれば分割納付にするが、無理はできないと判断すれば減額交渉にも応じるだろう（前出のサイバラの「脱税できるかな」で税務調査官が「いくらなら払えるんですか」と訊《たず》ねる場面があるが、ここはリアルだ）。

唯一の例外が相続税調査で、これはいちどきりの機会で後腐《あとくさ》れがなく、相続人に支払い能力があることがわかっているから、徹底的な調査が行なわれ問答無用で取り立てられる。相続関連で税務署とのトラブルが多いのはそのためだ（逆にいえば、所得税や法人税の調査はその後も納税者とのつき合いがつづくから、それほど手荒なことはできない）。

その一方で、税務調査の結果なんの瑕疵《かし》も見つからなかったとしたらどうだろう。これは納税者が税法を正しく理解していたということだから、本来であれば喜ばしいはずだが、税務調査官にとっては災厄以外のなにものでもない。調査をしたのに増差がとれないと署内で無能呼ばわりされるばかりか、出世にも差し支えるからだ。そのため機微《きび》に通じた税理士があいだに入り、両者の潤滑油《じゅんかつゆ》となって追徴額を減らしたり、お土産《みやげ》（会社側が意図的につくった増差）を渡したりすることがこれまで当たり前に行なわれてきた。

だがこの古き良き慣習も、最近ではずいぶん変わってきたようだ。納税者が市民としての権利を主張するようになってきたからだ。

更正処分と不服審査

税務調査官の「指導」にもかかわらず納税者が修正に応じないと、税務署長が納付すべき税額を決定する更正《こうせい》処分が行なわれる。修正申告と更正処分のちがいは、前者は納税者が自ら申告の誤《あやま》りを認めたのに対し、後者は納税者の意思に反して行政処分が下されたのだから、後日、不服申し立てなどの救済措置に訴えることができるという点だ。

更正処分を受けると、納税者はいったん追徴額を納付し（そうしないと延滞金が加算されてしまう）、そのうえでまず税務署長宛に異議を申し立て、それが却下されると、次いで国税不服審判所に審査を請求する。国税不服審判所は、国税に関する行政処分に不服がある場合、その是非《ぜひ》を審査するために国税庁に置かれた機関で、審判員の多くは国税職員（それ以外には大学教授や裁判官など）で構成されている。

それでも一方的に納税者に不利な判断が下されるわけではなく、毎年、審査請求件数の三〜四パーセントで納税者の主張が全面的に認められており、更正処分の一部取り消しを含めれば〝逆転判決〟は全体の一〇パーセントを超えている。

国税不服審判所に請求を棄却《ききやく》され、それに納得できない場合は、納税者は裁判所に訴えを提起できる。これは当然三審制なので、場合によっては最高裁まで争われることもある。制度上、このようなかたちで納税者の権利と利益が守られているのだ。

ところで現実問題として、税務署は納税者から不服審査を起こされたり、提訴されたりすることはできるかぎり避けたいと考えている。裁判まで持ち込まれると、書証の作成など膨大な事務作業が発生するから、調査官個人としても組織としても負担が大きい。よほど追徴額が大きくないとコスパ（費用対効果）が合わないのだ。

それに対して納税者は、金額にかかわらず権利を行使できるのだから、主義主張や遺恨《いこん》によっては数十万円の追徴額で裁判を起こしたりする（税理士のアドバイスがあれば、弁護士をつけずに自分で法廷に立つこともできる)。これは税務調査官にとって、想像することさえおぞましい最悪の事態だ。

徴税現場では、納税者がすすんで修正申告に応じるのがあるべき姿とされているから、更正処分を余儀なくされること自体が減点対象になる。不服審査で処分が取り消されれば面目は丸つぶれだし、裁判になれば何年もその件にかかわらなければならない。多少の増差が取れたとしても、これではまったく割に合わない。

こうして、納税者が意固地《いこじ》になると税務署側が戦意を喪失《そうしつ》し、時に大幅な譲歩を行なうことになる。税務調査官は、日々こうした不条理と格闘しているのだ(だからといって、反抗的な態度をとれば税金を負けてもらえるわけではない)。

税務署はなぜこわいか

伊丹十三《いたみじゅうぞう》の映画『マルサの女』で知られる国税局査察部は、大口・悪質な脱税者の刑事責任を追及するための組織で、強制力(令状)を持った税務調査を行なう。それ以外にも年に数回、有名人の脱税がマスコミを賑《にぎ》わしていたのを覚えているだろう。

納税者のプライベートな情報を把握する立場にある税務署員には、「これらの事務に関して知ることのできた秘密を漏《も》らし又は盗用したときは、これを二年以下の懲役又は一〇〇万円以下の罰金に処する」（新国税通則法一二六条）というきわめて厳しい守秘義務が課せられているから、刑事告発されたもの以外は公《おおやけ》にはならないはずなのだが、なぜか毎年、同じことが繰り返されていた。国税庁は話題になりそうな事件を選んでメディアにリークし、「税務署はこわい」というイメージを維持しようとしていたのだ。

ところでなぜ、このような「広報活動」が必要なのだろうか。

私が子どもの頃は学校には必ずこわもての教師がいて、規則に違反した生徒たちに片《かた》っ端《ぱし》から往復びんたを見舞っていた。当時はそれが当たり前で、殴《なぐ》られた本人はもちろん、親もいっさい文句をいわなかった。教師は無条件でエラいひとで、殴られた生徒が悪いに決まっていたからだ。公教育が崩壊した現在から振り返れば、学校の秩序は、彼ら体罰教師とそれを支持する地域社会によって支えられていた。

元高校教師の諏訪哲二《すわてつじ》（プロ教師の会）は、『オレ様化する子どもたち』（中公新書ラクレ）などの著書で繰り返し、学校には「教える者（処分する者）」と「教えられる者（処分される者）」の身分制が必要だと説《と》いている。だがこれは、教師（大人）と生徒（子ども）の差別を容認しているのではない。諏訪によれば、学校は一種の演劇空間であり、そこでは大人が教師を、子どもが生徒を演じることでしか、「教育」という物語は機能しないのだ。

一九八〇年代以降、公教育が崩壊しはじめたのは、親や生徒がこの虚構を信じなくなったからだ。子どもは生徒である以前に、一人の人間として教師と対等の権利（人権）を主張するようになった。それに対して大人の側も、教師の仮面を脱ぎ捨てて生身で（〝ひと〟と〝ひと〟として）子どもと対峙《たいじ》することを求められるようになった（『3年B組金八先生』はその象徴だ）。

こうして教師の権威が剝奪《はくだつ》されてしまうと、学校は秩序を失った弱肉強食の無法地帯となり、校内暴力や学級崩壊、陰湿ないじめの温床《おんしょう》となった。これは別に、体罰教育を復活させよという話ではない。それは、抗《あらが》いようのない時代の流れだったのだ。

税務調査とは、極端にいえば、納税者のプライバシーを土足で踏みにじり、財布の中身に手を突っ込み、命の次に大事なお金を奪い取ったうえで、なおかつそのすべてを納得してもらうというきわめて特殊な権力の行使だ。このようなアクロバチックな行為が可能になるためには、税務署員が納税者を指導し、納税者はそれに従うという暗黙の「身分制」が必須となる。仮に納税者が税務調査官と「〝ひと〟と〝ひと〟として」対等になったなら、徴税現場はトラブルの頻発で機能不全に陥るにちがいない。

では、ひとはなぜ税務当局の指導に従うのだろうか。それはもちろん、「こわい」からだ。ここに、国税庁が積極的に「広報活動」を行なわざるをえない理由がある。「市民に愛される税務署」だけでは、税の秩序は維持できないのだ。

だがこれは、晒《さら》し者にされる有名人にとってはきわめて理不尽な話だ。ほとんどのひとは黙《だま》って修正申告に応じ、税務署員の守秘義務に守られて、その事実を誰にも知られずに日常生活を送っている。これでは明らかに、憲法で定められた国民の平等に反する。

なぜこのような矛盾が生じるかというと、それは徴税という権力行使が悪なのではなく（それは国家にとって必須のものだ）、現在の税制が必然的に国民の権利に抵触するからだ。その結果、ひとびとの権利意識が強くなるにしたがって税務当局との軋轢《あつれき》は激しくなる。税務署員もまた、真面目に仕事をすればするほど市民から嫌われるというきわめて理不尽な状況に置かれているのだ。

＊最近はプライバシーに対する意識が高まったからか、刑事告発されてもいない著名人の脱税がメディアで報じられることはなくなったようだ。（新版註）

マイクロ法人に税務調査は来ない？

税務当局は、国家権力を行使する機関として、会社を倒産させたり、個人を刑務所に送り込んだりするパワー（暴力）を有している（強制捜査だけでなく、取引先に徹底した反面調査を行なっただけでも、信用を失って会社はつぶれてしまう）。その一方で、さまざまな制度上の制約によって、一部の納税者（自営業者・中小企業の経営者や農業従事者、および反社会的な人物）がきわめて有利な特権を享受しているのも事実だ。こうして税への信頼は揺らぎ、暗黙の「身分制」は消失し、いまや納税者が市民としての権利を声高《こわだか》に主張するようになった。これは、公教育が崩壊していく過程とまったく同じだ。

税務当局は決壊寸前の堤防に土嚢《どのう》を積み上げるような必死の努力をつづけているが、このままでは将来的に所得税や相続税、法人税の制度が維持できるかきわめてこころもとない。

ヨーロッパ諸国が消費税へと課税をシフトさせているひとつの理由は、それが納税者のプライバシーとは無関係な、人権ときわめて適合性の高い徴税手段だからだ。消費税では、最終納税者である消費者は個人情報を税務当局に提供する必要がない。消費税を代行徴収して納付するのは法人などの事業者で、ここでは税務調査が必要になるが、これは預かり金を正しく納めているかどうかの調査だから所得税などと比べてはるかに抵抗感は小さいだろう。

＊消費税導入にあたって中小・零細事業者の負担を軽くするために、前々年度の課税売上高が一〇〇〇万円以下の事業者については、免税事業者として消費税を納める義務が免除されてきた。これが「益税」だが、消費税率が上がるにつれてその弊害が目立つようになったため、二〇二三年一〇月にインボイス制度が導入され、消費税の納付額を正確に計算できるようになって益税がなくなった（インボイスを発行しない事業者と取引する場合、消費税額を仕入控除できない）。これに反発した個人事業

主らが反対運動を行なったものの、インボイス制度は当初の予定どおり実施された。（新版註）

消費税率をわずか数パーセント上げることすら政治的に困難な日本では、これからも相当の期間、矛盾に満ちた現行制度を維持していくほかない。そしてこのことが、フリーエージェントになるのをためらわせる大きな原因になっている。サラリーマンなら一生、税務署とは縁のない人生を送ることができるからだ。

だが現実には、フリーエージェントやマイクロ法人になったからといって、過度に税務調査を心配する必要はない。ほとんどの場合、彼らは調査対象から外されてしまうのだ。

サラリーマン法人フグタが、法人の経費や役員報酬・給与の支払いによって、適法な範囲で年間二〇〇万円の赤字にしていたとしよう。法人の赤字は一〇年間にわたって繰り越せるから、いずれは一〇〇〇万円を超える大幅な累積損失を抱えるようになる。このような法人では、仮に申告の誤りがあったとしても課税が発生することはありえないから、税務調査をする意味がない。

原則として、法人には三年に一回程度の調査を行なうことになっており、赤字法人への調査も定期的に行なわれているとされている。とはいえ、もしも仮にサラリーマン法人フグタに税務調査が入ったとしたら、それはマスオさんにとって、無料で税の専門家に帳簿の付け方や正しい申告方法を教えてもらえるまたとない機会になるだろう。だがこれは、税務調査官にとってはなんの意味もないボランティアだから、どれほど心待ちにしていても、こういうおいしい話はめったに実現しない。

法人を黒字にして税務調査が入った場合も、話は変わらない。売上も利益も少なければ、追徴課税される額も自《おの》ずと決まってくる。これはマスオさんにとって、若干の授業料で税の専門家から講習を受けられるのと同じだ。このとき指導されたとおりのことをやっていれば、次の税務調査を恐れることはない（というより、申告内容に大きな変化がなければ、税務調査をしようとは思わないだろう）。

最後に付け加えておけば、マイクロ法人を利用した節税には自ずと限度がある。もしもマスオさんが仕事で大成功して一億円のボーナスを受け取ったら、どのような節税法を用いても、法人や個人の所得をマイナスにしておくことは不可能だ。逆にいえば、それだからこそ、ここで紹介したような手法が事実上「公認」されてきたのだ。

もちろん収入が増えるのは、磯野家にとってよいことだ。誠実なマスオさんは、節税の範囲を超える利益に対してすすんで納税するだろう。それは社会にとってもよいことだから、話は丸く収まるのだ。

コラム

副業で節税できるか？

二〇二四年六月、内閣府が職員を対象に「賃上げを幅広く実現するための政策アイデアコンテスト」を実施した。「残業から副業へ。すべての会社員を個人事業主にする」という提案が優勝アイデアのひとつとして選ばれ、経済再生担当大臣が表彰したところ、「脱法行為を認めるのか」と炎上する事態になった。

提案の詳細は内閣府のホームページから削除されてしまったが、報道などによると、会社員が定時以降の残業を個人事業主として受託することにすれば、社会保険料や税金の負担が減って、会社の人件費を増やすことなく〝賃上げ〟ができる、というアイデアのようだ。

この提案については、労働者かどうかは働き方の実態で判断するべきで、仕事の内容も働き方も同じなのに、時間で区切って個人事業主と見なすのは「偽装請負」と同じで労働法を無視していると批判された。たしかにそのとおりだが、怒りの拳を振り上げる前に、なぜこれで収入が増えるのかを考えてみよう。

会社員は厚生年金や健康保険などの社会保険に加入している。保険料は賞与や各種手当を含む標準報酬月額に基づいて計算され、労使で折半する。

残業代を契約に基づく個人事業主への報酬にすれば、会社は給与の支払いが減り、これによって保険料の算定基準になる標準報酬月額も減るので、その分だけ保険料負担が軽くなる。社員も同じで、収入は同じでも社会保険料の減額分だけ手取りが増える。会社も社員も「ウィン=ウィン」になるのだ。

次に所得税だが、個人事業主は事業に必要な経費を収入から差し引くことができる。一般的には、自宅を仕事場にする場合は家賃や水道光熱費の半額が目安で、スマホなどの通信費や旅費交通費、新聞・雑誌・書籍の購読料なども一定の割合で経費にできるだろう。

パソコンなどは取得価格三〇万円未満なら経費扱いで処理できるし、車のような固定資産は減価償却費として経費計上が可能だ。サラリーマンの場合、給与所得控除を超える「特定支出」を申請するのは面倒だが、個人事業主ならさまざまな支出を経費にできるのだ（税務署に否認される場合もある）。

それに加えて、青色申告を利用することで六五万円の控除が受けられる。これらの経費を足していくと、事業所得（残業代）は赤字になるだろう。事業所得は給与所得と相殺できるので、これで所得税が安くなる。

これらはいずれも合法で、「副業のメリット」としてネットなどで解説されている。だったらなにが問題かというと、同じ職場で定時以降の仕事を「副業」にすることだ。これなら社員はなんのリスクもなく（いつもの残業をするだけで）手取り収入を増やせるし、会社も負担を軽くできるが、この〝魔法〟は、国が税・社会保険料を取りっぱぐれることで成り立っている。

　そう考えれば、この提案は「国家をハックせよ」とすすめるもので、それを経済再生担当大臣が表彰したというのは、じつはなかなかいい話だと思うのだ。

サラリーマンでも副業で節税できるか？

　会社員の副業には、他の会社に雇われる「雇用型」と、個人事業主として仕事を請け負う「業務委託型」がある。節税が可能になるのは、業務委託型の事業が赤字になり、給与所得と相殺したときだ（雇用型の副業では節税できない）。

　ところで、どんな副業でも赤字になれば税金が安くなるのだろうか。そう主張したのが只野範男《ただののりお》氏の『「無税」入門』（飛鳥新社）で、実際にこの方法で三七年間無税でサラリーマン生活を送ったという（ちなみに同書では、「この人たちの役に立たない節税術」として、野口悠紀雄《のぐちゆきお》氏、森永卓郎《もりながたくろう》氏とともに私の名前も挙げられている）。

　『「無税」入門』によれば、只野氏は趣味でイラストを描いており、税務署に開業届を出すことでこの趣味を〝事業化〟し、収入よりも経費が多い状態にして、損失を給与所得と相殺していた。このことからわかるように、「無税生活」が実現するかどうかのポイントは、損失しか生まない経済行為（というか趣味）が〝事業〟と認められるかどうかにある。これが雑所得と見なされれば、給与所得とは損益通算できず、なんの節税にもならないからだ。

只野氏は、〝事業〟かどうかは納税者が自分で決めるもので、税務署に開業届を出して受理されれば、利益があろうがなかろうが事業所得だと述べている。しかし残念なことに、税法上、事業所得の定義はこれほど単純なものではない。

昭和五十六年四月二十四日最高裁判決では、事業所得は、

①自己の計算と危険において独立して営《いとな》まれ、
②営利性、有償性を有し、かつ、
③反復継続して遂行《すいこう》する意思と社会的地位とが客観的に認められる業務から生じる所得をいう

と定義されている。

昭和四十九年八月二十九日東京高裁判決では、前記の三項目に加え、
④その取引に費《つい》やした精神的あるいは肉体的労力の程度、
⑤人的・物的設備の有無、
⑥その取引の目的、
⑦その者の職歴・社会的地位・生活状況等

の諸点が検討されるべきだと述べられている。

これらの司法判断を受けて税務当局は、事業所得とは「社会通念上、事業と認めら

れるもの」でなければならないとして、その判断基準を、「いわゆる本業であって、その利益から生活費を求めるものであるか否《いな》か」に置いている。これを簡単にいうと、趣味は事業所得とは認めないということだ。

只野氏に「無税生活」が可能だったのは、所轄の税務署が事業所得の定義について不案内であったか、還付額が少なく、いちいち問題にするのが面倒だったためだろう。ところがサラリーマンの副業が奨励され、ネット上で只野氏の手法が「サラリーマンの節税術」として広まったことで、税務当局は事業所得の認定を厳しく行なうようになった。

もちろん「がんばって働いても利益が出ない」という状況はままあることだから、開業当初は、赤字だからといって税務署が細かく詮索《せんさく》することはないだろう。だが赤字をいつまでもつづけ、給与所得と相殺して〝無税〟生活をしていると、税務署から事業内容を具体的に説明するよう要求される。ここで前記の七項目の基準に照らし、社会通念上、事業と認められるものであることを十分に主張できないと、雑所得として修正申告するよう求められるだろう。

5

生き残るための
キャッシュフロー管理

―― マイクロ法人のファイナンス

11. フラワーチルドレンのファイナンス革命

ウォール街は「私の戦場」

一九六六年夏、サンフランシスコ。二〇〇〇年におよぶキリスト教文明の呪縛《じゅばく》が解《と》け、水瓶座の時代《エイジ・オブ・アクエリアス》が幕を開けたとされるこの年、フィッシャーマンズウォーフの大ホールはトリップ・フェスティバルの狂乱《きょうらん》に揺《ゆ》れた。伝説のロックバンド、グレイトフル・デッドの演奏に乗って、中央に組まれた巨大な櫓《やぐら》から映像と閃光《せんこう》、大音響の洪水が溢《あふ》れ出し、その異空間でLSDをきめた数千人の若者たちが踊《おど》り狂《くる》った。それは六九年のウッドストックと並ぶ、フラワーチルドレンの祭典だった。

マイケル・ミルケンは当時、ヒッピーとニューエイジの拠点だったカリフォルニア大学バークレー校で経済学を学んでいた。保守的なユダヤ人家庭で育てられたミルケンはドラッグやフリーセックスからは距離を置いていたが、ベトナム戦争に反対し、国家や大学の権威を否定し、既存の価値観を覆《くつがえ》すカウンターカルチャーの嵐は、彼の人生観にも大きな影響を与えた。ファイ・ベータ・カッパ（成績最優秀者）としてバークレー校を卒業したミルケンもまた、フラワーチルドレンの申し子の一人だった。彼が社会改革のための「私の戦場」に選んだのは、ウォール街だった。

ミルケンは大学時代から、中小企業の資金調達が大手金融機関の裁量で行なわれるのは理不尽だと感じていた。担保《たんぽ》も信用もないベンチャー企業は、どんなに努力しても銀行から融資を断られれば倒産してしまう。これはまさに、体制の抑圧そのものではないか。

そこでミルケンは、信用力の低い会社が発行する債券をパッケージにすることを考えた。会社が破綻《はたん》してしまえば債券は紙くずになるが、すべての会社が倒産するわけではないのだから、統計理論上、十分にリスクを分散すれば高利回りの投資商品になるはずだった。

ペンシルヴェニア大学ウォートン校でＭＢＡを取得したあと、名門証券会社ドレクセルに入社したミルケンは、たった一人でジャンクボンド（くず債券）の市場創造に乗り出した。彼は自分が扱う債券の価格や条件を、細かな数字も含めてすべて記憶しており、顧客に対して即座に売値と買値を提示することができた。その仕事量は驚異的で、払暁《ふつぎょう》に会社へ向かうバスの中で、炭坑夫が使うヘッドランプを着用して資料を読んでいたという（本人はこの有名な逸話を否定し、「医療用のヘッドランプをいちど使ったことがあるだけだ」と述べた）。

七〇年代のアメリカは「株式の死」と呼ばれる時代で、機関投資家たちは資金の運用先に窮《きゅう》していた。そんな中、ジャンクボンドは安定高利回りのハイイールド債として人気を集めるようになり、たちまちのうちにミルケンはウォール街きってのインベストメントバンカーの座に上り詰めた。彼は二十五歳でドレクセルの利益の三五パーセントを稼ぎ出し、やがてすべての（！）利益をもたらすようになった（三十歳のときの彼の年収は邦貨で五億円を超えたが、それは一〇年後の年収五億五〇〇〇万ドルの一〇〇分の一にも満たなかった）。

三十二歳のとき、父親が末期がんに冒《おか》されていることを知ったミルケンは、ウォール街を捨てて自らのハイイールド債部門をロサンゼルス（ビバリーヒルズ）に移すことを決断する。しかし彼の仕事振りはまったく変わらず、始業はニューヨーク時間の午前七時半（カリフォルニアでは午前四時半）で、朝・昼・晩の三食を会社の食品サービス部からのケータリングで済ませ、一日一五時間ひたすら働きつづけた（そのため彼には三人のアシスタントが交代でついていた）。ビバリーヒルズのミルケンの王国には、資金調達に悩む企業経営者が世界中から押しかけた。彼はどんな相談にも、誠心誠意応対した。

ミルケンはこう語っている。

しかるべき格付けが貰《もら》えないからというだけの理由で、提供する製品やサービスの原価がそれだけ高くならざるを得ない、というのは一種の差別としか僕には考えられなかった。これはその企業の経営者や従業員に対する立派な差別だ。不公平であろう。そこで僕が、その手段を持ちながら、こうした人々のために資金調達をしてあげないということは自分に対する裏切りになる。

もし〝ドレクセル社の特徴は？〟と訊《たず》ねられたら、人々の役に立つことに徹していること、必要とされている時にその場にいることだ、というのが我々の答えだ。

（コニー・ブルック『ウォール街の乗取り屋』三原淳雄、土屋安衛訳／東洋経済新報社）

救世主の福音

ドレクセルの元経営幹部でインサイダー取引に連座したデニス・レビンは、「強欲《グリード》」の象徴とされたマイケル・ミルケンを、「六〇年代のヒッピーと現代のビジネスの大物が奇妙に独特な形で混り合ったような人だった――そしてちょっぴり古き良き時代の価値観も持っていた」と回想している（デニス・レビン／ウィリアム・ホファー『インサイドアウト　ウォール街証券マンの栄光と転落』高梨昌彦、中川保典訳／KDDクリエイティブ）。

ミルケンは徹底した自由主義者で、アルコール、タバコ、カフェイン、炭酸飲料、呪《のろ》い文句、肩書を軽蔑《けいべつ》し、自分自身の写真ならどんなものでも権利を買おうとし、会社の営業報告書にも自分の写真はおろか名前すら載《の》せないことを要求し、自分の部屋はなく、スタッフリストはアルファベット順だった（トレーディングルームにはエックス字形に机が配置され、ミルケンはその中央に陣取った）。

彼はまた慈善活動にも熱心で、三億五〇〇〇万ドルを出資してミルケン財団を設立すると、医療と教育の分野に多額の寄付をした。家庭を大事にすることでも有名で、信じられないような仕事のスケジュールの中でも地域の少年バスケットボール・チームのコーチをし、少しでも子育てを妻と分かち合おうと、午前一時に子どもにミルクを与えることもあった（マイケル・ジャクソンとは親友で、「スリラー」を出したばかりの世界的大スターがミルケンの家で子どもたちの面倒を見ていたこともあった）。

八〇年代のアメリカではメディアと通信の融合が進み、ケーブルテレビ会社が覇を競《きそ》った。だが当初、保守的な金融機関はこうしたリスキーなビジネスに融資せず、ミルケンが彼らの資金調達を一手に担《にな》った。企業のM＆A（合併・買収）が盛んになると、買収側は相手会社の資産を担保に債券を発行して資金を集めるレバレッジド・バイアウト（LBO）を多用した。〝ハゲタカ〟と呼ばれ、恐れられた投資家たちの背後にもミルケンの巨大な影があった。

ミルケンにとって、仕事の目的は金儲《もう》けではなかった。当時の顧客の一人はこう回想した。

「マイクと話すとそれはまるで〝説教〟だった。救世主のように福音《ふくいん》を説《と》く。彼は目的に向かって全身全霊を傾けることができたんだ」

だが一九八六年、大物投資家アイバン・ボウスキー（マイケル・ダグラス主演の映画『ウォール街』の強欲な投資家ゴードン・ゲッコーのモデルとされる）のインサイダー取引疑惑にかかわったとして司法省に召喚《しょうかん》され、その後、証券取引委員会（SEC）から証券詐欺《さぎ》にかかわる九八件の容疑で告発されたミルケンは、一〇年の実刑と一一億ドルの罰金を宣告されることになった。彼の逮捕とともにジャンクボンド市場は崩壊し、名門ドレクセルも巨額の不良債権を抱えて破綻・消滅した。

ミルケンは投資先のすべての財務データを記憶しており、マーケットは彼の脳の中にあった。これが「ジャンクボンドの帝王」の権力の源泉だった。支配者が退位を余儀《よぎ》なくされたあと、マーケットがあとかたもなく消えたのも当然だ。

稀代《きたい》のイノベーターであり、大富豪にして反逆者のミルケンは、わたしたちの世界になにをもたらしたのだろうか？　それを説明するためには、ファイナンスの基本から話をはじめなくてはならない。

お金が増える不思議な貯金箱

ファイナンスは日本語で資金調達と訳されるが、たんなるお金の借り方ではなく、より正確にはバランスシートを最適化するための財務戦略をいう。

図㉑バランスシート

運用	調達
資産の部	**負債の部**
資産	負債
	純資産の部
	資本金 剰余金

もういちど、バランスシートの仕組みを思い出してほしい（図㉑）。すでに説明したように、バランスシートでは負債と純資産の部（右側）で調達した資金を資産の部（左側）で運用する。すべての企業活動がこの一枚で表わされることからわかるように、事業とは資金を調達し運用する投資の一種だ。

このことは、お金が増える不思議な貯金箱を考えるとわかりやすい。機械の右側には投入口がふたつあり、左側にはお金の受取口がある。この貯金箱に一〇〇円玉を入れると、一年後には一〇五円や一一〇円に増えたお金が吐《は》き出される。だが、調子が悪いと八〇円や九〇円に減ることもあり、まれに壊《こわ》れてしまってお金が戻ってこない……。

ファイナンス理論では、会社をこの不思議な貯金箱と考え、機械の内部をどのように調整すれば、より少ない投資でより大きな成果が得られるかを考える。といっても、これはぜんぜん難しい話ではない。誰にでもわかるように、よい貯金箱の条件はふたつしかない。

①より安いコストで資金を調達する。
②より高い利回りで資産を運用する。

ファイナンスの教科書にはオプション理論のブラック＝ショールズ式をはじめ難しい計算式がたくさん出てくるが、突き詰めれば、いっているのはこれだけのことだ。

デットとエクイティ

不思議な貯金箱にはお金の投入口がふたつあったが、ファイナンス理論では、資金調達の方法を負債（Debt《デット》）と資本（Equity《エクイティ》）に分けて考える。負債には金融機関からの融資や社債の発行が含まれ、これを「デットファイナンス」という。一方、増資（株式の発行）によって資本金を増やすのが「エクイティファイナンス」だ（このうち社債と株式は投資家から直接資金を調達するから直接金融、融資は銀行があいだに入るから間接金融になる）。

デットファイナンスでは、会社は銀行から五パーセントの金利でお金を借りたり、三パーセントの利率で社債を発行したりする（期限が来れば元本は全額返済される）。この場合は、借入金利があらかじめ決まっているのだからコストの把握《はあく》は簡単だ。

問題は、エクイティファイナンスのコストだ。株主には、仕入や人件費、借入利息や税金など、事業に必要なすべてのコストを支払ったあとの残り（純利益）を配当すればよく、利益がマイナスなら当然配当もゼロになる。「儲かったときだけお金を払えばいい」というのは、経営者にとってきわめて都合のいい仕組みだから、エクイティファイナンスのコストはゼロ（あるいはデットファイナンスより安い）と長らく信じられてきた。

しかしそうすると、なぜ多くの会社が銀行から融資を受けているのかわからなくなる。コストは安いほどいいのだから、すべての会社はエクイティのみで資金調達するはずだからだ。

増資がただでお金を提供することなら、この申し出に応じるのは投資家ではなく慈善家だろう。彼らは社員や取引先の福利厚生のために、自分のお金を配《くば》っているのだ。

もちろん現実の株式市場では、投資家は慈善行為を行なっているわけではない。彼らは、それが十分割に合う（儲かる）と思うからこそ、命の次に大切なお金を投じるのだ。このことから、エクイティファイナンスにもコストが発生することが予想できる。とはいえ、株式には社債のようなクーポン（利札）がついているわけではない。

このような疑問から資本金のコストを考えるのが、ファイナンスの第一歩だ。

リスクプレミアム

投資家が社債を購入すると、年一回（または二回）決まった利息が支払われ、満期になれば元本が償還《しょうかん》される。社債の発行会社が倒産しなければ、これはきわめて安定した投資だ。

それに対して株式に投資すると、配当は業績によって変動し、株価によっても儲かったり損したりする。

ところで、ここに同じ会社が発行した二種類の証券があるとしよう。ひとつは利回り三パーセント、期間一〇年の普通社債で価格は一〇〇円だ。もうひとつは利払いの不確実な満期のない証券で、過去の配当実績はやはり利回り三パーセントだった。あなたは、この「社債」をいったいいくらで買うだろう。

一方は、保有していれば確実に三パーセントの利益を得ることができる。もう一方は、増えたり減ったりするものの、平均すれば三パーセントの利益になると期待できる（それより儲かることもあれば、損することもある）。どちらも同じ利回り三パーセントなのだから、証券の値段も同じ一〇〇円で構わない——と考えるひとは少数派だろう。

わたしたちはごく自然に、確実なものに高い価値を置き、不確実なものを嫌っている。これがなぜなのかを問われると難しいのだが、おそらくは太古から厳しい自然環境を生き延びてきた遺伝子によるものだろう（常に不確実なことに賭《か》けている種は、自然淘汰《とうた》で消えていったのだ）。

リスク回避性向を考慮に入れると、たとえ期待利回りが同じでも、利払いの不確実な証券の価格は利払いの確実な債券よりも安くならなければならない。このようなリスクの値段（リスクプレミアム）を考えると、株式（エクイティファイナンス）のコストは融資や社債（デットファイナンス）よりずっと高くなるはずだ。

＊厳密にいうとリスクと不確実性は別のもので、金融市場を考えるうえでこの区別はとても重要だ。数学的には、リスクとは確率的に把握可能なばらつきのことで、統計的に最大値と最小値を管理できる。それに対して不確実性は、統計（標準偏差）によっても予測することのできないばらつきで、突然とんでもない値が出てきたりする。

金融市場が管理できるリスク世界なのか、管理不能の不確実な世界なのかは長い議論があったが、二〇〇八年秋の世界金融危機において、統計的にはありえない出来事が毎日のように起きたことから〝不確実説〟の勝利が確定した。それによれば、金融市場は複雑系のネットワーク（スモールワールド）で、システムに組み込まれたフィードバック機能によってバブルや暴落が間歇《かんけつ》的に起きる。

〝不確実説〟の長所は金融危機を完璧に説明できることであり、その弱点は、原理的に危機を回避する方法がないことだ。不確実性は予測不可能なのだから、管理することもできないのだ。

リスクプレミアムは通常、リスクフリー（リスクゼロ）の国債の利回りとの差で示される。日本の財政事情からすれば国債にリスクがないというのはおかしな気がするが、国家はその気になれば紙幣をいくらでも印刷できるから、円建て国債は原理的に無リスクなのだ（そのかわり超円安やハイパーインフレが起きることはある）。

国債の利回り（リスクフリーレート）を二パーセントとするならば、利回り三パーセントの社債のリスクプレミアムは一パーセントになる。社債の利回りが国債より高くなるのは、社債には常に破綻《デフォルト》リスクがあるからだ。このスプレッドは格付けによって決まり、トリプルAはもっとも信用力が高く、ダブルBを下回ると「投資不適格」とされ、金融市場での資金調達の道は閉ざされる。

このように社債のコストは格付けによって決まるが、利回りの不確実な証券（株式）はどのようにリスクプレミアムを計算すればいいのだろうか。

CAPMとベータ

エクイティファイナンスのコストは、ファイナンス理論的にはオプション価格として求められるが、話がややこしくなるので、ここではCAPM《キャップエム》を使った標準的な理論で説明しよう。

最初に、株式市場の平均的なリターン（投資利回り）を計算する。ここでは仮に、それを七パーセントとしよう。すると、株式投資のリスクプレミアムは五パーセント（平均リターン7％－国債利回り2％）になる。

＊株式市場のリターンには、日本市場であれば日経225やTOPIX《トピックス》などの株価指数が使われるが、ここで注意すべきなのは、こうした株価指数は配当が考慮されていないことだ。配当を再投資してい

けば、当然、その分だけ利回りは複利で上がっていく。そのため実務上は、配当込みＴＯＰＩＸなど再投資を考慮した指数を使用する。

ところで、株式投資のリスクプレミアムがそのまま個々の会社のコストになるわけではない。個別株のリスクは、それぞれの会社の特徴によってまちまちだからだ。

そこでＣＡＰＭでは、これを株価インデックス（市場平均）とのばらつきのちがいで表わす。誰でも感覚的にわかるように、ハイテク株は電力株よりリスクが高い。これはハイテク株の株価のばらつきが市場平均より大きく、逆に電力株のばらつきが市場平均よりも小さいからだ。この差はβ《ベータ》という記号で表わされる。

ベータは1を基準として、インデックスが一〇〇円上がったときに株価が一五〇円高くなれば（インデックスが一〇〇円下がったときに株価が一五〇円安くなれば）ベータ＝1・5となる。逆に、インデックスが一〇〇円上がったときに株価が五〇円しか高くならなければ（インデックスが一〇〇円下がったときに株価が五〇円しか安くならなければ）ベータ＝0・5だ。すなわち、株価の平均的なばらつきと比較して、ベータが1より大きければハイリスク、1より小さければローリスクと考えればいい。

ファイナンス理論では、個別株のリスクは、株式市場のリスクにベータを乗じて求める。

仮にベータが1・5とすると（ハイリスク）、市場のリスクプレミアム（5％）にベータを掛けた個別株のリスクは七・五パーセント（5％×1・5）で、これにリスクフリーレート（国債利回りの2％）を加えた株式の調達コストは九・五パーセント（7・5％＋2％）になる。

一方、ベータが0・5（ローリスク）なら個別株のリスクは二・五パーセント（5％×0・5）で、株式の調達コストは四・五パーセント（2・5％＋2％）だ。株式の平均的なリターンは通常、融資金利や社債のクーポンより高いから、ハイリスクでもローリスクでも、エクイティファイナンス（株式での資金調達）のコストはデットファイナンス（融資・社債）よりも高くなる。

資本コスト

ここで、デットファイナンスのコストが三パーセント、エクイティファイナンスのコストが九・五パーセントとして、それぞれ三〇〇〇万円と一〇〇〇万円を調達しているとしよう。この場合のバランスシートは、図㉒のようになる。

負債の部で三〇〇〇万円を年利三パーセントで調達しているから、一年間の利払いは九〇万円だ（3000万円×3％）。これに対して純資産の部の資本金一〇〇〇万円には九・五パー

図㉒バランスシートと資金調達コスト

資産の部	負債の部
資産 4000万円	3000万円 コスト 3% 年90万円
	純資産の部
	1000万円 コスト 9.5% 年95万円

図㉓負債の税効果を加味したバランスシート

資産の部	負債の部
資産 4000万円	3000万円 コスト2.1% 年63万円
	純資産の部
	1000万円 コスト 9.5% 年95万円

セントの利回りが期待されているから、年間のコストは九五万円になる（1000万円×9・5%）。ただしこれは、実際に配当として支払われるまで確定しないから、いわばヴァーチャルなコストだ。

エクイティファイナンスとデットファイナンスには、もうひとつ大きなちがいがある。それが税金だ。

融資や社債の発行で支払った利子は、税務上、損金にすることが認められている。この例では、負債から発生した利払いコストで利益が九〇万円減るのだから、法人税の実効税率を三〇パーセントとすれば、法人税が二七万円（90万円×30%）少なくなる。そうすると、実質的な負債コストは六三万円（90万円－27万円）で、コスト率は二・一パーセント（63万円÷3000万円）に下がる（図㉓）。

株式の配当は税金を支払ったあとの純利益の分配だから、税務上の損金にはならない。それに対して借金は、日本国が利息の一部を負担してくれるのだ。

図㉓では、総額四〇〇〇万円の資金調達に対して、負債として六三万円、資本金として九五万円を支払っているから、総コストは一五八万円、コスト率は三・九五パーセントになる（〈63万円＋95万円〉÷４０００万円）。ファイナンス理論では、負債と純資産のコストを加重平均したこの三・九五パーセントを「資本コスト」、すなわちバランスシートにおける調達金利と考える。

究極のインサイダー取引

資本金に対するコストは「ヴァーチャルなコスト」と述べたが、別の言い方をすれば、株主が経営者に要求する利回りと考えることもできる。株主が株式会社の主権者であり、経営者は株主のために事業を運営するとすれば、使用人が主人の要望に応《こた》えるのと同じだから、この要求は経営者にとってコスト（義務）以外のなにものでもない。

だがここに、株主のことなどなにも考えない経営者がいたとしたらどうだろう。その場合でも、エクイティファイナンスはコストになるのだろうか。それを考える格好の例が、ＭＳＣＢ（転換価格修正条項付転換社債）だ。

この不可思議なファイナンス手法の話に入る前に、第三者割当増資について説明しておかなくてはならない。

発行株式数一〇〇万株、株価一〇〇〇円（時価総額一〇億円）の企業が、五〇万株の増資で資金調達したとする。発行株式数は一五〇万株に増えるから、時価総額が変わらなければ株価は三分の二の六六〇円に下落するはずだ。これを株式の希《き》薄《はく》化というが、増資によって常に株価が下落するとはかぎらない。ここで問題になるのは、発行株式数や調達金額ではなく、資本コストと期待利回りの関係だからだ。

バランスシートで考えればわかるが、理論上、増資は株価に対して中立だ。希薄化すれば株価は下がるが、調達コスト以上の利回りで資金を運用できれば株価は逆に上がっていくだろう（株価が上がる＝儲かると思わなければ投資家は増資に応じない）。

企業がコストの安い融資や社債（デットファイナンス）ではなく増資を選択するのは、これから行なう投資（事業）がリスキーで、安定した利回りを求める銀行や社債投資家のニーズに合わないからだ。そこで、ハイリスク・ハイリターンの投資機会を求める株式投資家（たとえばベンチャーキャピタリスト）に出資を求めるのだ。

このことからわかるように、株式市場において増資は公募の時価発行が原則となる。事業の期待利回りが調達コストを下回ると思えば、増資に応募する投資家はいなくなる。経営陣の事業計画をマーケット（投資家）が判断するのだから、これはきわめて公正な取引だ。

ところが日本の株式市場では、時価よりも低い価格での第三者割当増資が多用されていた。これは特定の投資家に対し割引価格で新株を発行し、資金調達する方法だが、資本主義の原則からはきわめて問題が多い。

株式市場は、株主（投資家）が会社（経営者）を選ぶ仕組みだ。それに対して第三者割当増資は、経営者が投資家を選ぶ。

先の例では、既存の株主はその会社に一〇億円の価値があると思うから、一〇〇〇円の株価で株式を保有している。そこに発行価額七〇〇円で第三者割当増資を行なうとすると、自社の株式にはそれだけの価値しかないと経営者が認めたのと同じことになる。

経営者が自社株の価値を判断できるのは、内部情報を独占しているからだ。そしてその情報を特定の投資家にのみ提供し、資金を調達する。そう考えれば、これは究極のインサイダー取引だ。ところが不思議なことに、日本の証券市場ではこんな取引が大手を振って認められていた（現在も行なわれている）。

ＭＳＣＢという災厄

財務内容が堅調なら、銀行からの融資や社債の発行で低利の資金調達ができる。投資家が夢中になるような事業プランがあれば、時価発行増資で期待以上の資金を集めることが可能だ。

それではなぜ、第三者割当増資などというあやしげな方法を選ぶのだろうか。

理由は明らかで、それ以外の方法では誰も資金を出してくれないからだ。

だがそれでも、第三者割当増資は投資家にリスクがあるだけ、まだ市場の規律が働いている。三割引の七〇〇円で増資を引き受けても、既存の株主が落胆して株を投げ売ればそれ以上に値下がりし、損失を被《こうむ》る可能性があるからだ。それを考えれば、いくら割安でも無謀な増資を引き受けるのは腰が引けるだろう。

だがそうなると、第三者割当増資でも資金調達できずに苦境に陥《おちい》る会社が出てくる。ここで登場したのが第三者割当のＭＳＣＢで、これは簡単にいうと、株価が値下がりしても投資家が損をしない仕組みのことだ。

ＭＳＣＢは転換社債の一種だが、転換価額の修正条項が付いていて、株価が下がればそれに応じて転換価額を下げることができた。これはつまり、調達金額が固定されていて、発行株式数が変動するということだ。

先の例で、ＭＳＣＢで五億円を資金調達したとしよう。このとき当初の株価を一〇〇〇円とすれば、発行株式数は五〇万株になる。

ところがこのニュースに市場が落胆し、株価は暴落して五〇〇円になってしまった。この場合でも会社は予定どおり五億円の出資を受け取れるが、そのための発行株式数は一〇〇万株になる（5億円÷500円）。株価が一〇分の一の一〇〇円まで下落すれば、五〇〇〇万株の新株を発行しなければならない。これは既存の発行株式数（一〇〇〇万株）の五倍だ。

このようにMSCBを発行すると、株価はきわめて高い確率で下落する。そこでMSCBを引き受けた投資家は、その株式を空売りして損失をヘッジしようとする。それによって株価が下がると発行株式数が増えるから、さらに多くの空売りをしなければならない……。この負のスパイラルによって、MSCB発行会社の株は暴落するのだ。

MSCBは株価に対して破壊的な効果を持つから、既存の株主にとっては災厄以外のなにものでもない。だがそれでも多くの会社がMSCBに頼ったのは、そうしないと資金繰《ぐ》りがショートするからだ。「倒産するよりはマシ」との理屈で正当化しつつ、その一方で、MSCBを引き受けた投資家（発行会社の経営者と利害関係をともにする場合も多い）はほぼ確実に儲かるのだから、これでは市場ルールもなにもあったものではない。

MSCBは欧米の株式市場ではありえない資金調達方法で、もし実行すれば確実に株主代表訴訟の対象になる（世界金融危機でも、MSCBで資金調達した欧米の金融機関はなかった）。ところが日本市場ではそれが当たり前のように行なわれ、金融庁や証券取引所もずっと黙認してきた。

ファイナンス理論が教えるように、エクイティファイナンスは会社にとってコストの高い資金調達方法だ。だがそのコストはヴァーチャルなもので、株価が下落してはじめて顕在化する。

ＭＳＣＢは、経営者が株価の下落を前提として資金調達する世にも不思議な仕組みだった。それはきわめて高い代償を要求するが、その損失は既存の株主が支払うことになる。株主は「会社の所有者」だから、経営者はすべてのつけを彼らに押しつけることができるのだ。

正しい配当

ファイナンス理論で資金調達の資本コストが明らかになったとして、次に問題になるのが資産サイドの運用利回りだ。バランスシートの構造を見れば明らかなように、千差万別《せんさばんべつ》の企業の事業活動も突き詰めれば次の一行に集約することができる。

すべての投資は、資本コストを上回る利益をもたらさなくてはならない。

これが、不思議な貯金箱の原理だ。負債サイドで資金を調達し、資産サイドでその資金を運用する以上、投資利回りが調達コストを上回っていなければバランスシートは縮《ちぢ》んでいってしまう。

一年間の事業活動で得た純利益は、株主に配当で還元する以外に、内部留保することもできる。純利益の何割を配当するかが配当性向で、日本企業は利益の三割から四割を株主に返してきた。

ところで、こうした中途半端《ちゅうとはんぱ》な配当に合理的な理由はあるのだろうか？

純利益を配当せずに社内にとどめるのは、その利益を翌期に再投資するためだ。この経営判断に株主が納得するのは、再投資の予想収益率が株主の期待利回りを上回っているときだけだろう。これを言い換えると、内部留保とは、経営者が株主にかわって株主のお金を運用することにほかならない。

経営者が新規事業への投資によって、株主が自分で運用するよりも大きな利益を上げることができると確信しているとしたら、利益の一部を配当で株主に戻すのは、背任《はいにん》とはいわないまでも不誠実だ。利益を配当すると株主（個人）側も配当所得に課税されるから、二重課税が発生する。それに対して利益を内部留保すれば、二重課税を回避しつつ複利で運用できるから、仮に両者の運用利回りが同じだとしても、税コストの分だけ株主は得をすることになる。

一方、株主の期待リターンを上回る投資機会がないと経営者が判断するならば、利益の一部でも内部留保するのは株主に対する背信《はいしん》だろう。株主は、その資金をより有利な投資に振り向けることができたのだから、これは機会損失以外のなにものでもない。

このようにファイナンス理論の原則からは、会社はすべての利益を株主に還元する（配当性向一〇〇パーセント）か、全額を内部留保する（配当性向ゼロパーセント）かのどちらかになるはずだ。

失業率の上昇にともなって、政治家や労働組合が企業に対し、内部留保を取り崩して雇用対策をせよと要求するようになったが、株式会社の仕組みを考えればこれがいかに理不尽な要求かがわかる。内部留保とは、株主の資金を経営者がかわりに運用することだった。これを労働者の休業補償に流用するのは、株主から見れば強盗にあったのと同じことだ（そのうえ彼らは、内部留保がすべて現金で保有されていると思っていた！）。

内部留保が株主の利益以外の目的で使われるなら、もはや投資家は日本企業の株式を保有しようとは思わないだろう。だが不幸なことにこの国では、政治家もマスメディアも国民も、こんな当たり前のことすら理解しようとしない。

レバレッジ経営

次に、バランスシートにレバレッジをかけることと、ROE（株主資本利益率）の関係について簡単に説明しておこう。

まず、五〇〇〇万円の資本金で五〇〇〇万円の不動産を購入し、賃貸に出して収益を得るという単純な事業を考えてみる。このとき賃料を年間二五〇万円とすれば、年利回りは五パーセントだ（250万円÷5000万円。ただし固定資産税や諸経費は考慮しない）。

次に、一〇〇〇万円の資本金で四〇〇〇万円を借り入れ、五〇〇〇万円の不動産を購入して同様の事業を行なってみよう。この場合は、やはり年間二五〇万円の賃料が得られるが、投資した資金は一〇〇〇万円なので年利回りは二五パーセントに跳《は》ね上がる（250万円÷1000万円）。このようにレバレッジをかければ、投資利回りはそれだけ高くなる（実際には負債の四〇〇〇万円に対する金利負担が発生するから、その分だけ利回りを押し下げる）。

もちろんこのリターンは、リスクとトレードオフだ。不動産価格が二〇パーセント（一〇〇〇万円）下落しても、前者は資本金の一部を失うだけだが、資本に五倍のレバレッジをかけた後者は一〇〇〇万円の資本金をすべて失ってしまう。

資本に対する収益率をＲＯＥ（Return on Equity）と呼ぶが、この例では、まったく同じ事業を行なっているにもかかわらず、レバレッジなしだとＲＯＥ五パーセント、五倍のレバレッジならＲＯＥ二五パーセントとなる。このように、レバレッジをかければかけるほどＲＯＥは高くなる。

一九八〇年代以降、アメリカ企業を中心に、資本金を減らし負債を増やすレバレッジ経営が大流行したが、これは株価がＲＯＥに連動するようになったからで、資本金が少なく負債の多いバランスシートは、高収益企業の証《あかし》として投資家からもてはやされた。

現代のM&Aでは現金を支払うかわりに株式が付与《ふよ》されるから、株価が高ければより少ない株式でより大きな買収が可能になる。さらには経営陣の報酬も株価に連動するため、どの企業も競ってバランスシートにレバレッジをかけてROEを引き上げようとした。

その一方で、少ない資本で巨額の資産を保有するとバランスシートが不安定になり、格付けが下がってしまう。格付けが低いと資金調達コストが高くなるし、「投機的」まで評価が下がれば株価も大きな影響を受ける。この隘路《あいろ》を抜ける道を見つけた者だけが、高い株価と法外な報酬という成果を手にしたのだ。

商業銀行は顧客から預金を集め、それを貸し付けて利ざやを得るから、収益の源泉はバランスシート（資本と負債）だ。それに対して投資銀行はM&Aなどのアドバイザリー（助言）業務で収益を上げるから、自らの資本をリスクに晒《さら》すことはないとされてきた。だがサブプライムローンやCDSなどの証券化商品が爆発的に広まると、彼らもまた自らの資本を使って積極的な運用をする必要に迫られた。ゴールドマン・サックスやモルガン・スタンレー、リーマン・ブラザーズなどウォール街の投資銀行は、二〇〇〇年以降、目の覚めるような収益を上げることになるが、宴《うたげ》が終わったあとで振り返れば、魔法の秘密は高いレバレッジにあった。

一九九八年のロシア金融危機で大手ヘッジファンドのLTCMが破綻《はたん》したが、そのとき彼らは五〇億ドルの自己資本のうえに一二〇〇億ドルの総資本（レバレッジ率二四倍）と想定元本一兆二五〇〇億ドルのデリバティブ契約を抱えていた。二〇〇八年九月に破綻した投資銀行リーマン・ブラザーズは、自己資本に対して三〇倍のレバレッジをかけていたという。LTCMの破綻から一〇年で、投資銀行はもとよりシティバンクのような商業銀行まで「レバレッジ経営」で収益をかさ上げするのが当たり前になった。

FRBのバーナンキ議長は、実質国有化したAIGを「保険会社に付随したヘッジファンド」と評した。だがAIGにかぎらず、誰も気づかないところで、ほとんどの金融機関がいつのまにかヘッジファンドに変身していたのだ。

ミルケンの見た夢

LBO（レバレッジド・バイアウト）は資本にレバレッジをかけて企業を買収する投資手法で、マイケル・ミルケンの時代に登場し金融市場に革命を起こした。それまでのM&Aでは巨大企業が弱小企業を呑み込むのが当たり前だったが、LBOを使えば「小が大を倒す」ことが可能になった。そのファイナンスを一手に握ったのが、「ジャンクボンドの帝王」だった。

買収相手の会社をバランスシートで考えれば、事業活動から毎年一定の利益（キャッシュ）を生み出すのだから、キャッシュの流れは不動産投資と同じだ。マイホームを買うときは、不動産を担保に住宅ローンを借り、投資にレバレッジをかける。だったら、会社を買うときに同じことをしてはいけない理由がどこにあるだろうか——。

これがLBOの考え方だ。

毎年一〇〇万円を株主に配当する会社は、毎年一〇〇万円の賃料を生み出す不動産物件と同じだ。その不動産が二〇〇〇万円で売られているのなら、会社の値段も同じ二〇〇〇万円になるはずだ。金融機関は、これから購入する不動産を担保に一〇〇〇万円の住宅ローンを貸し付ける。これはすなわち、買収先の（自分のものではない）会社を担保に一〇〇〇万円を融資できるということだ。

このように、会社を徹頭徹尾《てっとうてつび》〝もの〟と見なすことから金融のイノベーションは生まれた。

＊会社の価値を計算する際には、配当ではなくフリーキャッシュフローが使われるが、それについては次節で説明する。

LBOにおいて、買収先の会社を担保とした融資にはきわめて高いリスクプレミアムが上乗せされている。これはハイイールド債（ジャンクボンド）そのものだから、ミルケンのみがその圧倒的な営業力で自分の顧客にこの債券を売り込むことができた。ジャンクボンドの帝王は一九八〇年代のM＆Aブームで強大な影響力を持つようになり、触れるものすべてを黄金に変えるミダス王のように天文学的な富を生み出した。

だがそこに、思わぬ罠《わな》が待ち構えていた。

ミルケンのチームは、ウォール街の誰よりも早くM&Aの情報を知ることができた。TOB（株式公開買付）が行なわれれば、買収の標的とされた会社の株価は急騰するから、公表前に先回りして買っておけば確実に儲けることができる。ミルケン自身が不正に手を染《そ》めていたわけではないが、スタッフがこうしたインサイダー情報を一部の大物投資家に流したり、自らインサイダー取引に手を染めていたことが明らかになって、「王」にまで司直《しちょく》の手が及ぶことになったのだ（ニューヨークの主任連邦検事で、市長の座を狙《ねら》っていたルドルフ・ジュリアーニの売名行為との説もある）。

九〇年に投獄されたミルケンは、九三年に余命一年から一年半の前立腺がんと診断され、刑期を短縮して出所を許された。ところが彼は、自分の病気を徹底的に研究し、ストレス解消とヨガの瞑想《めいそう》をはじめ、完璧な菜食主義に転向し、海の空気に触れるために別荘を借り、東洋医学の専門家を自宅に住み込ませることで、不治の病を克服《こくふく》してしまう（その後、総額七五〇〇万ドルを出資して前立腺がんの研究を援助する財団を創設した）。

判決によって金融業への復帰を禁じられたミルケンは、九六年に幼児期の教育支援を目的とするナレッジ・ユニバース社を設立するが、この会社の取締役には〝メディア王〟ルパート・

マードックやテレ・コミュニケーション社長のトム・ヒンドリーらの大物が名を連《つら》ね、オラクル会長ラリー・エリソン、CNN創設者テッド・ターナー、インテル会長アンドリュー・グローヴなどビジネス界の大立者《おおだてもの》たちが事業を支えるパートナーとなった。なぜならミルケンこそが、企業ファイナンスに革命を起こし、彼らのベンチャー時代に魔法のような力で巨額の資金を調達してくれた恩人だったからだ。

カウンターカルチャーの末裔《まつえい》であるマイケル・ミルケンは、金融の世界にラブ&ピースの理想を実現すべく、最先端のファイナンス理論をマーケットに持ち込み、なにもない場所から巨大なジャンクボンド市場を創造した。サブプライムローンやCDSなどの証券化商品は、その起源を辿《たど》ればすべて一九七〇年代に行き着く。これら金融工学のイノベーションは、さまざまにかたちを変えながら三〇年後のグローバル市場を覆《おお》いつくし、わたしたちの世界に莫大な富と多額の損失をもたらした。

それは、反戦歌の流れる六〇年代のバークレーで、ミルケンが夢見た金融市場の未来だったのだろうか。

＊マイケル・ミルケンは二〇二五年二月現在、七八歳で存命。二〇二〇年にドナルド・トランプ大統領の恩赦を受け正式に無罪の身になった。

12. キャッシュフロー計算書で資金繰りを理解する

キャッシュフロー計算書

会社でも家計でも、細々とした日々の支払いが発生する。これを賄《まかな》うのが運転資金で、自営業者から大企業の財務部までがその管理に神経をすり減らしている。運転資金が枯渇《こかつ》すると、会計上は黒字でも会社はあっけなく倒産してしまう（これを黒字倒産という）。

賃貸生活をしているひとは、家計の実態を損益計算書（ＰＬ）とバランスシート（ＢＳ）だけで把握できる。だが住宅ローンを借りていると、これだけではうまくいかないことにすぐに気がつくだろう。ＰＬでは利益が出ていても、実際にはお金が足りなくなるという事態が頻繁《ひんぱん》に起きるからだ。

毎月の住宅ローン返済額のうち、ＰＬに損金として計上されるのは支払利息だけだ（元本の残高はＢＳに計上される）。考えてみればこれは当たり前で、借りたものを返すだけなのだから、この取引には損も得もない。だが現実には、借りたお金は不動産の購入代金に使ってしまったのだから、返済のための現金が足りなくなる。この状態を「資金繰《ぐ》りがつかなくなる」という、個人でいえばローン返済が滞《とどこお》り、銀行から差し押さえを通告される状況だ。

こうした悲劇を避けるには、PLとは別に現金の収支を把握する必要がある。そのための財務諸表がキャッシュフロー計算書（Cash flow Statement＝CS）で、これは要するに現金出《すい》納帳《とうちょう》のことだ。

賃貸生活者の家計では賃料は生活費用として収入から差し引かれるから、PLとCSは一致する。それに対して住宅ローンのある持ち家の家計は、CSで現金の流れを確認しておかないと、会計上の利益が出ているのに生活資金が足りなくなって慌てることになる。

企業会計では、PLとCSの数字に齟齬《そご》が生じる大きな要因として、借入や貸付のほかに、買掛金（仕入債務）と売掛金（売上債権）がある。これは先に説明したように、掛け売りや飲み屋のつけと同じだ。家計における代表的な買掛金はクレジットカードで、購入から支払いまでのあいだに一カ月程度のタイムラグが発生する。店舗が（クレジットカード会社を通じて）、この代金を売掛金として無利子で顧客に融資してくれるのだ。

このように買掛金や売掛金には、借入（貸出）であるにもかかわらず利息がつかないという特徴がある（クレジットカード払いの場合、支払い回数が一回なら無利息だが、分割払いにすると高利の利息が発生する）。買掛金は多ければ多いほど「無利息」のメリットを享受《きょうじゅ》できるから、家計で〝キャッシュフロー経営〟を実行するにはすべての支払いをクレジットカードの一回払いにするべきだ。

町の八百屋は、売上代金を店頭で現金で受け取り、仕入代金は卸問屋に後日まとめて支払うから、資金繰りに悩むことはない。ダイエーが典型だが、こうした現金商売ではキャッシュフローは常にプラスになり、会計上の決算は赤字でも会社はなかなか倒産しない。

それとは逆に、卸問屋は農家から現金で仕入れ、八百屋につけで売るのだから、買掛金よりも売掛金が大きくなってキャッシュフローはマイナスになる。このような業種では入金よりも先に現金が出ていくから、その不足分をあらかじめ準備しておかなければ支払いができなくなり、事業は破綻してしまう。この資金ギャップを埋めるのが運転資金で、その資金繰りは、規模の大小にかかわらずすべての企業が生き残るための必須のファイナンス技術だ。

社長はなぜ中古のベンツを買うのか

買掛金、売掛金と並んで、キャッシュフローを管理する際に覚えておきたいのが減価償却《げんかしょうきゃく》の扱いだ。減価償却は、年数とともに価値が減価する資産を購入した際の会計上の扱いだ。たとえば三〇〇万円で営業車を購入したとしても、その全額が初年度に経費（損金）となるわけではない。車は資産であり、中古車市場で売却すれば現金に戻すことができるからだ。

減価償却には定率法と定額法があり、税務申告の際にどちらかを選択できる。定率法では一定率が毎年資産価値から差し引かれ、定額法では一定額が減価していく。一般に定率法のほうが資産を早く償却できるので好まれるが、ここではわかりやすい定額法で説明しよう。

＊一〇〇万円の資産を定額法で減価償却する場合、耐用年数を一〇年とすれば、毎年の償却額は一〇万円となる。一方、定率法では償却率が二五パーセントになるので、初年度の償却額を二五万円にできる。

図㉔のように、営業車を購入してもバランスシート上は現預金が固定資産に置き換えられただけだから、その他の項目にはなんの変化もない。だがこの時点で、実際には三〇〇万円の出金があるから、初年度のキャッシュフローはその分だけマイナスになる。

普通自動車の法定耐用年数は六年で、三〇〇万円の営業車の会計上の価値は毎年五〇万円ずつ減価していく。これは会計上の経費（損金）と見なされるが、すでに代金は支払っているのだから、翌年以降のキャッシュフロー（現預金の額）にはなんの影響もない（図㉕）。要するに、初年度の三〇〇万円の支出を、中古車価格の実態に合わせて六年かけて費用化するわけだ。

減価償却は「中古」になって価値が落ちる資産が対象で、株や債券などの有価証券はもちろ

図㉔営業車を購入した際のBSの変化

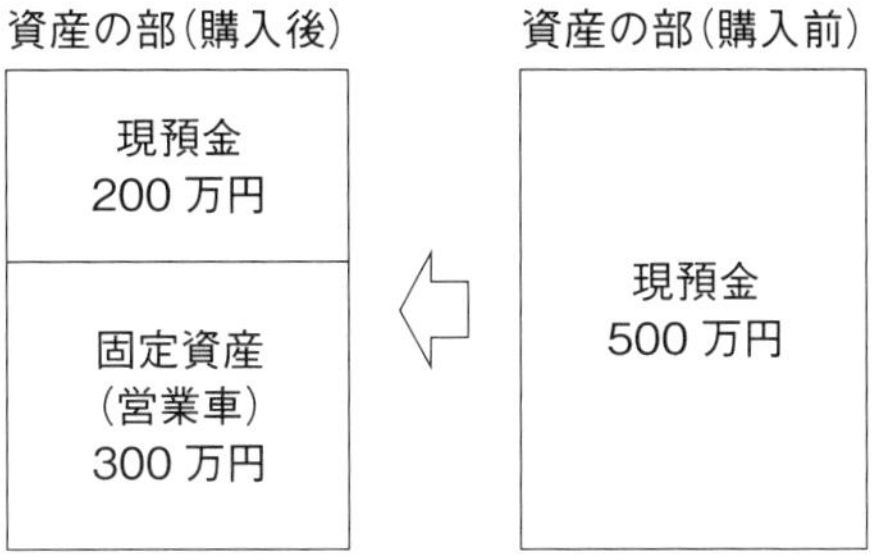

現預金が営業車に置き換わってもBSの総額は変わらないが、現預金 300 万円が流出する。

図㉕翌年度のBS

減価償却によって営業車の資産価値が減価し、BS が縮小するが、現預金の額は変わらない。

ん、貴金属や絵画、美術品など市場性のある資産にはあてはまらない。不動産は、建物部分のみが減価償却の対象になる。

ところでここで、普通自動車の法定耐用年数が六年としても、すべての車が六年で無価値になるわけではないと考えるひとがいるだろう。これはそのとおりで、減価償却のルールは国税庁が便宜《べんぎ》的に決めたものだから、時価とは異なる。この差異を利用すれば、中古になってもあまり価値が落ちない資産を購入することで節税メリットを享受できる。これが、「中小企業の社長が四年落ちのベンツを買う」理由だ。

ここで、Sクラスのベンツの四年落ちを六〇〇万円で購入したとしよう。耐用年数まであと二年だから、定額法では年間三〇〇万円を損金にでき、マイクロ法人の実効税率を一八・五パーセントとすると年間五五万五〇〇〇円、二年間で一一一万円の節税になる（このケースでは、定率法を使えば初年度で六〇〇万円全額を償却できる)。

そのうえさらに、六年落ちのベンツが中古車市場で三〇〇万円で売られていたとすると、この時価がバランスシートに計上されない含み益になる。このように資産を短期間で費用化することによって、ベンツ代金の約二割を国がかわりに払ってくれて、おまけに含み益まで生じるという不思議な話になるのだ(とはいえ、これはもともと車を購入する予定があった場合に、個人より法人が、新車よりも中古が有利になるという話なので、分不相応な高級車を買えばその分キャッシュフローを圧迫することに変わりはない)。

＊不動産を法人名義で購入する場合も中古物件のほうが節税効果は高い。減価償却には「資産を経費にできる」という大きなメリットがあり、ローンと組み合わせて一定期間キャッシュアウトなしで資産を購入する(ローンの返済額よりも節税額を大きくする)などさまざまなテクニックが開発された。

三つのキャッシュフロー

資金繰りを管理するための財務諸表がキャッシュフロー計算書(CS)で、図㉖のように、直接法と間接法のふたつの計算方法がある。

直接法CSは、営業収入から商品の仕入代金や人件費など、実際の支出を引いていく方法

図㉖キャッシュフロー計算書

間接法	直接法
営業活動によるキャッシュフロー	**営業活動によるキャッシュフロー**
税引前当期純利益（スタート）	
減価償却費（＋）	営業収入（＋）
売上債権の増加（－）	商品の仕入支出（－）
棚卸資産の増加（－）	人件費支出（－）
仕入債務の増加（＋）	その他の営業支出（－）
その他負債の増加（＋）	
小計	小計
利息の受取額（＋）	利息の受取額（＋）
利息の支払額（－）	利息の支払額（－）
法人税等の支払（－）	法人税等の支払（－）
営業活動による CF の合計	**営業活動による CF の合計**
投資活動によるキャッシュフロー	**投資活動によるキャッシュフロー**
有価証券取得（－）	有価証券取得（－）
有価証券売却（＋）	有価証券売却（＋）
固定資産取得（－）	固定資産取得（－）
固定資産売却（＋）	固定資産売却（＋）
投資活動による CF の合計	**投資活動による CF の合計**
財務活動によるキャッシュフロー	**財務活動によるキャッシュフロー**
短期借入収入（＋）	短期借入収入（＋）
短期借入返済（－）	短期借入返済（－）
株式発行収入（＋）	株式発行収入（＋）
自己株式の取得（－）	自己株式の取得（－）
配当金支払（－）	配当金支払（－）
財務活動による CF の合計	**財務活動による CF の合計**
現金及び現金同等物の増減額	現金及び現金同等物の増減額
現金及び現金同等物期首残高	現金及び現金同等物期首残高
現金及び現金同等物期末残高	現金及び現金同等物期末残高

この部分は同じ（投資活動・財務活動によるキャッシュフロー）

で、やり方は家計簿と同じだ。間接法CSは、損益計算書の税引前当期純利益からスタートし、減価償却費や売上債権（売掛金）、仕入債務（買掛金）、棚卸資産《たなおろし》（在庫）など、会計上の数字と現預金の残高が異なる要素を調整していく方法で、PL（損益計算書）とBS（貸借対照表）の数字からキャッシュフロー計算書（CS）を作成できるので、実務的にはこちらが好まれる。だがここでは、直感的に理解しやすい直接法を使ってキャッシュフローの流れを説明してみよう。

CSでは、現金の流れを大きく三つのブロックに分ける。①営業キャッシュフロー、②投資キャッシュフロー、③財務キャッシュフローだ。

①営業活動によるキャッシュフロー

会社の営業活動（本業）にかかわる現金の流れ。営業収入（現金入金）から、仕入代金や人件費など、営業収入を得るために支払った現金支出を引いて求める。利息の受取額・支払額や法人税の支払額もここに含める。

②投資活動によるキャッシュフロー

投資活動によって生じた現金の流れ。有価証券投資の場合、株式を購入すればその代金の分だけキャッシュフローはマイナスになり、売却（現金化）すればプラスになる（利益や損失は無関係なことに注意)。不動産などの固定資産を売買したときも同様だ。

③財務活動によるキャッシュフロー

融資や社債・株式の発行など、財務活動によって生じた現金の流れ。資金調達すればキャッシュフローはプラスになり、融資の返済や社債の償還、自社株買いなどによって債権者や株主に資金を返還すればマイナスになる。

この三つのキャッシュフローの合計がキャッシュ(現金及び現金同等物)の増減額で、それに期首《きしゅ》残高を加えたものが現時点の現預金の残高になる。

キャッシュフロー計算書では原理的に、現預金の残高がマイナスになることはありえない。それは支払うべきキャッシュがないということだから、会社であれば倒産、家計であれば自己破産を意味する。

キャッシュフロー管理では、この現預金の残高を安定して高く保つことが目標になる。その重要性は、家計でも会社でも変わらない。

フリーキャッシュフローとDCF法

キャッシュフロー計算書(CS)は現金の流れを表わしたものだから、さまざまな調整(粉《ふん》飾《しょく》ともいう）が可能なPLやBSよりも会社のリアルな状況を表わしている。これが「Cash is King（現金は王様）」といわれる所以《ゆえん》だ。

CSを見る場合、いちばんのポイントは営業キャッシュフローで、ここがマイナスなら要注意だ。現金入金よりも経費が多いか、過大に仕入れをしているかのどちらかだから、放置しておけば早晩破綻してしまう（営業キャッシュフローが長期にわたってマイナスということは、通常はありえない）。

フリーキャッシュフロー（FCF）は営業キャッシュフローに投資キャッシュフローを加えたもので、「自由に使える手元資金」のことだ。FCFは株主への配当や融資の返済、社債の償還の原資になるため、ファイナンス理論では、損益計算書（PL）上の利益よりも重視される。

＊営業キャッシュフローに投資キャッシュフローを加えるのはフリーキャッシュフローの簡易計算法で、正確には、税引後営業利益に減価償却費や設備投資、運転資金の増加額などを調整して求める。

会社を不思議な貯金箱とするならば、事業活動から生まれるフリーキャッシュフローは受取口に落ちてくるお金のことだ。企業の価値を富（キャッシュ）を生み出す能力と考えれば、賃料から不動産の価値を計算できるように、フリーキャッシュフローから適正な株価（企業価値）を知ることができる――これが現在、標準的な企業価値算出法となっているＤＣＦ法（ディスカウンテッド・キャッシュフロー法）の考え方だ。

ＤＣＦ法では、将来のフリーキャッシュフローを一定の割引率で現在価値に戻し、それを発行株式数で割って一株あたりの理論株価を算出する。考え方は非常にシンプルで、株式を一種の債券と考えれば、簡単な割り算で企業の値段を即座に計算できる。

年利五パーセントで一〇〇円を定期預金すれば、一年後の価格（将来価値）は一〇五円だ（１００円×１・０５）。このことを逆にいうと、一年後に一〇五円になる定期預金の価格（現在価値）は、（金利を五パーセントとするならば）一〇〇円だ（１０５円÷１・０５）。現在の一〇〇円と将来の一〇五円が同じなのは、「未来よりもいまが大事」だからだ。

これは当たり前のようだが、金融を理解するうえでもっとも重要な公理だ。現金はいつでも好きなときに買い物や食事に使えるが、定期預金は一定期間待たなくては自由にならない。貸し手の立場からすれば、利子とは価値の高い「現在」を価値の低い「将来」と交換することの代償なのだ。

ここまでわかれば、会社の価値を計算するのは簡単だ。もしもある会社が一株あたり五円の利益を生み出し、一年後に資本金と合わせて一〇五円を株主に返還して解散するなら、割引率を五パーセントとして、この会社の株の現在価値は一〇〇円になる。一〇〇円を投入すれば一

○五円が返ってくるという意味では債券と同じだから、当然、その値段も同じになるのだ。
ただしこの設定は単純すぎて、次のような理由で現実の会社には使えない。

①債券には満期があるが、会社は将来の決まった時期に解散するわけではない。
②債券のクーポン（利札）は固定されているが、会社の生み出すフリーキャッシュフローはさまざまな要因で変動する。
③債券の割引率は市中金利を基準にできるが、会社の割引率にはそのような共通の基準はない。

そのためファイナンス理論では、ＤＣＦ法で会社の価値を計算できるようにいくつか条件を設けている。

会社の値段の決め方

バブル最盛期の一九八九年にタイムスリップして、「一〇年以内にメガバンクや大手証券がいくつも倒産する」と予言しても、頭がおかしいと思われるだけで誰も信じてはくれないだろう。だがグローバル市場の風景は一変し、いまではなにが起きても不思議ではなくなった。

ところがファイナンス理論は、会社が永遠に事業を継続することを前提にしている。これを「ゴーイング・コンサーン（継続企業の前提）」というのだが、要するに「未来を予測することなど不可能だから、今日と同じ明日が来ることにしておこう」という約束事のことだ。

企業がゴーイング・コンサーンであれば、株式というのは満期のない債券（永久債）と同じになる。これは計算上とても便利で、永久債の価格はクーポン（キャッシュフロー）を金利で割り引くことで即座に計算できる。

＊毎年五円の配当が支払われる永久債の価格は、金利を五パーセントとすれば一〇〇円になる（5円÷5％）。これは無限等比級数の和の公式を使うのだが、説明は省略する。

つづいて将来のフリーキャッシュフロー（ＦＣＦ）だが、簡略化したＤＣＦ法では、現在のＦＣＦが将来もずっと同じだと考える。これは非現実的な想定だが、企業は四半期ごとに業績予想を発表するから、そのたびに予想ＦＣＦから適正株価を計算しなおせばいいのだ（これが業績発表で株価が乱高下《らんこうげ》する理由だ）。

それに対してＭ＆Ａでは、会社の価値をより正確に算出するために、将来のフリーキャッシュフローの推移を試算する。とはいっても、ほとんどの場合予想どおりにはいかないから、結果は単純な計算とたいして変わらない。

最後にキャッシュフローの割引率だが、これは先に述べた資本コスト（デットファイナンスとエクイティファイナンスのコストの加重平均）を使う。会社とは、バランスシートの負債側で調達した資金を、資産側で運用してキャッシュを生み出す不思議な貯金箱だった。だとすれば、この貯金箱の価値を計算するのに資本コスト（負債側の調達コスト）を使うのは理にかなっている。

このように、

①会社は永遠に事業活動をつづける。
②事業から生まれるフリーキャッシュフローは（平均すれば）変わらない（あるいは、予想シナリオどおりに推移する）。
③資本コストを正しく計算できる。

という三つの条件を満たすなら、ＤＣＦ法で会社の価値を正確に算出できる（もっともこれは理屈のうえの話であって、それが会社の〝真実〟の価値か、たんなる幻影かは誰にもわからない）。

＊ここでDCF法の簡単な例を提示しておく。フリーキャッシュフローが一〇〇万円で、資本コストが一〇パーセントの場合、DCF法による会社の価値は一〇〇〇万円（100万円÷10％）。この会社に四〇〇万円の負債（銀行融資）があるとすると、株主が保有する価値は六〇〇万円（1000万円−400万円）。発行株式数を一〇〇株とすれば、一株の理論価格は六万円（600万円÷100株）になる。

キャッシュフローを連結する

それでは最後に、家計とマイクロ法人のキャッシュフローを連結してみよう。

家計の場合、事業会社とはちがって、営業キャッシュフローが長期にわたってマイナスになることはありえない。収入以上の出費をつづけることはできず、宝くじにでも当たらないかぎり破綻は免《まぬか》れないからだ。

その一方で、家計の投資キャッシュフローがマイナスになることはありうる。典型的なのはマイホームの購入で、頭金一〇〇〇万円で五〇〇〇万円の不動産を買えば、投資キャッシュフローは大きなマイナスになり、それを財務キャッシュフローでファイナンスする（住宅ローンで四〇〇〇万円を借り入れる）。

マイホームを購入すると、翌年以降の家計は営業キャッシュフロー（収入−支出）でローン

図㉗家計とマイクロ法人の連結 CS の概念図

家計の CS

営業活動によるキャッシュフロー
収入（＋800）
生活経費（－600）
営業活動による CF の合計（+200）
投資活動によるキャッシュフロー
マイホーム取得（－5000）
投資活動による CF の合計（－5000）
財務活動によるキャッシュフロー
住宅ローン（＋4000）
マイクロ法人からの返済（+500）
財務活動による CF の合計（+4500）
キャッシュの増減額（－300）
キャッシュの期首残高（+1000）
キャッシュの残高（+700）

＋

マイクロ法人の CS

営業活動によるキャッシュフロー
営業収入（＋1000）
人件費支出（－800）
その他の営業支出（－200）
営業活動による CF の合計（0）
投資活動によるキャッシュフロー
株式取得（－100）
株式売却（+500）
投資活動による CF の合計（+400）
財務活動によるキャッシュフロー
家計への返済（－500）
財務活動による CF の合計（－500）
キャッシュの増減額（－100）
キャッシュの期首残高（+300）
キャッシュの残高（+200）

の返済をするから、財務キャッシュフローはマイナスになる。リストラや減収で返済をつづけるだけのキャッシュがなくなると、高利の消費者金融などで財務キャッシュフローをプラスにするほかなくなり、やがて行き詰まって破綻する。

　もっともここまでは家計簿のレベルで把握できるから、わざわざキャッシュフロー計算書をつくる必要はない（収入の範囲で生活すればいい）。だがマイクロ法人を設立すると、個人（家計）側と法人（会社）側でふたつの現金の流れが発生するから、これを同じルールで連結して把握する必要が生じる。

　図㉗が、家計とマイクロ法人の連結キャッシュフロー計算書の概念図だ。

連結 CS

営業活動によるキャッシュフロー
総収入（＋1000）
総支出（－800）
営業活動による CF の合計（+200）
投資活動によるキャッシュフロー
株式取得（－100）
株式売却（＋500）
マイホーム取得（－5000）
投資活動による CF の合計（－4600）
財務活動によるキャッシュフロー
住宅ローン（＋4000）
財務活動による CF の合計（+4000）
キャッシュの増減額（－400）
キャッシュの期首残高（+1300）
キャッシュの残高（+900）

＝

これを見ればわかるように、法人側で支払う人件費（キャッシュアウト）と個人の収入（キャッシュイン）は相殺されてゼロになる。同様に、個人から法人への貸付や、法人から個人への配当支払いなども相殺される。

そのうえで、両者の投資キャッシュフローと財務キャッシュフローを合計する。これによって、個人でマイホームを購入しつつ法人で株式を売却したり、個人で住宅ローンを返済しながら法人で融資を受けるなど、異なる「ひと」のキャッシュの流れを一元化できる。

なお、キャッシュフロー計算書では株式や債券などの流動資産はキャッシュ（現預金）の残高とは別に扱われるが、これはいつでも現金化できるから、家計を管理する際には、時価評価した有価証券を現預金の残高に加えてもいいだろう。

このことからわかるように、マイホームなどの固定資産よりも、流動性の高い金融資産のほうがキャッシュフローの改善に貢献《こうけん》する。「サラリーマン大家」が一時期話題になったが、マンションやアパートは資金繰りに行き詰まったときにすぐに換金できるわけではないから、キャッシュフロー的にはきわめてリスクの高い資産運用法だ。

ここで、(マイクロ法人を含む)家計の資金繰りを管理し、倒産や自己破産という最悪の事態を避けるためのポイントをまとめておこう。

①買掛金を多く、売掛金を少なくする(現金で受け取り、つけで支払う)。
②固定資産よりも流動資産を保有する。
③資金調達する際には、低利の資金を余裕を持って借りておく。

世界金融危機に端を発した急激な売上の落ち込みで、企業も個人もキャッシュフロー管理の重要性をあらためて突きつけられた。二〇〇八年秋から、新興不動産会社や金融会社が次々と破綻したが、そのいずれも決済資金の枯渇《こかつ》が倒産の引き金となった。個人でもこれは同じで、家計が苦しいときほどキャッシュフローを維持することが大事になる。そのときに死命を制すのがファイナンス(資金調達)力だ。

では実際に、マイクロ法人を使ってどのような資金調達が可能なのか、次節で具体的に説明しよう。

13. 奇跡のファイナンス

新銀行東京の蹉跌

石原慎太郎《いしはらしんたろう》東京都知事（当時）の肝煎《きもい》りで二〇〇五年に開業した新銀行東京は、「中小企業・ベンチャー企業の育成」を目的に無担保無保証の融資を行なってきたが、開業初年度の決算でいきなり二〇〇億円の赤字を計上し、三年目の二〇〇七年十一月中間決算では累積赤字が九三六億円まで拡大、資本金の八割を失う異常事態となった。破綻を避けるために東京都が四〇〇億円の増資を計画し、責任問題で都議会は紛糾《ふんきゅう》した。

石原都知事が新銀行の設立に固執《こしゅう》した背景には、二〇〇三年に大手金融機関への銀行税（外形標準課税）をめぐる裁判で全面敗訴し、一六〇〇億円を超える巨額の支払命令を受けたことへの遺恨《いこん》があるといわれている。当時、日本経済はＩＴバブル崩壊後の深い谷間の時期で、銀行の貸し渋り、貸し剥《は》がしに対する世論の批判には厳しいものがあった。稀代《きたい》のポピュリストたる石原都知事は、自ら銀行を設立し成功させることで、傷ついた名誉を取り戻そうとしたのだ。そのためには、新銀行の目的は世間の喝采《かっさい》を浴びるものでなければならなかった。

「中小企業・ベンチャー企業の育成」という大義には、巷間《こうかん》に広く流布《るふ》する次のような前提があった。すなわち、日本の金融市場は閉鎖的で、一部の大企業が銀行から特別な扱いを受ける一方で、大多数の中小企業は技術やアイデア、意欲があっても十分な資金が借りられず、事業の継続を断念せざるをえない……。

これはいうまでもなく、弱者対強者の勧善懲悪《かんぜんちょうあく》の構図をそのまま金融市場に持ち込んだものだ。既得権をむさぼる大手企業の経営者が銀行の債権放棄で救済される一方で、中小企業の経営者は高利の商工ローンの返済に窮《きゅう》し、「腎臓売れ、目玉を売れ」と脅《おど》されて一家心中に追い込まれている。そこに強きを挫《くじ》き弱きを助ける正義の味方が登場し、善良な経営者や夢やぶれた若者たちを救済するのだ。

新銀行の工夫は、このありふれた政治劇にアメリカ仕込みのファイナンス理論を接《つ》ぎ木《き》し、〝理念的に正しい〟銀行をつくろうとしたところにある。

日本的な金融慣行では、銀行の担当者（経営陣）と会社経営者との人的なつながりによって情実で融資が実行され、貸出金利もほぼ一律に低利に抑えられている。その一方で、銀行との紐帯《ちゅうたい》を絶たれた会社は高利のカネを借りるしかなく、厳しい取り立てに苦しむことになる。

このように日本の金融市場には、ローリスク・ローリターンのぬるま湯と、ハイリスク・ハイリターンの殺伐《さつばつ》とした荒野しかない。金利が借り手の信用状況によって決まるとするならば、いまいちばん必要なのはミドルリスク・ミドルリターンの金融市場だ――。

これが新銀行東京の創業にかかわったエリートたちの現状認識で、その視点はあながち間違ったものではなかった。

この新しいマーケットを開拓するために、新銀行東京はスコアリングモデルというアメリカ仕込みの融資基準を導入した。これは「ひとを見て」融資するのではなく、財務諸表などの情報を統計的に処理し、倒産確率に応じた適正金利で融資を行なうもので、それ自体は合理的なビジネスモデルだ。

このスコアリングモデルが機能すれば、融資担当者はもはや「目利き」や「職人」である必要はない。大事なのは融資件数で、一定規模を超えれば十分にリスクが分散されるから、その後は安定した収益を上げられるはずだった。

このようにして新銀行東京は、厳しいノルマと大胆な報償制で融資件数を増やすべく、初年度から積極的な営業を展開したのだ。

〇・三七パーセントの資金調達

金融市場の勧善懲悪物語では、中小企業や零細な個人事業主は常に虐待《ぎゃくたい》されることになっている。だが世間の常識に反して、彼らは世界でもっとも優遇されたひとたちでもある。

といってもにわかには信じてもらえないだろうから、今回、そのことを証明すべくひとつの実験をした。世界金融危機が日本経済を直撃し、不況や倒産、解雇の文字がマスメディアを賑《にぎ》わす中で、零細企業がどのような条件で資金調達できるのか、私自身のマイクロ法人で試してみたのだ。

ここで簡単に場面設定を説明しておくと、融資を申請したのは役員一名、株主一名、社員ゼロの零細法人で、担当者は私のことを知らないし、それ以前になにをしている会社なのかすらほとんど理解していない（ＩＴ関係かなにかだと思っている）。もちろん、特別なコネがあるわけでもなんでもない。

申請したのは一〇〇〇万円の運転資金（使途《しと》に制限のない資金）で、返済は七年（八四カ月）の元利均等払い。役員の個人保証は求められるが、担保は不要だ（無担保有保証）。

〝実験〟は二〇〇八年末の繁忙《はんぼう》期に行なわれたが、書類を提出して一週間足らずで申請が認められ、法人の銀行口座に満額の一〇〇〇万円が振り込まれた。その実質借入金利は〇・三七パーセントだった（三・七パーセントの間違いではない）。

これがどれだけ不思議な話かピンとこないひとのために、具体的にイメージできる例をいくつか挙げてみよう。

一〇〇〇万円の〇・三七パーセントは三万七〇〇〇円だ。ちょっと豪勢な食事代、というところだろうか。これだけのお金（利子）を払えば、自由に使っていい一〇〇〇万円の札束があなたの机の上に積まれるのだ。

二〇〇八年当時、一〇〇〇万円超の一年もの定期預金でもっとも高い金利は年利一・一パーセントだった。ということは、〇・三七パーセントで借りた資金をそのまま定期預金に預ければ、差額の〇・七三パーセント（七万三〇〇〇円）が受け取れる。一〇〇〇万円までの預貯金の元本と利子は日本国が保証しているから、これは無リスクの利益だ。経済学の基本原理に反して、無から有が生まれるのだ。

長期プライムレートは、金融機関が企業に対して期間一年超の資金を貸し出す際の最優遇金利で、日本銀行によれば二〇〇八年十一月当時は年二・四パーセントだった。そうすると、私のマイクロ法人は、東証一部に上場している一流企業のわずか六分の一の金利で資金調達できたことになる。

日本国債は日本国の信用によって発行される債券で、二〇〇九年一月発行の個人向け国債（五年もの）の金利は〇・八パーセントだった。ファイナンス理論どおり金利がリスクに応じて決まるとするならば、私の信用力は日本国よりも高いことになる……。

念のために言い添えておくと、これは特別な例ではなく、誰でも簡単にできる（多少の準備と工夫はいる）。だから私以外にも、たくさんの中小零細企業や自営業者が同じように超低利の資金を調達している。

それなのになぜ、「中小企業は苦しんでいる」といわれるのだろう。それ以前になぜ、こんな奇妙なことが起こるのだろうか。*

＊この記述は二〇〇八年のものだが、その後、融資を受ける理由がなくなったので、現時点では若干のちがいがあるだろう。なお、中小企業に対する自治体の補助・支援はさらに拡大している。（新版註）

利子を払って信用を買う

ほとんどのひとは、不要な借金をすることを不合理だと思っている。先ほどの例でいえば、いくら金利が低いといっても、お金を借りなければ高級フランス料理一回分の支出（利子）を節約できる。

真面目なひとほど借金を悪と考える。必要に迫られて融資を申し込むならともかく、意味もないお金を借りるなんて言語道断《ごんごどうだん》、というわけだ。個人の主義主張や人生哲学に異議を差し挟《はさ》むつもりはないが、しかしこの考え方には重大な事実誤認がある。たしかにほとんどのひとは、必要に迫られて借金をする。だがそのときには、高利貸しを除いて誰もお金を貸してはくれないのだ。

無担保でお金を貸すということは、返してもらえるかどうかは本人の言葉を信じるしかないということだ。ではどんなときに、ひとは相手の言葉を信用するのだろう。それにはいろいろな要素があるのだろうが、判断材料としてもっとも重要なのは過去の実績だろう。これまでいちどもデートの約束に遅れたことがなければ、次も時間どおりに来ると考える。相手が時間にルーズなら、どれほど約束されても半信半疑だろう。金融の世界もこれと同じだ。

じつは私は、この不思議な超低利融資の世界にはじめて気がついたとき、それが夢でないことを確かめるべくいくらか資金を借りたことがあった。それは自治体の創業支援融資で、海のものとも山のものともわからない相手に最高一〇〇〇万円を実質金利〇・八パーセントで貸すという制度だった。その資金をこつこつ返済して、残高がほとんどゼロになっていたのだ。

何枚か書類を提出しただけで魔法のようにお金が出てくる秘密は、じつはここにある。前回の融資を完済した実績は次回以降の審査に反映される。これはつまり、利子を払って「信用」を買うということだ。

ファイナンスにおいてもっとも大事なのは、いったん借りたお金は約束どおりきちんと返すことだ。これが信用となって、次はさらに大きな資金を借りられるようになる。それに対していちども借金をしていないひとは、返済履歴がないから、約束を守ってくれるかどうかわからない。こういうひとが困ったときにお金を借りにいくのは、きわめて不利だ。皮肉なことに、借金を悪と考える真面目なひとほど、困ったときに誰からも手を差しのべてもらえないのだ。

＊クレジットカードもこれと同じで、いつも現金払いをしていると利用と支払いの履歴がないので、とりわけ高齢者の場合、カードの発行申請をしても拒否される恐れがある。（新版註）

自治体の制度融資と信用保証協会

あらかじめお断りしておくが、ここで紹介する融資制度は二〇〇二年に上梓《じょうし》した拙著『お金持ちになれる黄金の羽根の拾い方』と同じものだ。これは私の怠慢《たいまん》というわけではなく、マイクロ法人にとってこれを超えるファイナンスの機会はほかになく、そればかりかこのところの不況によってその有利さがますます増してきている（自治体のホームページを見ると、「地球温暖化等環境対策特別貸付」「デジタル化・イノベーション等支援特別貸付」「アニメ産業特別貸付」など融資制度はさらに増えている）。

実質金利〇・三七パーセントの〝奇跡のファイナンス〟を実現する秘密は、信用保証協会と自治体の産業融資斡旋《あっせん》制度にある。

信用保証協会は中小企業が金融機関から融資を受ける際に倒産保険を提供する公的機関で、自治体の産業融資斡旋制度は、地域の中小企業を育成するために、融資にあたって利子の一部を補給する仕組みだ。その条件は自治体ごとに異なるが、今回利用したのは基準金利二・二パーセント、利子補給二パーセントの特別貸付で、利用者負担は〇・二パーセントになる。そのうえさらに、信用保証協会の保証料の二分の一を自治体が負担してくれる。

制度の利用手続きはとても簡単だ。自治体の窓口で産業融資の斡旋を受け、指定金融機関に融資を申し込む。その融資に、信用保証協会の保証をつけてもらうだけだ。

この仕組みを理解するポイントは、「誰がリスクを負《お》っているのか」を知ることだ。

まず自治体だが、その目的は、産業育成のために利子の一部を税金で補塡《ほてん》することだ。これは議会で決めた予算だから、担当者の職務はその予算を正しい手続きで消化していくことで、融資先が破綻しても（自治体はたんに利子の一部を補助しているだけだから）損失を被《こうむ》ることはない。これはつまり、自治体には申請者の信用を審査する必要がないということだ。

つづいて金融機関だが、融資残高に対しては自治体から確実に利息が支払われる。融資先が破綻してしまえば元本が回収できなくなるが、その際には信用保証協会の倒産保険が適用されて、元本の八割が代位弁済《だいいべんさい》される。

最後に信用保証協会だが、ここは融資に対して倒産保険を提供し、顧客から保証料という名の保険料を受け取っている。顧客が破綻して返済ができなくなると、金融機関に対して元本の八割を保険金として支払うことになるから、三者の中でもっとも大きなリスクを負っている。

信用保証協会をビジネスとしてみれば中小企業向けの保険会社だが、彼らは公的機関であり、利益を上げることが事業の目的ではない。代位弁済（こげつき）を一定範囲に抑えつつ、政策的に要請される保証を行なうのが彼らの仕事だ。

*このときの計算の詳細を示しておく。信用保証協会の保証料率は顧客の属性に応じて〇・四五〜一・九パーセントの九段階に分かれていて、この保証料は元本の返済とともに少なくなっていくので、その分を調整して計算すると、たとえば〇・九パーセントの名目料率は実質〇・三四パーセントになる。その二分の一を自治体側が負担するので、利用者が負担する保証料は年〇・一七パーセント。利用者負担の金利〇・二パーセントと合わせ、ファイナンスの総コストは〇・三七パーセントになる。

日本政策金融公庫

日本政策金融公庫は、二〇〇八年一〇月に国民生活金融公庫や中小企業金融公庫などが合併して生まれた政府系金融機関で、自営業者や中小企業のほか、農林水産業者や輸出入業者などの支援を目的にしている。その融資制度の中には、事業資金融資や新規開業ローンなどマイクロ法人でも利用可能なものが揃《そろ》っている。

日本政策金融公庫は独立した金融機関で、自らのリスクで融資を行なうから信用保証協会の保証は必要ない。二〇二四年一二月現在の基準利率は年二・六～三・七パーセントだが、条件を満たせば特別利率が適用され、最高で年一・五パーセントまで優遇される。

自治体が行なっている融資補助制度は、都道府県レベルと市区町村レベルに大きく分けられる。たとえば東京都では、信用保証協会の保証を条件として、中小企業向けにさまざまな制度融資を用意している。二〇二四年度は四五種類もの融資制度があり、小規模事業者向け融資では最大二〇〇〇万円が一・五～二・一パーセントの金利で融資される。

だがすぐに気づくように、この金利では東京都の制度融資はあまり利用価値がない。これに信用保証協会の保証料が加わるのだから、借り手としては保証料が不要な日本政策金融公庫の融資制度を利用したほうがいいと考えるだろう。

このように日本には、中小企業向けの低利融資を行なう公的金融制度が複数あり、それぞれが顧客を獲得すべくサービスを競っている。そのため東京都のように、制度融資の金利が明らかに他の公的サービスより高いと、利用者が減って予算を消化できなくなる。そこで財政に余裕のある市区町村が、さらなる利子補給を行なって利用を促《うなが》すのだ。

東京都内の個人・法人であれば都の制度融資の条件は一律だが、市区町村レベルの補助制度は利用者がどこに住んでいるか（どこに法人を登記したか）で異なる。たとえば中央区・千代田区・港区など法人数の多い自治体はこうした補助制度を用意しておらず、逆に住宅地を抱える郊外の自治体は事業融資に積極的だ。需要と供給が逆になっているようで奇妙だが、予算に限りがある以上、利用者が殺到《さっとう》するところではサービスを提供できず、その一方で事業所の少ない自治体は、地域振興を名目に思い切った予算を組めるのだ。

都心の一等地など融資補助制度のないところに店舗や事務所を構えていたとしても、あきらめることはない。法人の登記場所は、自宅や実家など、法人宛の郵便物が届く場所ならどこでもいい。

有利なファイナンスを実現するためには、どこに登記するかが重要になる。マイクロ法人を設立する際は、自宅や事務所のほか、実家も含め登記可能な自治体の制度融資をすべて調べてみるといいだろう（ただし融資の手続きは自治体が指定する地元の金融機関を利用する必要があるから、あまりに遠いと時間や交通費が無駄になる。税務申告も、登記地の税務署で行なうことになる）。

公のひとたちの行動原理

制度融資では自治体はいっさいリスクを負わないから、規定の書類さえ揃っていれば誰でも無条件で利子補給が認められる。それに対して信用保証協会は、融資先が破綻すれば元本の八割が毀損《きそん》するのだから、当然、一定の基準で選別が行なわれる。

ただし民間金融機関と異なるのは、彼らが準公務員だということだ。民間の金融機関では、よい意味でも悪い意味でも担当者に裁量の余地がある（役員や支店長と懇意であれば融資は下りやすい）が、公務員にはこうした融通《ゆうずう》はきかない。民と公では責任のあり方がちがうからだ。

民間企業では、大なり小なり自らの意思で判断し、結果に対して責任をとることが求められる（実際にはそうなっていない会社も多いが）。それに対して公の組織では、決められた手続きに反して個人の意思で行動することは許されていない。

このことから、公の組織で働くひとたちの行動原理がわかる。彼らにとっては、正しい手続きで処理されたかどうかがすべてなのだ。それによって仮に損失が発生したとしても、予算や政策は議会によって決められたのだから公務員個人の責任は問われない。信用保証協会も、そもそもの事業目的が「社会的弱者」である自営業者や中小企業に低利の資金を提供することだから、一定程度の損失は事業計画に織《お》り込まれている。民間企業とちがって、利益を上げて株主に還元したり、従業員に追加のボーナスを支払ったりする必要もない。

このような条件下で重要になるのは、顧客のひとがらや熱意ではなく、正しい手続きに則《のっと》った文書だ（設備投資なら店舗・事務所の賃貸契約書や機械・器機の見積書、創業支援融資なら具体的な事業プランやそれを証明する業務委託契約書など)。保証にあたっては担当者の恣《し》意《い》的な判断は極力排除され、提出された文書が手続き上の基準を満たしていればほぼ無条件に保証がつけられる。

彼らの仕事は、不況期の貸し渋り、貸し剥がしから自営業者や中小企業を守るために、国の政策に則ってできるだけ多くの「社会的弱者」に保証をつけることだ。そこで求められているのは、厳密な審査によって企業の信用力を判断することではない。このポイントさえ押さえておけば、保証を受けることはそれほど難しくはないだろう。

＊信用保証協会で保証を受ける際にはさまざまな書類を提出する必要があるが、保証を受けたあとで、当初の申請どおり実行されたかどうか確認されることはない。事業のモニタリングは融資の主体となる金融機関が行なうとされているからだろうが、後述するように、この仕組みはほとんど機能していない。ただし、次回の保証を受ける際には資金使途を問われるので、設備投資の資金を運転資金に流用することは避けたほうがいい。

金融機関の機能がない金融機関

公的融資制度の中で奇妙な立場にいるのが地域の金融機関だ。たいていは地元の信用金庫が利用されるが、彼らは融資の主体であるにもかかわらず、なんの主体性も発揮《はっき》しないのだ。

私が創業支援融資を申し込んだときは、信用保証協会が融資額の一〇割を保証していた。だが信用金庫の担当者（定年間際のおじさん）はその仕組みがうまく理解できていないらしく、信用保証協会の保証がついた私の申請書を見て、フロアの奥に座っている四十代半ばの支店長のところに、この融資を認めていいものかどうか確認しにいった。支店長は書類を一瞥《いちべつ》すると、自分よりずっと年長の担当者を怒鳴りつけた。

「中身なんてどうだっていいんだよ。どうせ保証協会が損をぜんぶ被《かぶ》るんだから」

この言葉に象徴されるように、金融機関は審査を信用保証協会に丸投げして、自分たちではいっさいリスクを取っていなかったのだ。

さすがにこれではあまりにひどいということで、二〇〇七年に制度改革が行なわれ、信用保証協会の代位弁済は原則元本の八割までとなった。金融機関にもリスクを負わせることで、融資先の経営内容をモニタリングして破綻を未然に防ごうとしたのだが、それ以降も状況はほとんど変わっていない。その理由は、信用保証協会と金融機関の関係を考えればすぐにわかる。

そもそも制度融資にあたっては、金融機関はたんに手続きを代行するだけだ。ある程度の目処《めど》は示すだろうが、融資の申請金額は顧客が決めることだ。どう考えても五〇〇〇万円程度までしか融資できないと思っても、顧客が一〇〇〇万円を望むのなら、それを減額させる権限は彼らにはない。

申請の結果、信用保証協会が八〇〇〇万円の保証をつけたとすると、金融機関はそれをそのまま融資する。五〇〇〇万円が自分たちの適正金額だとしても、なぜ減額するのかを顧客に説明できないし、信用保証協会の保証は金融機関の判断とは独立だから、顧客は保証書を持って他の金融機関に行くこともできる。

もっとも、審査を信用保証協会に丸投げするのは金融機関にとっても悪い話ではない。先に述べたように、信用保証協会は八割のリスクを負いつつ、融資先の破綻を一定範囲に抑えるべく、保証額やその可否を判断している。だとすれば、その四分の一（二割）しかリスクのない金融機関は、彼らの判断にフリーライドしても安定した利益を確保できる計算になる。いうまでもなく、審査機能は金融ビジネスの根幹だ。だが公的融資制度の存在が、地域の金融機関にその機能を放棄させてしまっている。

多くのひとが、金融機関は自らリスクを負って事業資金を融資していると思っている。だが現実には、地域の金融機関の仕事は公的融資制度の手続き代行と不動産担保融資だ。そのどちらも、審査やリスク管理は必要ない（不動産は第一抵当《ていとう》権を押さえておけば、地価が大幅に下落しないかぎり元本を回収できる）。奇妙な話だが、日本の地域金融機関には、金融機関の機能がなかったのだ。

幻のミドルリスク・マーケット

日本国では公的融資制度が金融市場を大きく歪《ゆが》めている。その特徴は、巷間《こうかん》いわれているような大手企業（強者）と中小企業（弱者）の二極化ではなく、中小企業の二極化だ。

長引く不況下で政治の圧力は強まり、金融庁は全国の金融機関に対し、中小企業向けの融資を増やすよう強く求めた。だが、もともと自らのリスクで融資をしたことなどない彼らにそんなことができるはずはない。

資金繰りが逼迫《ひっぱく》し、融資が受けられずに苦しんでいる会社があるとしたら、それは信用保証協会の融資枠を使い切ったか、保証そのものを断られたかだろう。そんな会社に自己資金を融資すれば、たちまち破綻して元本を失うのは目に見えている。こうして、保証の受けられない企業の申請は片《かた》っ端《ぱし》から門前払いされることになる。

だがそれだけだと、金融庁から課せられた厳しいノルマをクリアできない。だからこそ、堅実な経営をしているバランスシートのきれいな自営業者や中小企業が、彼らにとって最上の顧客になるのだ。

世界金融危機と厳しい不況の中で、信用保証枠を増やしたり、利子補給を充実させるなど、さまざまな政策が打ち出されてきた。だがこうした対策は、現実の「弱者」をほとんど救済しない。信用保証協会にしても、代位弁済の比率を一定以下に抑えなくてはいけない以上、バランスシートの傷《いた》んだ会社に安易《あんい》な保証をつけることはできない。保証がなければ融資は実行されないから、いくら利子補給制度を充実させても意味はない。だがその一方で、優良な中小企業にとっては不況こそが天の福音《ふくいん》となる。ただ同然の金利でいくらでもお金が借りられるという、夢のような世界が到来するからだ。

新銀行東京は、中小企業育成の高い理念を掲げてスタートし、融資対象企業を求めて都下の信用金庫などを回ったという。そこで紹介された案件を中心に、スコアリングモデルを使って無担保無保証の融資を行なったのだが、わずか一年で融資額の二〇パーセントが不良債権化するという惨状を招いた。だがこれはある意味当たり前で、信用金庫が紹介する案件は、信用保証協会の保証が受けられなくなった取引先ばかりに決まっているのだ。

中小企業への融資残高を維持しなければならない地域金融機関にとって、制度融資を利用できる優良な取引先は絶対に手放せない虎の子だ。彼らを引きつけるには、新銀行東京は公的融資制度よりもよい条件を提示しなくてはならない。だがこうした優良企業は、節税を目的に会計上の利益を赤字にしているなど、必ずしも財務諸表の見栄《みば》えがいいとはいえない。これを杓子定規《しゃくしじょうぎ》にスコアリングモデルにあてはめると、当然、融資金利は高くなるだろう。

ハイリスクの金利が法定利息の上限二〇パーセント、ローリスクの金利が長期プライムレート並みの二・五パーセントとするならば、新銀行東京が考えていたミドルリスクの金利は五〜一〇パーセント程度だろう。だが一パーセント以下の金利で資金調達できる中小企業にとって、この「適正金利」にはなんのメリットもない。

自治体の制度融資や日本政策金融公庫の小規模事業者向け融資は、貸出の上限を二〇〇〇万円程度に設定している。マイクロ法人レベルであれば、これだけのファイナンスができれば十分なはずだ。事業が拡大してさらなる資金調達が必要になれば、日本政策金融公庫の中小企業事業者向け制度が最大七億二〇〇〇万円を融資してくれる。

日本の金融市場のこの特異な仕組みを理解しているひとは、新銀行東京のビジネスモデルが確実に破綻することを知っていた。彼らが夢見たミドルリスク・ミドルリターンのマーケットなど、どこにも存在しなかったのだ。

＊二〇一〇年九月に日本振興銀行が破綻し、初のペイオフが発動されたが、中小企業のためのミドルリスク・ミドルリターンのマーケットを開拓しようとしたこの銀行の蹉跌《さてつ》も同じ話だ。

コラム

補助金を受け取る

融資は返済しなければならないが、コロナ禍で大盤振る舞いされた補助金はそのままもらえるから、融資より補助金が好まれるのは当然だ。以下は、二〇二四年時点で流行していた持続化補助金について書いたコラムだ。

仕事場の郵便ポストに見慣れない投げ込みチラシが入っていた。ラフな格好で笑顔を浮かべた二十代の女性（名前と生年月日が書いてある）の写真の下に、「ネット集客のお手伝いをします！」という手書きの文字。

こんな若い子がSNSの使い方を指導してくれるのかと思ったら、知り合いの美容師から「それ、補助金でしょ。ウチにもたくさん来ますよ」と言われた。

中小企業庁が実施する持続化補助金は、「小規模事業者が自社の経営を見直し、自らが持続的な経営に向けた経営計画を作成した上で行う販路開拓や生産性向上の取組を支援する」もので、「通常枠」の五〇万円に加え、要件を満たすと最大二〇〇万円が補助される。それに加えて「インボイス特例」として、適格請求書事業者への転換に五〇万円が上乗せされる。

制度の対象になるのは従業員五人以下（宿泊業・娯楽業・製造業などは二〇人以

下）の事業者で、「販路開拓」「生産性向上」に必要となる経費の原則三分の二が補助される。

その「補助対象となる経費」の中に、広報費（新サービスを紹介するチラシ作成・配布、看板の設置等）とウェブサイト関連費（ウェブサイトやECサイト等の開発、構築、更新、改修、運用に係る経費）が入っているので、これに目をつけた広告会社が、制度の対象となる個人経営の飲食店や美容院に積極的な営業をかけ、小さな会社が入っている集合ビルにチラシを投げ込んでいるらしい。

もちろん、申請さえすれば簡単に補助金が下りるわけではなく、事業計画書や確定申告書などさまざまな書類を提出したうえで審査が行なわれる。交付が決まったら補助事業を実施し、そのうえで実績報告書を提出して確定検査が行なわれ、ようやく補助金が入金されることになる（さらに、一年後に事業効果報告書を提出しなければならない）。

これらの手続きは複雑で、独力でやるのは難しいので、広告会社が申請を手伝い、あわせてチラシの作成やウェブサイトの作成を請け負って、支給された補助金の一部を利益にするというビジネスモデルのようだ。

こうした補助金制度は、不正請求が大きな問題になっている。その一方で、制度をつくった以上、使ってもらわなければ意味がない。そこで、あいだに入る「コンサル」の需要が生まれたのだろう。

知り合いの美容師はこの制度で店舗の改装を行なったのだが、改装前と改装後の写真や業者との契約書など、提出書類が多くてかなり大変だったという。宣伝用のチラシは大量に印刷し、現物を見せたうえで、ポスティング先のリストを提出しなければならなかった（実際にポスティングはせず、チラシは捨ててしまったという）。

「業者に乗せられて、簡単にお金が入ってきますよと言われてやってみたんですが、無茶苦茶面倒で、こんなことならふつうに商売しているほうがよかったです。もうやりません」というのが、補助金を交付された彼の感想だった。（初出：『日経ヴェリタス』二〇二四年七月二十七日号「橘玲の世界は損得勘定」）

あとがき　「自由」は、望んでもいないあなたのところにやってくる

というわけで、この本で書いたことはとても単純だ。

国家に依存するな。国家を道具として使え。

近代というのは、世界地図に国境という線を引き、その線の中のことはそれぞれの国家に任せるという約束事で成り立っている。これが主権国家で、なにものも侵《おか》すことのできない神に等しい権力を有しているとされている。

この権力はとても強大で、わたしたち一人ひとりの人生に大きな影響を与える。わたしたちはグローバルな資本主義と市場経済の中で生きていかざるをえないが、それと同時に、ローカルな国家から独立した生活を送ることもできない。

民主政国家の目的は、建て前上、主権者である国民の幸福を最大化することだ。そのため不幸なひとたち（幸福が最大化されていないひとたち）は、国家に対して援助を求める権利があると考えられている。

ここまでは誰も異存はないだろうが、すぐにやっかいな問題があることに気づくだろう。「不幸なひと」っていったい誰だ？

いうまでもないことだが、人生のすべてに満足しているひとはほとんどいないだろう。幸福や不幸は他人との比較から生まれてくる感情だから、社会的には成功者と見なされていても、本人は屈辱《くつじょく》と嫉妬《しっと》の泥沼をのたうち回っているかもしれない。だがこうした不幸をすべて国家が救済するわけにはいかないので、どの国も一定の外形的な基準を設け、それを満たさないひとを「社会的弱者」として援助の対象としている。

ところで日本の官僚機構は、サービスの提供にあたって申請主義を原則としている。派遣切りにあって寮を追い出され、貯金もなく野宿を余儀《よぎ》なくされるのは明らかに不幸な状況だろうが、それだけでは行政は援助の手を差しのべてくれない。利用者は自治体の窓口に自ら足を運び、必要な書類を整えたうえで失業保険や生活保護を申請しなければならないのだ。国家の援助を受けられるのは、自分自身で「社会的弱者」であると証明したひとだけなのだ。

都心の公園にはホームレスたちのテントがずらりと並んでいる。その生活環境は憲法が保障する「健康で文化的な最低限度の生活」からほど遠いが、生活保護どころか健康保険すらないままに放置されている。なぜなら彼らは住所がないので、行政上の「弱者」になることができないのだ。

行政の杓子定規《しゃくしじょうぎ》な対応は理不尽ではあるが、もっともな理由もある。財源に限りがある以上、サンタクロースのようにお金を配《くば》って歩くわけにはいかない。行政サービスは、ルールに則《のっと》った適正な手続きで執行《しっこう》されなくてはならないのだ。

官僚制の本質は非人間性にある。これは言い換えれば、国家は国民を無差別に扱わなくてはならないということだ。生活保護の申請を受け付ける際に、自治体職員が一人ひとりの「人間性」を判断していたら現場は大混乱に陥《おちい》るだろう。職員の善意や悪意とは無関係に、提出された書類に基づいて機械的に処理するのが正しい行政のあり方なのだ。

国家は、母親のような愛情を持って国民の世話をするわけではない。だからといって特定の目的（たとえば戦争）のために国民を監視し、洗脳し、訓育しているわけでもないだろう。官僚機構に目的があるとすれば、組織として存続し、自己増殖しつづけることだ。

国家もまた、法人の一種だ。ひとであってひとでないものに過度な愛情や幻想を抱いても、それに応える人間的な感情など持ち合わせていないのだから、いずれは裏切られて落胆するだけだ。

わたしたちは、国家のない世界を生きることはできない。国家を否定し、革命を目指すのは自由だが、大多数のひとは無政府主義の理想を目指そうとは思わないだろう。生き延びるためになすべきなのは、国家に依存するのでも権力を拒絶するのでもなく、国家の仕組みを観察し、理解し、道具として利用することだ。

自由と自己責任

近代は、自由を至上の価値とする社会だ。わたしたちは誰の強制も受けず、自分の人生を自分で選択することができる。これがわたしたちの生きている世界の根源的なルールで、何人《なんぴと》たりともそれを否定することは許されていない（他者を奴隷《どれい》化する者は社会から排斥《はいせき》される）。

ところで、自由はなにをしてもいいということではなく、ひとはみな選択の結果に対して責任を負《お》わなくてはならない。自由と責任は一対の概念だから、原理的に、責任のないところに自由はない。

派遣や非正規雇用の問題を語る際に、彼らの自己責任を問うことを許さないひとたちがいる。私はずっと、この議論に強い違和感があった。相手を責任の主体として認めないということは、奴隷か禁治産者として扱うことだ。ひとが尊厳を持って生きるためには、自分の行為に責任を持たなくてはならない。

自己責任を否定するひとたちは、決まって国家や会社やグローバル資本主義を非難する。だが、理不尽な現実をすべて国家の責任にしてその解決を求めるのはきわめて危険な考え方だ。国家とは、無際限に自己増殖するシステムだ。マスメディアが〝危機〟を煽《あお》れば、国家はそれを格好の口実にさらに肥大化しようとするだろう。国家が巨大化すれば、その分だけわたしたちの自由は奪われていく。

わたしたちは自由でいるために、自分の行動に責任を持たなくてはならない。自己責任は、自由の原理だ。それを否定するならば、残るのは無責任か連帯責任しかない。

もちろん、だからといって職を失った若者たちにすべての責任を引き受けさせるのが酷《こく》なことは間違いない。かつて〝ロスジェネ〟世代を生み出したのは、年功序列と終身雇用に固執《こしゅう》するこの国の差別的な雇用制度だ。同じ職種には同じ賃金を支払う「同一労働同一賃金」は、アメリカはもとよりEU諸国でも当然とされているが、日本ではいまだに勤続年数によって労働条件が決まる。こうして給与の高い中高年層が企業に滞留していくが、厳しい解雇規制によって経営が破綻《はたん》するまで彼らを若い労働力と交換することは許されない。

若者たちの自己責任を問うのであれば、解雇を自由にして、誰もが対等な条件で労働市場で競争できるようにするべきだ。だが既得権を握って離さないひとたちは、自分たちに不利な〝公正な社会〟の実現を嫌って、国家に責任を転嫁《てんか》し、三十代の若者に生活保護を受給させて差別を温存しようとする。こうして彼らの人生を腐《くさ》らせていくのだから、これは偽善というよりも犯罪だろう。

高齢化社会では既得権を持つひとたちの絶対数が増えていくのだから、この差別構造は容易なことでは変わらない。だったら「正社員」という見果てぬ夢を追うよりも、別の道を進んだほうがずっとマシだ。

マイクロ法人は、国家を道具として使うための有効な方法だ。若者たちは、これまでずっと不公正な労働市場で搾取《さくしゅ》されつづけてきた。彼らには、国家を搾取する十分な権利がある。もちろん若者たちだけではなく、すべてのひとに国家という道具は開かれている。

二十五年後の磯野家

「いその」の表札がかかる古い日本家屋の前に真っ赤なランボルギーニ。法事に呼ばれた和尚《おしょう》が引き戸を開けると、三十四歳になったワカメが「二人ともすごいひさしぶりじゃない」と笑顔でお茶を運んでくる。二〇〇八年にはじまった「オトナグリコ」のテレビCMでは、二十五年後の磯野家《いそのけ》が描かれている。

ノリスケさんの子どものイクラちゃんはＩＴ企業のＣＥＯになり、タラちゃんはたこ焼きの屋台を引いている。カツオがなにをしているかはわからないが、野球のバットを担《かつ》いで法事に現われるのだから定職に就《つ》いているようには見えない。四半世紀を経て、磯野家にはサラリーマンはいなくなってしまった（ついでにいえば、三十代になったカツオもワカメも独身のまま実家に暮らしている）。

本書では一念発起《いちねんほっき》したマスオさんがサラリーマン法人として独立する姿をシミュレーションしたが、やはり、この設定にはちょっと無理がある。サザエさん一家は、ずっとあのなつかしい家で暮らすのが似合っている。会社勤めをつづけていればマスオさんもそろそろ六十歳で、リタイア後の年金生活が間近に迫っているはずだ。波平《なみへい》は、元気なら八十歳の傘寿《さんじゅ》を迎えているだろう。フリーターやニートが高齢者とひとつ屋根の下に暮らす風景は、いまの時代を上手にとらえている。

日本国の税制や社会保障制度は会社に強く依存しており、国家はその莫大な財政赤字をサラリーマンにたかることによって埋め合わせている。財務省などが主張するように日本の所得税率は諸外国と比べて高いとはいえないが、その一方で年金や健康保険の保険料は際限なく上がっている。制度の破綻を免《まぬか》れようとすれば、取りやすいところから取るしかない。

この閉塞《へいそく》状況を打開する方法として公認会計士の安部忠《あべただし》氏が一九九五年に提唱したのがサラリーマン法人化（『税金ウソのような本当の話』講談社）で、ごくふつうのサラリーマンが制度のくびきから逃れる手段として注目を集めた。だがそれから一〇年以上経っても、外資系のコンサルティング会社などで社員の法人化を認める例があるだけで、全国に五〇〇万社のサラリーマン法人が誕生する気配はなかった。マスオさんのサラリーマン法人化は話としては面白いが、それはただの絵空事だ。

何年か前の話だが、ある二代目社長の話を聞く機会を得た。オーナー経営の地方の建設会社で、彼は従業員の福利厚生のためにサラリーマン法人化の導入を試みていた。希望する社員は雇用契約から業務委託契約に変更できるが、仕事内容も含めそれ以外の条件はこれまでと変わらず、法人化のメリットだけを享受《きょうじゅ》できるという有利な提案だったが、なんど説明しても一人の応募者もなかったという。

サラリーマンが独立を躊躇《ちゅうちょ》する最大の理由は、雇用の安定が失われるのを恐れるからだ。だが、家族経営の中小企業ではオーナーの意向がすべてで、労働基準法の条文が生活を守ってくれるわけではない。オーナーが待遇は変えないと約束し、隠れた人件費の顕在化と税・社会保険料の削減で収入が二〇パーセント近く増えるなら悪い話ではないと思うのだが、それでもひとはまだ会社に所属することを選ぶのだ。

ひとは群《む》れの中でしか生きられない動物だから、「どこにも所属していない」というのは根源的な不安だ。心理学者のエーリッヒ・フロムは、これを「自由からの逃走」と呼んだ。中世の封建的束縛《そくばく》から解放された近代人は自己責任で行動する自由な個人を生み出したが、わたしたちはそれがもたらす孤独や無力感に耐えられず自由から逃げ出し、国家や民族といった権威に依存して自己同一性《アイデンティティ》を確認しようとする。フロムはこれによってナチズムを説明したが、依存の対象が会社であっても同じことだ。

近代社会は、「自由」に至高の価値を見出すことによって成立した。だがわたしたちは、じつは心の底で自由を憎《にく》んでいる。社畜礼賛《しゃちくらいさん》の風潮を見れば明らかなように、ひとはもともと自由になど生きたくないのだろう。

リアルでなければ夢は実現できない

トルストイは『アンナ・カレーニナ』の冒頭で、「幸福な家庭はすべて互いに似通っているが、不幸な家庭はどこもその趣《おもむき》が異なっている」と書いた。だがビジネスにおいては、この箴言《しんげん》はあてはまらない。成功までの道程は成功者の数だけあるものの、会社が破綻する原因は、経営陣の内紛、組織の硬直、資金繰《ぐ》りの失敗など、片手で数えるほどしかない。

世界金融危機に端《たん》を発した景気後退によって倒産や自己破産が急増した。政府や金融庁は貸し渋り・貸し剝《は》がし対策に躍起《やっき》になったが、ほとんど効果はなかった。それも当然で、金融機関が融資を断るのは貸したら返ってこないと知っていたからだ。

近所に若い夫婦がはじめた趣味のいい和食の店があってときどき利用していたのだが、ある日店の前を通りかかるとベンツのバンが停まっていて、黒服の男たちが店内に屯《たむろ》していた。その翌日、シャッターの下りた玄関にワープロで打たれた素っ気ない閉店の案内が貼《は》られ、店内の什器《じゅうき》はすべて持ち去られていた。

最近では古いビルやマンションの一角を改装し、レストランや雑貨店をはじめる若者たちが増えている。私の住んでいる街にもそんな店がたくさんできたが、多くが数年で力尽きて閉店していった。彼らにアドバイスする立場にはないのだが、いつも残念に思うのは、がんばるだけでは問題は解決しないということだ。

彼らにもし、会計や税務・ファイナンスの基礎的な知識（フィナンシャルリテラシー）があれば、無駄な出費や高利の借入でせっかくの挑戦をだいなしにしてしまうこともなかったかもしれない。

本書で紹介したのはごく基本的なことで、専門家はもちろんビジネスの現場にいるひとも「こんなの常識だ」と思うかもしれないが、その一方で、なにも知らずに夢だけを抱いて商売をはじめるひとがあとを絶たないのも事実だ。

テレビや新聞は「グローバル資本主義」を高みから批判するひとたちで溢《あふ》れている。清貧やスローライフをしたり顔で説《と》く識者もいる。だが彼らは、いちばん大切なことを教えてはくれない。リスクを取る以上、徹底してリアルでなければ夢を実現することなどできはしないのだ。

高度経済成長の時代は、会社と国家に依存しながら、世の中のリアルを知らずに暮らしていくことができた。そんな牧歌《ぼっか》的な時代が終わってしまったいま、誰もが資本主義や市場経済と共存する方法を見つけなくてはならない。

この本を書きはじめたときは、事業承継やM&A、海外法人を設立して人格を「多国籍」化する方法まで、さまざまな法人の使い方を紹介するつもりだったのだが、こうしたノウハウは特殊なケースでしか使えないことも多く、説明も煩瑣《はんさ》になるので、誰にでも役立つ基礎的なものだけに限定することにした。私は会計や税務の専門家ではなく、ただ「マイクロ法人」という新しいコンセプトを紹介したいと考えただけだ。それぞれの分野にはすでに優れた入門書・解説書があるのだから、それらを参考に各自が試行錯誤《しこうさくご》でカスタマイズしていってほしい。

会計や税務の知識があれば、法人と個人の複数の人格を使い分けることでさまざまなことが可能になる。だがひとつだけ、この方法では意のままにならないことがある。それは、「お金を稼ぐこと」だ。

当たり前の話だが、人格を分割しただけでは収入は増えない。法人化は、収入からより多くの利益を取り出すための技術であり、収入自体はあくまでも自らの知恵と労働で市場《マーケット》から獲得してこなければならないのだ。

楽園を捨て、異世界を目指せ

政治哲学者のアイザイア・バーリンは自由の概念を「消極的《ネガティブ》」と「積極的《ポジティブ》」に分け、経済学者のフリードリッヒ・ハイエクはそれを受けて消極的自由を擁護《ようご》した。

消極的自由（Liberty from）は国家や組織など他者による強制からの自由で、そうした制約のない環境でなにをするかは各自に任されている。それに対して積極的自由（Liberty to）は理性に基づく理想状態（差別のない自由な社会）を設定し、ひとびとをそこに導くことを目指す。だが〝収容所列島〟と化した旧ソビエト連邦を見てもわかるように、こうした理想主義（設計主義）は一歩間違えれば大規模な人権侵害と自由の抑圧を引き起こす。だからこそハイエクは、積極的に自由を語るひとたちを〝自由の敵〟として攻撃したのだ。

そのひそみに倣《なら》うならば、本書では一貫して人生を消極的にしか語っていない。書店には「人生で成功する方法」を教えてくれるたくさんの本が並んでいるが、それらは抑圧的とはいえないまでも、少々おせっかいだ。どのように生きるかは他人から指図《さしず》されることではなく、それぞれが自らの責任で決めればいいことだ。同様に、ここで紹介した制度的な土台《インフラ》のうえでどのような経済活動を行なうかはあなた次第だ。

私の他の著作と同様に、本書でも社会の仕組みを説明するにあたって道徳的な判断は留保している。読者の中には国家を道具として利用することを不謹慎《ふきんしん》と感じるひともいるだろうが、そうした「正義」が既得権を守り、不平等を固定化するということは指摘しておきたい。

日本の社会制度は、自営業者や農業従事者、中小企業経営者などの「弱者」に有利なようにつくられている。彼ら「社会的弱者」たちは、制度がもたらす恩恵《おんけい》をずっと享受してきた。本書の提案はそれをサラリーマンにも開放しようということなのだが、それを「不道徳」として抑圧してしまえば、既得権はずっと温存されることになるだけだ。

特定のひとにだけ分配された利権は政治的に強く守られているため、容易なことではなくならない。こうした不平等を是正するもっとも効果的な方法は、政治や社会を声高《こわだか》に非難することではなく、より多くのひとが利権にアクセスできるようにすることだ。そうなれば制度そのものが維持できなくなるから、否応《いやおう》なく社会は変わらざるをえない。この国を覆《おお》う閉塞状況を変えるものがあるとすれば、それは理想主義者の空虚な掛け声ではなく、少しでも得をしたいというふつうのひとびとの欲望だろう。

ひとびとはいま、自由な人生に背を向け、安心を求め、会社に束縛されることを願っている。自由の価値がこれほどまでに貶《おとし》められた時代はない。

だがその一方で、会社はもはや社員の生活を保障することができなくなっている。〝サラリーマン〟は絶滅しつつある生き方であり、彼らの楽園は、いずれこの世から消えていくことになるだろう。
私はずっと、自由とは自らの手でつかみとるものだと考えていた。だがようやく、それが間違っていたことに気がついた。自由は、望んでもいないあなたのところに扉を押し破って強引にやってきて、外の世界へと連れ去るのだ。

二〇〇九年五月　橘玲

新版あとがき

せっかくの機会なので、本書の成り立ちを述べておきたい。

二〇〇八年の世界金融危機の余波を受け、日比谷公園の年越し派遣村など、非正規雇用の若者たちに注目が集まった。マスコミや識者の論調は、この深刻な経済格差を解消するには、企業に命じて非正規の労働者を強制的に正社員にするほかはない、というものだった。私はこの議論に強い違和感があって、非正規の若者がサラリーマンを目指さずに経済的に成功できる実践的な方法がないかを考えてみた。

そこで思いついたのが、フリーターの若者（インターネットカフェ社長）がマイクロ法人をつくり、会計技術を駆使《くし》して成り上がっていく「ファイナンス小説」だ。しかしいざやってみると、会計や税務、資金調達の説明が煩瑣になりすぎて、物語の体《てい》をなさないことを思い知らされた。そこで解説の部分だけを抜き出して、初心者向けのマイクロ法人の入門書にしてみたのが本書だ。

本書を機に「マイクロ法人」という造語は広く使われるようになったが、そのための有効なマニュアルはまだ少ない。自らの経験に基づいたさまざまな情報が交換されることで、一人でも多くのひとがこの「自由に生きるための道具」を使いこなせるようになれば素晴らしいと思う。

二〇二五年二月　橘玲

【お断り】

本作品は講談社より二〇〇九年六月に刊行された『貧乏はお金持ち「雇われない生き方」で格差社会を逆転する』、同社より二〇一一年三月に刊行された同書文庫版を底本として大幅に加筆、改筆したものです。本書で述べた会計・税務・ファイナンスの解釈は著者の個人的な見解であり、その有効性を保証するものではありません。本書の内容を実践することは読者の自由ですが、それによって仮に精神的、物理的、経済的等の損害が生じたとしても、著者及び出版社はいっさいの責任を負いません。

■著者略歴

橘 玲 （たちばな・あきら）

作家。1959年生まれ。早稲田大学卒業。2002年、国際金融小説『マネーロンダリング』でデビュー。同年、「新世紀の資本論」と評された『お金持ちになれる黄金の羽根の拾い方』が30万部を超えるベストセラーに。05年の『永遠の旅行者』が第19回山本周五郎賞候補に。『言ってはいけない 残酷すぎる真実』で2017新書大賞受賞。

著書に『「読まなくてもいい本」の読書案内』（ちくま文庫）、『テクノ・リバタリアン 世界を変える唯一の思想』（文春新書）、『スピリチュアルズ「わたし」の謎』（幻冬舎文庫）、『DD（どっちもどっち）論「解決できない問題」には理由がある』（集英社）など多数。

新・貧乏はお金持ち
「雇われない生き方」で格差社会を逆転する

2025年3月31日　第1刷発行
2025年5月11日　第3刷発行

著者　橘 玲

発行者　鈴木勝彦
発行所　株式会社プレジデント社
〒102-8641
東京都千代田区平河町2-16-1　平河町森タワー13階
https://www.president.co.jp/
電話　03-3237-3732（編集）／03-3237-3731（販売）

装幀　小口翔平＋佐々木信博（tobufune）
装画　森 優
本文組版・図版　朝日メディアインターナショナル株式会社

販売　桂木栄一　高橋 徹　川井田美景　森田 巌　末吉秀樹　庄司俊昭　大井重儀
編集　村上 誠
制作　関 結香

印刷・製本　株式会社新藤慶昌堂

ISBN978-4-8334-4074-5
Printed in Japan